U0164157

文史哲學集成

汪志勇著

談俗說戲

文史哲出版社印行

文史哲學集成 ㉝

談俗說戲

著者：汪志勇
出版者：文史哲出版社
登記證字號：行政院新聞局局版臺業字〇七五五號
發行所：文史哲出版社
印刷者：文史哲出版社
台北市羅斯福路一段七十二巷四號
郵撥〇五一二八八一二彭正雄帳戶
電話：三五一一〇二八

實價新台幣三四〇元

中華民國八十年一月初版

ISBN 957-547-030-3

談俗說戲　目錄

蒲松齡禳妒咒研究

蒲松齡在清代文學史上的地位，以小說聊齋志異有名於世。聊齋一書雖是神仙狐鬼精魅的志怪書，然而他用傳奇之法描寫得委曲詳盡，而其文字簡潔古雅，條理井然。不但為士人傳鈔激賞，也使得不少人模仿贊頌，如袁枚新齊諧、沈起鳳諧鐸等。此外，蒲松齡更長於寫俗曲，用最自然的山東俗語寫下的曲子，在俗文學的領域裏，也是最有成績和貢獻的作家。其成就和風格的多樣化，語文形式多方面的呈現，都值得後人研討和重視。因此，僅就其俗曲編成的戲劇——禳妒咒作為研究的對象，以說明其特色與成就。

一、蒲松齡的生平與作品

蒲松齡，字留仙，一字劍臣，號柳泉，亦稱柳泉居士，因所著聊齋志異為世人所傳誦，因而又稱聊齋先生（註一）。生於明季崇禎十三年（西元一六四〇年），卒於清康熙五十四年，享年七十六歲（西元一七一五）（註二）。

蒲松齡先世系出元代般陽路總管蒲魯渾及蒲居仁後裔，在今蒲氏家祠門聯題爲「總管般陽郡，珍藏志異書」。日人桑原隲藏疑蒲居仁爲蒲壽庚之孫，羅香林先生則以爲蒲壽庚姪輩，可能爲壽庚兄蒲壽宬之子。據松齡撰蒲氏族譜序云：「相傳傾覆之餘，止遺藐孤。」證之，二說雖非定論，而可能性却頗大（註三）。

蒲松齡世代居山東淄川，高祖世廣爲邑廩生，曾祖繼芳爲邑庠生，祖生汭棄生業爲賈，父槃雖爲賈，而淹博經史，宿儒多不能及。明末流寇之亂，父槃與叔父柷糾合里人，全力抵禦賊寇，柷雖力戰而死，而蒲氏村却得以保全。槃嫡配董夫人，庶李氏，初生子兆箕，夭折，年四十以後，連舉四子一女，松齡爲其三子（註四）。

蒲松齡自幼聰慧，稍長，學識淵穎，才冠當時。順治十五年（西元一六五八）初應童子試，以縣、府、道三第一入泮，受知於學使施愚山先生。然自此以後，屢屢應試，始終沒有考取舉人，成爲他一生的憾事，在他的聊齋志異中。對科舉制度有不少的描寫，除了諷刺以外，也有不少是補償作用的。（註五）

蒲松齡在十八歲時，和劉氏完婚，夫妻相敬相愛，伉儷情篤。但是由於妯娌的嫉視，在父親主持下，兄弟們分居，他所分到的是老屋三間，薄田二十畝。而老屋孤立郊區，四面無鄰，薄田又不能自行躬耕。因此蒲松齡自二十餘歲起，便不斷外出爲衣食奔波，其長子蒲箬祭父文云：「家計蕭條，五十年以舌耕度日。」又云：「我父奔波勞瘁，七十歲始不趁食於四方。」持家教子，全由夫人劉氏獨擔其任。可見他一生不遇，以教書爲業，生平以在家鄉畢刺史際有綽然堂最久，約從四十歲始，直至七十歲才撤帳歸家。其間一面課館，一面讀書寫作，他大部份的傳世作品，都是在這段期間寫成的（註六）。

蒲松齡一生作品極多，除聊齋外，路大荒聊齋全集錄有聊齋文集、聊齋詩集、聊齋詞集、聊齋鼓詞集（有問天詞、東郭外傳、逃學傳、學究自嘲、除日祭窮神文、窮神答文和孔夫子鼓兒詞），聊齋俚曲集（有幸雲曲、禳妒咒、磨難曲、翻魘殃、富貴神仙、姑婦曲、牆頭記、慈悲曲、寒森曲、俊夜叉和蓬萊宴）（註七）。此外胡適考證尚有省身語錄、懷刑錄、曆字文、日用俗字、農桑經等雜著五册，以及考詞九轉貨郎兒（未見）、鍾妹慶壽（未見）、問館（未見）戲曲三齣，俗曲尚有琴瑟樂（未見）、窮漢詞（未見，胡氏疑爲除日祭窮神文）、醜俊巴（未見）和快曲（未見），均見於張元作的「柳泉蒲先生墓表」碑陰的著作目錄，胡適又考出一些墓表及碑陰未載的如：醒世姻緣小說、婚嫁全書、藥祟書、家政內篇、家政外篇，和小說節要。因此胡適說：「我們看了這些著作書目，讀過今日還保存着的各種遺著，不能不承認這一位窮老秀才眞是十七世紀的一個很偉大的新舊文學作家了。」（註八）

另據張景樵和劉階平二人的考證，蒲松齡作品尚有不少，尤其是歌曲、鼓詞、韻文、俚曲和雜著，都留有抄本，如能整理出來，總數量要比路大荒輯的聊齋全集多一倍是絕無問題的（註九）。有些在胡適「跋張元的聊泉蒲聊齋通俗戲曲選注」就選了「鍾妹慶壽」的戲詞（註一〇），鍾妹慶壽爲一齣小戲，內容由明趙南星「笑贊」中「鍾魁」：「鍾魁專好喫鬼，其妹與他做生日，寫禮帖云：『酒一尊，鬼兩個，送與哥哥做點剁。哥哥若嫌禮物少，連挑擔的是三個。』鍾魁看畢，命人將三個鬼俱送庖人烹之。擔上鬼看挑擔鬼曰：『我們死是本等，你如何挑這個擔子。』」一文敷延而成，而詼諧生動尤過之（註一一）。

蒲松齡作品中爭論最多而又與本題相關的，是白話小說醒世姻緣一書。蒲松齡作醒世姻緣之說，最早是乾隆年間楊復吉在「昭代叢書」癸集的「夢闌隨筆」引鮑以文的話：「留仙尚有醒世姻緣小說，說實有所指，書成爲其家所訐，至褫其矜。」其後鄧之誠的「骨董瑣記」和蔣瑞藻的「小說枝譚」俱引「夢闌瑣筆」，以爲留仙之作。其後經胡適在民國二十一年上海「新月雜誌」發表醒世姻緣傳的考證之後，力證作者是蒲松齡，尤其是胡適把蒲松齡聊齋志異中的江城故事，拿來和醒世姻緣詳細比較之後，就形成了一面倒的力量。後來反對此說的人逐漸的從胡適說法中找到了漏洞，最重要的一點是，蒲松齡根本沒有「西周生」這個別號，而且鮑以文的話完全不可靠，因爲在蒲松齡長子蒲箬的「祭父文」、「柳泉公行述」，以及墓表、碑陰的記載和淄川的文獻裏，都找不到蒲松齡作醒世姻緣的痕跡。因此近人劉階平、王素存、朱燕靜等人，均不贊成這個說法，連過去贊成此說的路大荒，近來所編的「蒲松齡集」的「編輯後記」也說：「我過去雖曾努力收輯蒲氏遺著，交上海世界書局出版，定名『聊齋全集』。但該書局却把一些來源不詳的鼓詞，和尚未考定是否蒲氏撰的『醒世姻緣』等混編進去了，這實在是很遺憾的。」由此見之，不論醒世姻緣的作者是誰，但非蒲松齡所作，是可以絕對肯定的（註一二）。

二、禳妒咒寫作緣起

如果醒世姻緣眞如胡適等人的主張，作者爲蒲松齡，不但聊齋裏有悍婦故事，還要演成俗曲——禳妒咒，更洋洋灑灑的寫了一百萬字以上「怕老婆」的小說，蒲松齡的心理非要好好的用心理分析的方法詳細分析不可。實際上旣非如此，禳妒咒的寫作緣起，只好另闢蹊徑了。

我們從蒲松齡的著作中，知道他很喜歡寫俗曲，寫的作品相當多，其中有不少是聊齋故事的翻版，列之於下：

姑婦曲　演珊瑚故事，全曲三回，獨唱，講唱體。
慈悲曲　演張誠故事，全曲六段，獨唱，講唱體。
翻魔殃　演仇大娘故事，全曲十二回，獨唱，講唱體。
寒森曲　演商三官故事，全曲八回，獨唱，講唱體。
富貴神仙　演張鴻漸故事，全曲十四回，獨唱，講唱體。
磨難曲　也是演鴻漸故事，全曲三十六回，分唱，爲戲劇體。
禳妒咒　演江城故事，全曲三十三回，分唱，爲戲劇體。

由上表可知，蒲松齡的俗曲創作，很喜歡用他自己的聊齋故事改寫，尤其是張鴻漸故事旣寫了講唱體的俗曲，又寫了戲劇體的俗曲。因此，據江城故事來寫禳妒咒，並非對悍婦的題材特別偏愛。

中國婦女在儒家思想的社會裏，要求她們臣服在男性之下，「夫爲妻綱」是天經地義，「在家從父、出嫁從夫、夫死從子」的三從，是要婦女聽命於男子；「婦德、婦言、婦容、婦功」的四德，要婦女貞節柔順的侍奉男子。不但男子認爲是理所當然，不少以賢德自居的婦女，也視之必然，如班昭作女誡，唐陳邈妻作女孝經，唐宋廷棻女若華作女論語，明徐達女、仁孝文皇后作內訓，明溫璜母陸氏作溫氏母訓，李晚芳作女學言行錄，王相母作女範捷錄，都是告訴婦女要如何貞節自持、善事翁姑、服侍良人。至於男人所作的女教的著作中，婦女的地位自然更低了（註一三）。

雖然自古男人都希望有一個賢慧貞柔的老婆，絕不希望娶個母老虎、河東獅，怕老婆的人更是被社會上看成「窩囊廢」，而陳季常也成了怕老婆的典型。但是，自古以來怕老婆的男人不在少數，而且悍婦必妒，妒婦必悍，在中國語言裏，妒婦和悍婦幾乎是同義詞。對悍妒婦女的描寫也極早，劉宋時虞通之曾作妒婦記，其中的「變羊」一則故事，還被明人汪廷訥的獅吼記演爲一齣（註一四）。自此之後，妒婦的故事就成爲一個好題材，太平廣記談婦人，也列了「妬婦」故事（見太平廣記第二百七十二，婦人三），一些笑話書裏，妒婦和怕老婆也是常見的題材。而最有名的作品莫過於汪廷訥的「獅吼記」、西周生的「醒世姻緣」和蒲松齡據江城故事改編的「禳妒咒」了。

在以男性爲中心的社會裏，婦女的悍妒是男人最厭惡的事。駱賓王聲討武則天的罪過，第一句就是「性非和順」。因此，宋明帝賜藥榮彥遠毒殺其妒妻，梁武帝以鶬鶊爲饍來治療郗后的妒性，無所不用其極。至於海寧陳元龍更撰「妒律」來整治妒婦，雖爲遊戲文章，也可說明男人的心理了（註一五）。但是，男人娶了個河東獅之後，一點辦法都沒有了，甚至情願爲狗，也比悍婦之夫好多了。如清康熙進士張鍛亭，官樂亭縣知縣，有一妾爲妒妻趁他遠宦時遣出，他深以爲恨的作借米謠三首：

1. 我無奈，向君哭。懇君借我米一斛。願來生君作主人我作僕。憑君時時呼喚，我只小心伏侍直到蒼頭禿。

2. 君不肯，我再求。懇君借我米一斗。願來生君作富翁我作狗，憑君時時呼喝，我只擺尾搖頭常守家門口。

3. 君不肯，我再歌。願君借我米一籮。願來生君作頑妾我作夫。憑君時時吵鬧，我只裝聾做啞半死半糊塗。

後來張鍛亭竟然因此自殺於輿中。於是國人以爲遭逢悍婦，一定是前世的宿寃了。明謝肇淛「文海波抄」妬婦條曾云：

人有妬婦，直是前世宿寃，卒難解脫。非比頑嚚父母，猶可逃避；不肖弟兄，僅只分析；暴君虐政，可以遠遁；狂友惡賓，可以絕交也。朝夕與處，跬步受制。子女僮僕，威福之柄，悉爲所持。田舍產業衣食之需，悉皆仰給，啣恨忍恥，沒世呑聲，人生不幸，莫此爲大。（註一六）

因此蒲松齡聊齋志異「江城」篇也說：

人生業果，飲啄必報，而惟果報之在房中者，如附骨之疽，其毒尤慘。每見天下賢婦十之一，悍婦十之九，亦以見人世之能修善業者少也。觀自在願力宏大，何不將盂中水灑大千世界耶？

由此可知蒲松齡也以悍婦是前生寃孽所致。

蒲松齡在聊齋中也敍述了一些悍婦，如卷二「張誠」篇的牛氏，卷三「大男」篇的申氏，卷七「邵女」篇的金氏，卷九「雲蘿公主」篇的侯氏，卷十二「呂無病」篇的王氏，「錦瑟」篇的蘭氏，卷十四「孫生」篇的辛氏，卷十五「邵臨淄」篇的李生妻，尤以卷七「江城」篇的江城和卷十「馬介甫」篇的尹氏爲妬悍之尤者。蒲松齡雖然寫了這些悍婦，但以聊齋所收故事超過四百三十則來看，只是極少的比例。如以他所說：「每見天下賢婦十之一，悍婦十之九。」來論，也知道他並不是特別喜歡寫悍婦的。

蒲松齡寫江城和禳妒咒並非以他的夫人爲藍本，他的夫人極爲賢慧，但他親友中有，他也聽到一些悍婦的事蹟。他在「述劉氏行實」中記其大嫂：

冡婦益恚，率娣姒若爲黨，疑姑有偏私，頻偵伺之。而太孺人素坦白，即庶子亦撫愛如一，無瑕可蹈也。然時以虛舟之觸爲姑罪，呶呶者競長舌無已時。處士公曰：「此烏可久居哉！」乃析箸授田二十畝。

不但和婆婆頂嘴吵鬧，甚至逼得公公主持分家，其悍妒比起江城也是五十步與百步之差了。

蒲松齡的同里摯友，也是「郢中」社創始社友的王鹿瞻的太太也是一位悍婦，蒲松齡與王鹿瞻書中說到：

客有傳尊大人彌留旅邸者，兄未之聞耶！其人奔走相告，則親兄愛兄之至者矣。謂兄必泫然而起，匍匐而行，信聞於帷房之中，履及於寢門之外。即屬訛傳，亦不敢必其爲妄，何漠然而置之也！兄不能禁獅吼之逐翁，又不能如孤犢之從母，以致雲水茫茫，莫可問訊，此千人之所共指。……

從這封信中，可以了解王鹿瞻之妻竟然逐公公出門，而且在獅吼之下，王鹿瞻竟然不敢奔喪，其妒悍的程度眞是到了極點。無怪乎張景樵以爲與聊齋中的「江城」、「馬介甫」等篇有影射關係，劉階平也說：「或謂後留仙在志異中所撰馬介甫故事，即隱指鹿瞻之悍婦逐翁事也。」（註一七）

蒲松齡聊齋故事中，雖有不少是出於「豆棚瓜架」之下的杜撰，也有不少是仿自搜神、博物和唐人傳奇，然而多數爲蒲箬聊泉公行述所云：「漁蒐聞見，抒寫襟懷，積數十年而成。」也如先生自誌：「聞則命筆，遂以成編。久之四方同人，又以郵筒相寄，因而物以好聚，所積益夥。」因此，其中不少故事是有事實可考的。其中最爲有名的是卷五大力將軍篇，更是富傳奇性的眞人眞事，除聊齋外，蔣士銓的「雪中人傳奇」，鈕琇的「吳六奇傳」和王士禎的「吳六奇別傳」，所記載的是同一故事。（註一八）。

江城故事據蒲松齡說，是王子雅告訴他的。故事發生的地點是在江西臨江府（註一九），而敍述故事的王子雅爲浙中人（依鈔本、青本、但本俱誤），不但親知其事，而且還吃過江城的虧。由此可知江城的故事絕非子虛烏有。既然蒲松齡喜歡以聊齋中的故事寫俗曲，而且世之悍婦，十有其九，何況他身受悍嫂排擠的痛苦，又親見王鹿瞻悍妻的手段，把悍婦的故事編成俗曲戲劇搬演出來，不也是很自然而合理嗎？

三、蒲松齡與俗曲

散曲到了明代，已經成了文人雅士手裏的作品，漸漸的和詩詞一樣走向典雅。但是在民間仍然需要歌曲去滋潤他們的心田，於是歌詞在民間求其通俗化，而新的曲調又不斷的產生，「俗曲」也就應運而生，流行於明清兩代。同時，有一些文人也開始注意到了，如李開先喜歡「山坡羊」、「鎖南枝」，而且編集成册。而鎖南枝中的一首：

傻俊角，我的哥。和塊黃泥兒揑咱兩個。揑一個你，揑一個兒我。揑的來一似活托。揑的來同床上歇臥。將泥人兒摔破。着水重和過，再揑一個你，再揑一個我，哥哥身上也有妹妹，妹妹身上也有哥哥。

不但李開先欣賞不已，更爲當時文人所共賞（註二〇）。因而卓人月說：「我明詩讓唐，詞讓宋，曲讓元，庶幾吳歌掛枝兒、羅江怨、打棗竿、銀絞絲之類，爲我明一絕耳。」而沈德符「野獲編」在「時尚小令」條說：

元人小令行於燕、趙，後浸淫日盛。自宣、正至成、宏後，中原又行鎖南枝、傍粧台、山坡羊之屬，李空同先生初從慶陽徙居汴梁，聞之以爲可繼國風之後。何大復繼至，亦酷愛之。今所傳泥捏人及鞋打釘、熬鬏髻三闕爲牌名之冠，故不虛也。自茲以後，以後又有耍孩兒、駐雲飛、醉太平諸曲，然不如三曲之盛。嘉隆間乃興鬧五更、寄生草、羅江怨、哭皇天、乾荷葉、粉紅蓮、桐城歌、銀紐絲之類。……比年以來，又有打棗竿、掛枝兒二曲，……又山坡羊者，朱、何二公所喜，今南北詞俱有此名，但北方惟盛愛數落山坡羊，……。（註二一）

而顧起元「客座曲語」俚曲條也說：

> 里衖童孺婦媼之所喜聞者，惟有傍妝台、駐雲飛、耍孩兒、皀羅袍、醉太平、西江月諸小令，其後益以河西六娘子、鬧五更、羅江怨、山坡羊，後又有桐城歌、掛枝兒、乾荷葉、打棗竿等。

（註二二）

到了清代，俗曲又有變化，在乾隆六十年刊行的「霓裳續譜」裏，流行的有：西調、黃瀝調、南疊落、一江風、寄生草、起字岔、翦靛花、平岔、螺螄調、銀紐絲、採紅蓮、呀呀喲、慢岔、玉娥郎、馬頭調、玉溝調、隸津調、倒搬槳、劈破玉、秧歌、揚州歌、邊關調等（註二三）。到了道光年間，俗曲盛行的情形，二石生在「十洲春語」說：

> 院中競尚小曲，其著者有軟韇、淮黃、離京、淒涼、四平、四喜、杭調、滿江紅、劈破玉、湘江浪、剪靛花、五更月、綉荷包、九連環、武鮮花、倒板槳、鬧五更、四季相思、金銀交絲、七十二心諸調，和以絲竹，如裊風花軟，狎雨鶯柔，頗覺曼迴蕩志。（註二四）

而蒲松齡在其俗曲「幸雲曲」第一回的「耍孩兒」中說：「世事兒若循環，如今人不似前，新曲一年一遭換。銀紐絲兒才丟下，後來興起打棗干。鎖南枝半插羅江怨，又興起正德嫖院，耍孩兒異樣的新鮮。」（註二五）而且「幸雲曲」全部是由「耍孩兒」編成的，可知在蒲松齡當時最流行的是「耍孩兒」。在蒲松齡「禳妒咒」中所用的俗曲，有西江月、山坡羊、皂羅袍、耍孩兒、跌落金錢（按：霓裳續譜跌作疊）、黃鶯兒、香柳娘、銀紐絲、呀呀油（按：霓裳續譜作呀呀喲）、羅江怨、清江引、疊斷橋、還鄉韻、倒板槳（按：霓裳續譜板作搬）、西調、鬧五更、劈破玉、房四娘、棹歌、鴛鴦錦、刮地風、蝦蟆曲、哭皇天、玉蛾郎、滿調、哭笑山坡羊（按：當爲山坡羊變調，以其曲中有哭有笑）、桂枝香、浪淘沙、四朝元、北黃鶯等俗曲調子，在全本三十三回中，除第一回、第七回、第十回、第十四回、第十六回、第十八回、第二十五回、第二十七回、第三十一回外，其餘二十四回均有「耍孩兒」，也可證明蒲松齡所說的「耍孩兒異樣的新鮮」了。

禳妒咒中所用的俗曲，不但承繼了明代中葉以來的俗曲沿革的路子，而且不少調子到民國以來仍然流行。如張長弓在調查「鼓子曲」時，其中不少調子和「禳妒咒」中的曲調相同（註二六），而流傳於山東的民間戲曲中，呂戲的調子有娃娃腔（即耍孩兒）、銀紐絲、疊斷橋、呀呀油等見於禳妒咒，柳子戲中有山坡羊、耍孩兒（娃娃調）、黃鶯兒等見於禳妒咒（註二七），其中有些曲調的異名和沿革都還可考。如「跌落金錢」據李斗揚州畫舫錄所載，爲黎殿臣所創，又謂之黎調。「呀呀油」據劉廷璣在園雜志說：「再變爲呀呀優，呀呀優者，夜夜遊也，或亦聲之餘韻『呀呀喲』也。」（註二八）又如玉娥郎調，又名大四景，爲明神宗御製，金鰲「退食筆記」說：

神宗時選近侍三百餘名，于玉熙宮學習宮戲，歲時陞座，則承應之。各有院本，如盛世新聲、雍熙樂府、詞林摘豔等詞。又有玉娥郎詞，京師人尚能歌之，名「御製四景玉蛾郎」。因此，鈴山堂集裏「聽玉蛾郎詞詩」說：

玉蛾不是世間調，龍艦春湖捧御卮。閭巷敎坊齊學得，一聲聲出鳳凰池。

而清人饒智元的「明宮雜詠」也說：

國破遺音在，秋蕪設敎坊。雙鬟十五女，猶唱玉蛾郎。（註二九）

而且玉蛾郎一調於六十七年四月二十六日在台灣大學「俗曲演唱會」中，由台大中文系演唱過（註三〇）。西調則從山西、陝西一帶傳來，通俗編說：

今以山陝所唱小曲曰「西曲」，與古絕殊，然亦因其方俗言之。（註三一）

在霓裳續譜一書中，用西調的曲子有二百餘首，可見當時流行盛況。

由以上數例可知俗曲的一些概略，也證明了蒲松齡是用他當時最風行的一些俗曲牌調，來創作「禳妒咒」和其他俗曲的作品。

四、禳妒咒的結構

禳妒咒一劇在本地容易見到的版本有二：一爲古亭書屋印行的路大荒編「聊齋全集」本，一爲正中書局印行的劉階平編著的「清初鼓詞俚曲選」本。兩本內容雷同，在編排上，劉本眉目清爽，牌調分明，在分析上比較省事，因此，本文以劉本爲藍本來分析研究。

㈠曲調的聯綴

蒲松齡的俗曲作品中，除禳妒咒、磨難曲和牆頭記三本爲代言體的戲曲外，其餘如幸雲曲等八篇都是敍述體的講唱。因此在禳妒咒中可以很清楚的看出講唱的影響。

禳妒咒共分三十三回，不用「折」、「齣」而用「回」，和元雜劇、明清傳奇不同，和幸雲曲等相同，是講唱的習慣。三十三回的用曲和聯綴如下：

回次　回目　牌調聯綴

1. 開場　西江月、山坡羊十二支、皀羅袍二支
2. 雙戲　耍孩兒二支、跌落金錢四支
3. 遷居　耍孩兒七支、黃鶯兒四支、香柳娘五支、皀羅袍四支
4. 入泮　耍孩兒三支、銀紐絲七支
5. 擇偶　耍孩兒二支、呀呀油七支、羅江怨三支、清江引
6. 邂逅　耍孩兒二支、疊斷橋八支
7. 訂婚　還鄉韵四支、倒板槳十三支、皀羅袍四支
8. 花燭　耍孩兒三支、西調九支、皀羅袍五支
9. 閨戲　耍孩兒八支、跌落金錢二支、耍孩兒三支、疊斷橋三支

10. 退婚　銀紐絲七支、鬧五更五支、清江引
11. 私會　耍孩兒六支、叠斷橋十二支（按：唱十二月）、呀呀油八支
12. 復合　耍孩兒九支、劈破玉五支
13. 撾公　耍孩兒、銀紐絲、呀呀油三支、銀紐絲三支、呀呀油、房四娘五支、棹歌
14. 招妓　鴛鴦錦六支（按：前五支爲妓唱五更）、刮地風八支
15. 裝妓　耍孩兒二支、西調四支、蝦蟆曲三支
16. 誇妒　劈破玉六支
17. 中傷　銀紐絲二支、耍孩兒七支
18. 毆姊　哭皇天三支、房四娘八支
19. 毒友　耍孩兒九支
20. 男裝　耍孩兒二支、羅江怨六支、跌落金錢、叠斷橋（按：四時四支）、刮地風七支（按：後五支唱五更）
21. 觀劇　耍孩兒、皂羅袍三支、還鄉韵二支
22. 奪門　耍孩兒四支、呀呀油八支
23. 秋捷　耍孩兒二支、玉蛾郎二支、滿詞、玉蛾郎、滿詞
24. 撻廚　黃鶯兒五支、哭笑山坡羊十二支、耍孩兒五支

25. 喜聚　桂枝香五支
26. 虐妒　耍孩兒三支、滿詞五支、蝦蟆曲三支、銀紐絲
27. 占化　疊斷橋五支、浪淘沙三支、疊斷橋二支、哭皇天五支、還鄉韻四支
28. 納婢　耍孩兒九支
29. 買妓　銀紐絲三支、耍孩兒四支、鴛鴦錦五支、耍孩兒三支
30. 館選　耍孩兒九支、北黃鶯三支
31. 錦歸　劈破玉、桂枝香五支、鴛鴦錦二支、黃鶯兒三支
32. 賀子　耍孩兒六支、倒板槳九支、皀羅袍三支
33. 祝壽　耍孩兒六支、桂枝香四支、四朝元四支、黃鶯兒四支

就元代雜劇言，每一折爲一套曲，曲牌之聯綴有一定規則。明清傳奇從南戲而來，起始並沒有一定的規則，其後在聯套上也有軌迹可循（註三二）。然而就禳妒咒三十三回所有的牌調聯綴看來，完全不成章法，找不出其聯綴的軌迹，勉強來說，約有下列幾項：

甲、耍孩兒用的最多，往往置於最前。

乙、可用一支曲調到底，如散曲中之重頭。

丙、最常見者爲二支以上曲調各數支聯綴。

丁、如前例，末尾可用支曲結之，如第五回、第十回之清江引，第十三回之棹歌，第二十六回之

銀紐絲。

戊、同一曲調可前後重複出現，如第八回、第二十九回之耍孩兒，第十三回之銀紐絲、呀呀油，第二十七回之疊斷橋。

以上係就三十三回曲調聯綴分析後的一些現象，尚不足形成規則，究其理，一是這些曲子在聯綴時並非套曲，二是這種現象爲民間俗曲的習慣。就第一項而言，凡套曲應該一韻到底，雖然元雜劇中的插曲可換韻，而明清傳奇換韻的現象也很常見，但就禳妒咒來看，根本就以支曲爲單位，在一支曲內是一韻到底，一回中的曲子不必同韻，因此我們不能把它們看成套曲。於是其聯綴鬆散而無嚴格的規律，是必然的結果。再就第二項來看，這種現象在民間是普遍存在的，如元曲演故事的小令，像同調重頭的「摘翠百詠小春秋」裏百支小桃紅並不同韻，而異調間列中的「雙漸小青問答」也是如此（註三三）。而且在乾隆年間刊行的「時尚雅調萬花小曲」中，「西調鼓兒天」詠思婦，用了十八支鼓兒天，末用清江引，是「一套」非一韻到底的聯綴曲，另有「一套」閨女思嫁，先用西江月一支，次連兩頭忙二十三支，以清江引作結（按：與丁例相同），也非一韵到底（註三四）。再從民間戲曲來看，乾隆年間編成的「綴白裘」一書，除了傳奇以外，還選了不少民間戲曲，其中梆子腔五十一種，雜齣三種，亂彈腔四種和高腔一種（註三五）。其中雜齣中的「探親相罵」的曲子爲：引、銀絞絲二十支、尾（註三六），看起來像套曲，但非一韻到底，而且換韻換得很頻繁。又如「上街」一齣，曲子爲：玉娥郎二支、字字雙一支（註三七），三曲用三韻。又如「打麵缸」一劇，曲子爲：引、梆子腔、引、小曲、西調寄生草四支、西調、包子帶皮鞋、吹調（註三八），也是換韻聯綴而成。其中最值得注意的，是三劇用的銀絞絲（按：據李家瑞「北平俗曲略」考證：銀紐絲爲北方名，南方稱銀絞絲，北平又稱「探親調」，因「探親相罵」一劇完全由銀紐絲唱，而銀紐絲曲子裏，也以「探親」一劇爲最著名）、玉娥郎和西調，在禳妒咒中全有。因此，禳妒咒的曲子非套曲，而是以換韻爲結構的聯綴曲，不但受講唱文學的影響，也和當時流行的民間戲曲相同，可以看出蒲松齡對民間文學的了解和熟悉了。

㈡組場

就明清傳奇的結構來說，故事情節的佈置固然重要，但最重要的是場面的安排。以其組場而論，有大場、正場、短場、同場，是以情節發展和在劇中的份量而定；又分文場、武場、文武全場、鬧場，爲其表現的形式；也因爲明清時代劇作家很注意組場，一劇劇情的發展與演出，有起有伏，有鬧有靜，而曲之歡樂哀怨也配合的無懈可擊，則爲一本成功的劇本。在組場上，除人物外，最重要的是聯套，一套中的曲子是否適合角色，是否配合劇情，都是重要的關鍵。（註三九）。

禳妒咒一劇在組場上，完全不能像傳奇一樣分析，其原因爲：一、每回的曲子並非套曲。二、曲子的變化少。三、民間戲曲對組場不甚注意，只講究趣味和熱鬧。因此，分析其組場時，大體上只能從出場角色和劇情發展上略析於下：

回次	回目	出場角色人物	組場

1.	開場	丑	開場
2.	雙戲	高父、高母、長命、江城	文細短場
3.	遷居	江父、江母、高父、高母、脚夫、江城	文細正場
4.	入泮	高父、高母、高季、長命	文細過場
5.	擇偶	丑（媒婆）、高父、高母、陳舉人、陳僕、長命	熱鬧大過場
6.	邂逅	長命、江城、丫環、高父、高母	文細短場
7.	訂婚	長命、高父、高母、春香、江母、江城	文細正場
8.	花燭	長命、高父、高母、衆、家人、江父、江母、江城、丑（撒帳先生）、衆	熱鬧大場
9.	閨戲	長命、江城	文細正場
10.	退婚	長命、高父、高母、江城	文細大過場
11.	私會	長命、王子雅、陳美卿、妓、江父、江母、江城	文細半過場
12.	復合	江父、高父、高母、春香、江城、長命	文細正場
13.	撾公	高父、高母、丑（王婆）、長命、江城、江父、春香	粗口正場
14.	招妓	長命、丑（李婆）、書童、妓	文細正場
15.	裝妓	江城、李婆（丑）、長命	文細短場

16. 誇妒　江城姊、江城　普通過場
17. 中傷　長命、葛天民、江姐、老婆子　普通短場
18. 毆姊　長命、江城、江姐、老王、葛天民　行動過場
19. 毒友　王子雅、王子平、王僕、周仲美、周僕、張石菴、長命、江城、春香　群戲鬧場
20. 男裝　長命、江城、王子雅與二三友人、茶博士、妓、春香　文細正場
21. 觀劇　江城、耍猴人、老婆、江城、衆、高父、高母　普通過場
22. 奪門　高父、高母、老孫、高季、江城、王次山、王寧、長命、王子平、王子雅　群戲半過場
23. 秋捷　高父、高母、報子、門上、家人（衆男女）、江城　群戲歡場
24. 撻廚　丑（廚子）、秦廚、江城、老王、家人、高父、高母、羅漢　詼諧半過場
25. 喜聚　高父、高母、家人、長命、江城　文細歡場
26. 虐妒　長命、江城、春香　文細正場
27. 占化　長命、高父、高母、和尚、童子、江城、春香、衆　文細正場
28. 納婢　江城、老王、高母、高父、春香、長命　文細短場
29. 買妓　江城、長命、老王、王寧、妓（蘭芳）　文細正場

30. 館選　高父、高母、報子、家人、江城、蘭芳、樊子正　　文細正場

31. 錦歸　高父、高母、老王、長命、江城、蘭芳、丫頭　　歡樂正場

32. 賀子　高父、高母、長命、門上、石菴、仲美、周二叔、子平、子　　群戲歡場
雅、天民、張三瘋

33. 祝壽　長命、江城、蘭芳、高父、高母、春香、丫頭　　群戲大圓場

前文說過，禳妒咒爲俗曲戲劇，無法以傳奇那樣格律嚴謹的標準來分析其組場，也很難從其曲調性質來細分，只能就其上場人物角色和情節仿傳奇組場之例，約略分析如前。但就其場面的變化和排場的輕重來看，仍不失爲一本極嚴謹的民間俗戲。其中最能代表禳妒咒排場特色的，莫過於第一回的開場。

開場爲傳奇的第一齣，由宋元以來伎藝上演時的「致語」、「開呵」而來，明徐渭南詞敍錄說：

開場，宋人凡勾闌未出，一老者先出，夸說大意，以求賞，謂之「開呵」。今戲文一出，謂之「開場」，亦遺意也。（註四〇）

自宋元南戲以來，開場例由副末上場，先唸一闋詞爲吉祥頌揚語，或渾寫大意。再與幕內對答中點出劇名，然後再唸第二闋詞敍述劇情。後期傳奇往往把前闋詞和問答省略，僅用一闋敍述大意。此後遂成俗套，能改變而出新意的，惟有孔尚任桃花扇的開場，桃花扇開場的老贊禮，既是劇中人，也是收場人，完全以「白頭宮女，說天寶遺事」的感慨敍述南明覆亡的故事。此外如乾隆以後的夏綸、沈起

鳳、蔣士銓等人首折採套曲，不用開場，只是惡例（註四一）。但就禳妒咒的開場而論，改變的地方如下：

甲、不以副末登場，而以丑上場唸西江月，點明怕老婆的故事。

乙、丑與幕內的問答加重，並不點明劇名，仍爲敷衍怕老婆的趣事。

丙、以山坡羊十二支、皂羅袍二支，共十四支曲子說明老婆爲何可怕，並引戚繼光怕老婆的故事爲證。

丁、始終不說出劇名，以「那不是怕老婆的他達來也」一句話作結，引出第二回上場的高仲鴻夫妻，劇情的開展完全以詼諧引出。

因此，以傳奇之例來看，禳妒咒的開場是不合規矩的，然而以能脫出俗套而一新耳目，又能從詼諧熱鬧中，吸引觀衆，逗引出劇情而論，蒲松齡的創新不但有極好的創意，也是極有貢獻的。

五、禳妒咒與江城篇的比較

禳妒咒的劇情由聊齋志異卷七「江城」故事敷衍而成，兩者之間的架構大抵相同，惟禳妒咒爲三十三回的戲曲，情節上不能不增加一些原型故事所無的；而且在民間戲曲裏詼諧熱鬧是重要的因素，而大團圓結局又是中國戲曲最能表現社會意識的一環，因此，兩者之間的差異就不少了，現逐一分析於下：

1. 江城篇：「兩小無猜，日共嬉戲」禳妒咒第二回「雙戲」，兩小日共嬉戲，但江城喜歡要賴而善怒，伏第九回「閨戲」江城變臉生悍。

2. 禳妒咒第三回「遷居」，寫高仲鴻父婦善待樊子正夫妻，伏以後結親，江城篇無。

3. 禳妒咒第四回「入泮」，爲蒲松齡諷刺科舉黑暗而加進去的情節，江城篇無。

4. 江城篇記江城悍妬，「翁姑忿怒，逼令大歸，樊慚懼，浼交好者，請於仲鴻，仲鴻不許。」禳妒咒第十回「退婚」爲仲鴻命子寫休書，公子寫休書，江城忿怒而走。

5. 江城篇記「生出遇岳，岳把袂邀歸其家。」其後「由此三五日，輒一寄岳家宿」。禳妒咒第十一回「私會」寫公子訪友王子雅，後遇岳，一宿之後，岳父就求見仲鴻使其夫妻二人復合。

6. 禳妒咒第十三回「撾公」，江城追打公子，錯打公公一下，江城篇無。

7. 江城篇寫樊子正勸女不聽，「反以惡言相苦。樊拂而行，誓相絕。無何，樊翁憤生病，與媼相繼而死，女恨之，亦不臨弔。」禳妒咒寫樊子正羞慚遷居遠避，等公子高中後來賀，江城已變好，父子和好如初。

8. 江城篇媒媼李氏介紹妓女李雲娘，禳妒咒改爲吳麗華。

9. 江城篇記江城二姊適葛氏，悍妒與江城同。禳妒咒以姊名「滿城」，適葛天民。

10. 江城篇記江城以巴豆毒王子雅，禳妒咒第十九回「毒友」除王子雅外，添王子平、周仲美、張石菴三人。

11. 江城篇記生被禁錮，因而「文宗下學，生以誤講，降爲青。」禳妒咒二十二回「奪門」添高季爬牆開門，擁生奪門赴講，雖然遲到，因以三十兩銀子賄賂，未被降等，一則寓諷刺，一則爲中舉伏下一筆。

12. 江城篇高生鄉捷在江城改變之後，禳妒咒二十三回「秋捷」在江城改變之前。

13. 禳妒咒二十四回「撻廚」，江城篇無。

14. 江城篇：「一日與婢語，女疑與私，以酒罈囊婢首，而撻之。已而縛生及婢，以綉剪剪腹間肉，互補之釋縛令其自束，月餘，補處竟合爲一」，禳妒咒二十六回「虐妒」爲生、江城、婢春香三人玩骨牌，生與春香逗笑，江城大怒，拿剪鉸下春香與高子奶頭各一，彼此互換，後來竟然合在一起。

15. 江城篇：「女每以白足踏餅，拋塵土中，叱生摭食之」，禳妒咒無。

16. 江城篇記高生父母夜夢一叟告訴前因，禳妒咒二十四回「撻廚」改爲夢羅漢。

17. 江城篇以清水射女面者爲老僧，禳妒咒作靜業和尚。

18. 禳妒咒記江城改變之後，納婢春香，而後生貴子，江城篇無。

19. 江城篇記生以應舉入都，禳妒咒則改爲中進士。

20. 禳妒咒高生衣錦榮歸，張三瘋來賀貴子等情節，江城篇俱無。

由上可知，禳妒咒雖由江城故事改編而來，其中細節部份却改變不少，最重要的有以下幾點：

1. 江城父母未死，在戲曲裏符合團圓結局的俗套，讓樊子正善有善報，符合當時的社會意識。

2. 撻廚情節的增加，不但反應一般民衆對廚子的厭惡，同時透過鬧場的表演，增加戲曲的趣味效果。

3. 中進士、生貴子，說明蒲松齡科場不利下的渴望，現實裏得不到滿足，在戲裏可以得到補償。同時中進士也是宋元以來講唱文學和戲曲的俗套。

4. 入泮和奪門裏的賄賂，反映了蒲松齡對當時科舉黑暗作無情的揭發，來發洩他自已少年受知施愚山，一生屢試不中的牢騷。

六、禳妒咒的布局與寄託

禳妒咒一劇在布局方面，雖然深受江城故事影響，但因文體是戲曲體，爲了劇場上的效果，有了很多的改變，已如上述。然而在整理組織上，蒲松齡也很下了一番工夫。前面已談過，禳妒咒的第一回「開場」就把整本戲的主題很巧妙的揭示出來，第二回「雙戲」借幼時的江城善怒，伏九回「閨戲」、二十五回「喜聚」、二十六回「虐妒」裏江城的喜怒無常；同時也從「雙戲」中江城個性的強硬堅決，伏十九回「毒友」、二十八回「納婢」和二十九回「買妓」，因此不論江城前惡後善，都表現了剛強的個性。

第三回「遷居」說明高老夫婦與樊子正夫婦的情感，伏七回「訂婚」、十二回「復合」和三十回「館選」，兩對老夫妻畢竟能善始善終。

第四回「入泮」借罵宗師學道諷刺科舉的黑暗，伏二十二回「奪門」因賄賂而免於降等，同時伏二十三回「秋捷」、三十回「館選」。

第六回「邂逅」寫出江城對高生之愛，伏七回「訂婚」、八回「花燭」、十一回「私會」、十二回「復合」、十八回「毆姊」、二十五回「喜聚」及二十七回「占化」以後夫妻之恩愛。

第十四回「招妓」、十五回「裝妓」、二十回「男裝」與二十九回「買妓」諸回，前後鉤連伏應，正反相成，至「買妓」爲最高潮。「招妓」伏「男裝」，到「裝妓」爲一頓；「裝妓」與「買妓」爲映襯對比，「男裝」則承「裝妓」而伏「買妓」，在布局上面面俱到，結構嚴密。

第十六回「誇妒」、十七回「中傷」和十八回「毆姊」一氣呵成，江城悍妒之態完全呈現出來，至十九回「毒友」爲最高潮，以群戲鬧場表演，最能吸引觀衆。

第二十一回「觀劇」以江城的恣意出遊和二十二回「奪門」高生被幽禁爲對比，伏二十七回「占化」江城出門爲靜業和尙點化。

第二十五回「撻廚」寫江城凶悍毒打頑廚，是悍而能大快人心；二十八回「虐妒」以剪刀剪貼身婢女奶頭，是悍而使人不忍，兩者正爲對比。「虐妒」中婢女與生奶頭互易，伏二十八回「納婢」和三十二回「賀子」，婢女先苦後甜，和前面的情節互爲伏應。

在禳妒咒三十三回中，江城妒悍不馴始於第二回「雙戲」，借八回「花燭」高生父母下場詩「佳人英妙自天成，（高公）娶的新人更娉婷；（高母）只怕妍皮裹妒骨，（高公）這回斷送老殘生。（高母）」的暗示，緊接着在第九回「閨戲」、十三回「撾公」、十五回「裝妓」、十六回「誇妒」，十七至二十二回的「中傷」、「毆姊」、「毒友」、「男裝」、「觀劇」、「奪門」和二十四回、二十六回的「撻廚」、「虐妒」至最頂點，使劇情逐步升高，二十七回以下整個改變，由妒悍而賢慧，劇情的張力與鬆弛也配合得恰到好處。

禳妒咒一劇寫的是悍婦江城故事，前文談過，這是一個近於眞人眞事的事蹟，而且蒲松齡也深受悍嫂之氣，也深深同情王鹿瞻的遭遇。能藉着通俗的戲曲搬演悍妻故事，無論是諷刺，是教化，應該都是蒲松齡創作禳妒咒的動機與目的了。因此，在第一回的開場中，特別說明了怕老婆的原由。茗狂在「醒世姻緣傳考」裏說明怕老婆的理由有三：①愛之太過；②本身太糟；③難言之隱（註四二）。郭立誠女士以爲怕老婆的原因有：①齊大非偶；②妻子才智能力高於丈夫；③又愛又怕（註四三）。而蒲松齡在禳妒咒「開場」中分析是：①妻子美，由愛而怕；②生男育女，受苦受難，由愛憐不忍而生怕；③經濟上依賴岳家；④丈夫有不良嗜好；⑤天生悍婦。雖然他提了幾項理由，但重點却放在第五項「悍妒」之上。聊齋「江城」篇異史氏說妒婦爲「附骨之疽」，而「雲蘿公主」篇異史氏說：「悍妻妒婦，遭之者，如疽附於骨，死而後已，豈不毒哉？」在禳妒咒「開場」裏也說：

天地之間鼈們可以老了，樝樹可以倒了，饑困可以餓了，昂臟可以掃了。惟獨這着骨的疔瘡，幾時是個了手呢？

然而蒲松齡一生科場不利，不但懷念少時賞識他的施愚山、費褘祉，在聊齋志異「折獄」後追懷費令，在「臙脂」篇後緬懷施愚山「眞宣聖之護法，不止一代宗匠，衡文無屈士已也。」（註四四）不但如此，在聊齋中有不少篇是直接揭露科舉內幕，如卷十的「賈奉雉」、「三生」，卷十一的「于去惡」，卷十二的「司文郎」和卷十五「何仙」諸篇，極力諷刺試官的低能。至於聊齋中敍述考生科場困厄的篇章更多，都是蒲松齡由自身慘痛失敗的經歷所發生的不平之鳴（註四五）。

禳妒咒第四回「入泮」用了五支銀紐絲寫宗師學道受賄，引第五支曲子於下爲證：

點着學道笑也麼開，喜的原不是求眞才。心暗猜，必定是大包封進來。只求成色正，不嫌文字歪，把天理丢靠九霄外。那管老童苦死捱，到鬍鬚白滿腮。我的天，壞良心，眞把良心壞！

更藉着一個六十五歲的老童生劉太和作一首自嘲詩：「從那來了個春風鼓，童生考到六十五；沒錢奉上大宗師，熬成天下童生祖！」留仙內心的抑鬱，不可說不深了。

蒲松齡自己一生困於場屋，希望只好寄託在兒孫身上，康熙四十四年先生六十六歲時，三子笏、季子筠同時入泮，他高興的寫「四月十八日喜笏、筠入泮」詩。康熙五十年先生七十二歲時，長孫立德以第一，補博士弟子員，他又高興的寫了「喜立德采芹」五古一首。無怪乎在禳妒咒裏高生不但中了進士，而且春香還爲他生了一個有「尙書老爺」命的貴子。値得注意的是高公子的親友在張三瘋神仙的批斷下，王子雅和高生之子是同年，高季和王子平是老教官，周仲美、葛天民要借重高生才能得個小官，至於王石菴只有捨生業成爲王十萬了。在這既詼諧又諷刺的筆下，蒲松齡的寄託是不難看得明白。

七、文詞詼諧活潑

民間文學最爲大家注意的是文辭的俚俗活潑，六朝民歌如此，宋元話本、明清小曲等，無一不是如此。清代張南莊的何典，開場兩句如夢令的「放屁放屁，眞是豈有此理！」曾使得吳稚老、劉半農等大加讚賞（註四六）。以此來比，蒲松齡的俗曲，無一不是佳作。

蒲松齡長子蒲箬的留仙行述說：「思所及，中人情之膏肓；筆所書，導物理之肯綮；至於蘊藉詼諧，一着紙而解人頤。」（註四七）觀其俗曲，的確是詼諧活潑而能解頤。茲從賓白與曲文兩方面析之於下：

㈠賓白

元雜劇之優於明清傳奇的，就是其賓白本色自然，就禳妒咒來看，其賓白之俚俗，用語的諧趣生動，令人莞爾不止。如開場丑唸完「西江月」詞後，說：

家家房中有個人，一堆　戴着　髻穿著裙；禍根　仰起巴掌照着臉，瓜得　（內問：）是你打他麼？（哭云：）那裏！是他打我。（作介：）我只雄糾糾的闖進門。撲忒——（內問：）這是怎麼？（笑云：）撲忒一聲，我就跪下了。

又如寫江城之悍，聽到公婆批評後（十回「退婚」），怒說：

我說你了，教您那處治我，待怎麼處治哩！處治了罷！割了頭碗那大小一個疤拉！投信我掘他媽的，要死就死，要活就活。

潑辣之態如聞其聲，寫得活靈活現。又如十三回「摑公」樊子正訓女，江城却說：

爹爹，我做了賊了麼？養了漢了麼？該嗄事！

又：

我作的我受，或者打不着你，你管甚麼閒事？

在十六回「誇妒」中，江城姊妹的賓白，也是一段絕妙好辭：

（江城說：）但只是寡人有疾，寡人好氣。（滿城笑說：）請勿好小氣。想是他不愛你麼？（江城說：）不呢。（滿城說：）是你不愛他麼？（江城說：）也不，不呢。（滿城笑說：）不呀，不怎麼就撕毛砸腿鬧滿屋？這個不字容易知道，是那個不字就難解了！（江城低下頭說：）常時還好來，近來因着他戰戰得塞的，越發厭惡人了，着人說不出ㄖ來。（附耳作小語介，滿城拍手笑說：）哈哈！「販鮮的擔着柳杌子魚活」，我就好說，掐出水來的乜孩子，禁甚麼降？都是唬破他那壯頭子了！一樣漢子有一樣降法，怎麼抄的稿呢？

在二十六回「虐妒」裏，寫高生中了舉，夫婦在閨房中的一段對白，十分有趣，令人噴飯：

（江城上說：）小長命呀，咱這悶悶，做點甚麼罷？（公子說：）我中了舉，怎麼還叫我小長命？（江城說：）好大的舉人哪！也就是在炕頭上稱罷！（公子說：）我這舉人，可就是這炕頭上稱不得！

此外如五回「擇偶」中的媒婆，十三回「撾公」裏的王婆，都是丑扮，賓白也是詼諧生動。在二十四回「撻廚」中的廚子吳良心的賓白，不但風趣犀利，更能把廚子的奸貪嘴臉形容畢至。

㈡曲文

禳妒咒是以俗曲構成的民間戲曲，曲文爲此劇的主體。俗曲的特色本就俚俗生動，再加上蒲松齡詼諧的筆調，曲文的雋永動人，活潑諧趣，幾乎開卷處處可見，茲從劇中引述部份曲文，即能見其傳神有趣、眞摯動人兼而有之的曲詞。

第一回「開場」

（西江月）諸樣事有法可治，惟獨一樣難堪；畫簾以裏綉牀邊，使不得威靈勢焰。任憑你王侯公子，動不動怒氣冲天；他若到了綉房前，咦，漢子就矬了一半。

又：

（山坡羊）不怕天，不怕地，單單怕那「秋胡戲」。性子發了要殺人，進了屋門沒了氣。儘他作精儘他治，放不出個個狗臭屁。休笑漢子全不濟，這裏使不得錢和勢。

又：

（山坡羊）昨日煞進門就是頓巴掌子，劈頭就是頓踏棍子，打的露着血脈子，幾乎見了腥葷子，若不是俺家他三嬸子，坐住領了雙份子，孩子裂了書本子，嗔我又沒端尿盆子！

十五回「裝妓」

（蝦蟆曲）我只是要和你在那裏過罷，我又不曾叫你下油鍋。強人呀，俺漫去搜羅，你漫去快活。今日弄出這個，明日弄出那個；這樣可恨，氣殺閻羅。強人呀，俺也叫聲人家「哥哥呀哥哥」，你心下如何？

十八回「毆姊」

（房四娘）蹺蹊事誰得聞，不論疎來不論親，誰家漢子勞你打？這不說來笑煞人！罵一聲潑賤人，我和高藩也不親，各人漢子各人打，怎麼「隔牆過了身？」

又：

也使我得知聞，我不出氣你再理論，噯就不問誰是主，拿着當自家那「坑腿的人！」打自家打別人，不管人家嗔不嗔，一個漢子不夠打，拿着棒槌打四鄰。

二十四回「撻廚」

（哭笑山坡羊）海參切成四瓣兒，鮑魚切成薄片兒，皮鮓切成細線兒，鯉魚成個正面兒，葱絲切成碎段兒，花椒研成細麵兒，包子剁了細餡兒，蒸餡壓了餅沿兒，稀爛的豬頭還帶蒜瓣兒。

又：

（哭）使碎了俺這心兒，還怕說一聲不好看兒。

（前腔）成撮的菉蒸一抓兒，豆腐帶水一窪兒，連皮的蘿蔔一掐兒，契硬的鷄蛋酥鉽兒，間或用個葱花兒，並不見個油渣兒。今日是這個做法兒，十年五年並沒有第二個做法兒。（笑）省天下的大事，那管他嫌與不嫌！

二十八回「納婢」

（耍孩兒）開開櫃打開箱，取出幾套好衣裳，檢妝盒又找的銀簪樣。杭州宮粉搽面俊，胭脂如血點唇香，畫道眉母豬也看的上。人物好也須打扮，常言道「人在衣裳馬在鞍裝」。

又：

（前腔）搽了臉抹了唇，穿上套衣服耀眼新，俗眼都要看的俊。札裹起來看一看，丫頭竟像個美人，就是那金蓮不止有三寸。要把你打扮齊整，嫁與那放豬的老陳。

從以上略舉片段，可以看出蒲松齡把俚俗之語運用得那麼自然適切，像「各人漢各人打，怎麼隔牆過了身」，「一個漢子不夠打，拿著棒槌打四鄰」以及「畫道眉母豬也看的上」等，足可令人失笑，也虧他寫得出。又如「開場」和「撻廚」中的獨木橋韻，在禳妒咒中相當多，而又寫得生動自然，毫無生硬做作之感，能把俗曲寫得如此詼諧生動，誰能想到是寫聊齋文筆那麼美麗典雅的蒲松齡呢！

由於受到字數限制，我們無法多引曲文來分析，同時前面幾小節對禳妒咒的結構、組場、與江城篇的比較以及佈局寄託等，都失之簡略，除了因字數限制而儘量縮減外，南部資料之缺乏和本身學力的不足，所佔的比重非常大。然而從有限的粗析中，我們可以看出蒲松齡一手寫極古雅典麗的聊齋，一手寫極俚俗生動的俗曲，眞讓我們敬佩不已。禳妒咒由聊齋「江城」篇的故事，渲染擴大為三十三回的戲曲，不但活潑有趣，如其搬演到舞台上，可以想知必能受到民衆的歡迎，而在談諧調笑中，收到警發薄俗、懲妬勸善的效果。至於其在俗文學上的地位，以及藉以了解民間戲曲的編寫搬演上，都有極大的價值。願就此小文窺其一斑，冀能抛磚引玉，引起大家的注意和研究的興趣。

【附　註】

註　一　稱爲聊齋先生，見劉階平「蒲留仙傳」，學生書局，頁一。

註　二　參見劉階平「蒲留仙傳」，張景樵「淸蒲松齡先生留仙年譜」，台灣商務印書館。

註　三　參見劉階平「蒲留仙傳」，桑原　藏著，馮攸譯「中國阿剌伯海上交通史」，台灣商務印書館人人文庫，羅香林「蒲壽庚傳」未見，劉氏引述頗詳。羅氏以蒲松齡爲回教徒，馬幼垣「中國小說史集稿」，時報出版公司，頁二九一—二九四，「蒲松齡是否信回教？」雖駁羅氏回教徒之說，然其遠祖非中國人則可成立。

註　四　同註二。

註　五　同註二，另參見董挽華「從聊齋誌異的人物看淸代的科擧制度和訟獄制度」，嘉新水泥公司文化基金會研究論文第三一五種。

註　六　同註二。

註　七　見聊齋全集，路大荒輯，古亭書屋。

註八　胡適「跋張元的聊泉蒲先生墓表」，同註七，頁四九－五五。

註九　張景樵「蒲松齡與聊齋志異」下，大陸雜誌十九卷四期，頁一〇九－一一四。劉階平「蒲留仙傳」附錄「遺著」，頁二五五－二七八。「蒲留仙遺著考略與異遺稿」，劉階平著，正中書局。

註一〇　聊齋通俗戲曲選注，劉階平輯，台灣中華書局。頁六六－七五。

註一一　趙南星「笑贊」，見「明清笑話四種」，華正書局，頁九－一〇。

註一二　參見西周生撰「醒世姻緣傳」，台灣、世界書局，頁一－一六，「胡適之先生演詞節錄」、苕狂「醒世姻緣傳考」，又同書附，王素存「醒世姻緣作者西周生考」。又劉階平有「醒世姻緣傳的作者疑問」，中國一周第一四一期，頁二二－二三，「醒世姻緣傳作者西周生考異」，書目季刊十卷二期，頁三－一〇。又台大碩士朱燕靜論文「醒世姻緣傳研究」，頁一九－四六，第一章第三節「醒世姻緣傳作者西周生考證」。

註一三　見陶秋英「中國婦女與文學」第二章第二節「中國儒家倫理思想與婦女」，藍燈出版社，頁三三－五九。又陳東原「中國婦女生活史」第五章七「班昭以後的聖人」，河洛圖書出版社，頁一一三－一一八。

註一四　妒婦記疑爲「妒記」，「妒記」已佚，魯迅有輯佚，見「古小說搜殘」，長歌出版社，頁三五七－三六〇。其出於六朝人之手，亦社會風氣使然，見陳東原「中國婦女生活史」第四章「魏晉南北朝的婦女生活」五，「『妬』性發達的原故與事實」，頁七三－七七。

註一五　陳元龍「妒律」見「香艷叢書」冊一，古亭書屋，頁一八七－二〇九。

註一六　張鍛亭事與謝肇制文俱見陳東原「中國婦女生活史」，頁二八八－二九〇。

註一七　張景樵「清蒲松齡先生留仙年譜」，頁一七，劉階平「蒲留仙傳」，頁二七。

註一八　見劉階平「蒲留仙傳」五，「志異」㈠撰寫與寄意，頁六五—七〇。劉階平「聊齋志異遺稿輯注」，台灣中華書局。徐小梅「聊齋志異與唐人傳奇的比較研究」，黎明文化事業公司，頁一一—一〇。陳香編著，「聊齋志異研究」，國家出版社，頁六一—七二，又頁九〇—九八。

註一九　清初臨江有二，一爲江西臨江府，一爲吉林臨江州。陳香「聊齋志異研究」中「聊齋志異搜集資料的區域」斷爲吉林，頁一七九，誤。清初吉林爲清室發源地，漢人不多。且敍述故事之王子雅爲浙中人，地望與江西近。

註二〇　鼎文版，歷代詩史長編二輯，三冊，李開先「詞謔」，頁二八六—二八八。

註二一　卓人月及沈德符之言，俱見劉大杰「中國文學發展史」，華正書局，頁九九五—九九六。

註二二　見羅錦堂「錦堂論曲」，聯經出版社，「明清兩代小曲之流變」，頁八〇。

註二三　章衣萍校訂「霓裳續譜」，新文豐出版公司。

註二四　香艷叢書，古亭書屋，第八冊十五集第三卷，二石生著，十洲春語下，頁二九。

註二五　見「聊齋全集」俚曲集，頁一。

註二六　見張長弓「鼓子曲言」，正中書局，頁一一—一五。

註二七　見邱坤良主編「中國傳統戲曲音樂」，遠流出版公司，頁六四—六五。

註二八　見張長弓「鼓子曲言」，頁五—六。

註二九　玉蛾郎資料見王秋桂編「李家瑞先生通俗文學論文集」「大四景」，學生書局，頁一七一—一七三。

註三〇　見曾永義「說俗文學」，聯經出版事業公司，頁一七一四二。

註三一　見李家瑞編「北平俗曲略」，文史哲出版社，頁九四一九五。

註三二　蔡瑩有「元劇聯套述例」，此地無，鄭騫「北曲套式彙錄詳解」，藝文印書館，皆以北曲雜劇爲對象。南曲傳奇部份，張敬有「南曲聯套述例」，見曾永義主編「中國古典文學論文精選叢刊」戲劇類一，頁一五七一二一六。汪志勇「明傳奇聯奇套研究」，嘉新水泥文化基金會。

註三三　見任中敏「散曲叢刊」，台灣中華書局第四冊，散曲概論，頁二一一二六。

註三四　見西諦著「中國俗文學史」，明倫出版社，頁四一六一四二一。

註三五　統計資料據文基原「中國文學研究新編」，明倫出版社，頁八一八一八二六。

註三六　汪協如校「綴白裘」第六集，台灣中華書局，頁一七九一一九四。

註三七　同上「綴白裘」第十一集，頁二一四。

註三八　同上，頁一九七一二〇五。

註三九　同註三二，張敬「南曲聯套述例」。

註四〇　楊家駱主編「歷代詩史長編二集」第三冊，鼎文書局，頁二四六。

註四一　曾永義編注：「中國古典戲劇選注」，國家書店，頁五一四。

註四二　「醒世姻緣」上冊，世界書局，頁三一四。

註四三　郭立誠「中國婦女生活史話」，漢光文化事業公司，頁二九一三三，「怕老婆」和「老婆怕」的故事。

註四四　劉階平「蒲留仙傳」，頁一九－二〇。

註四五　董挽華「從聊齋誌異的人物看清代的科舉制度和訟獄制度」，頁五〇－六二。

註四六　劉復校點「何典」，長歌出版社，頁二一－二五。

註四七　劉階平「蒲留仙傳」，頁一五七。

金園雜纂研究

一、前　言

「女爲悅已者容」爲千古不易的名言，但是「美」的標準在人類歷史中，却隨著不同的時空而有千奇百怪的面貌。三寸金蓮到底美在何處，我們今日實是大惑不解，而在古代却風靡了近千年之久，更是不可思議。賈伸「中華婦女纏足考」引愛羅先珂（Vasely Eloshenko）所著「我的學校生活―片斷」上說：

李鴻章的確不及我們先生那樣文明，……他在年幼的時候，他把他的兩脚，緊緊的裹在很小的鞋裡，使變成一雙小脚。……

不！只有中國的女孩子們是那樣的罷？……

那不是一樣嗎？要是李鴻章是女孩子，也免不了要這樣做的。……（註一）

看了這段記述，眞是丟人丟到外國去了。

古人對小脚的崇拜不但令人吃驚，而走火入魔的程度，更令人咋舌，尤其是清人方絢更發揮了他的「金蓮哲學」，一連寫了「香蓮品藻」、「金園雜纂」、「貫月查」、「采蓮船」和改良「響屧譜」五種，都和金蓮有關。其中「金園雜纂」是以「金蓮」爲主題寫成的「雜纂」，雜纂一體介於小說與笑話之間，下焉者可供笑話，上焉者又寓有諷刺之義，其中關係社會生活的面貌和一般民俗，也足可提供後人的參考，因此，就金園雜纂一文，從幾個不同的角度，來看這篇文字所表現的一些社會問題。

二、纏足略考

纏足的起源在賈伸「中華婦女纏足考」、陳東原「中國婦女生活史」、郭立誠「中國婦女生活史話」及殷登國「閨艷」等書都有詳略不同的介紹，爲了要了解古代纏足的起源與其發展，綜合這些資料和其他的證據再述一次，俾能了解方絢對金蓮崇拜的原因。

賈伸文中綜合前人論纏足起源的說法有八：

1. 始於商：據褚稼軒堅瓠集。
2. 始於春秋：據漢隸釋言。
3. 始於戰國：據趙翼陔餘叢考。
4. 始於漢：據袁子才隨園隨筆。
5. 始於晉：據翟灝通俗篇。

6.始於六朝：據東昏侯爲潘貴妃步步金蓮，以及六朝樂府雙行纏：「新羅綉行纏，足趺如春妍。他人不言好，獨我知可憐。」

7.始於唐：據唐人詩及伊世珍瑯環記。

8.始於五代：據張邦基墨莊漫錄及陶宗儀輟耕錄，以爲始於南唐後主宮中窅娘。

賈氏以隋唐以前無纏足之確證，而據清人馬揚、盛繩祖「衛藏圖識」云，西藏燈具，狀如弓鞋，俗稱唐公主履。而唐公主者，爲遠嫁棄宗弄讚的文成公主，斷纏足之始爲唐初。（註二）

尚秉和以爲「自隋唐以來，婦女妝飾，以纖麗爲尚，變本加厲，至宋而已極。必謂纏足起於某時者，固執之論也。」（註三）此外如郭立誠女士、陳東原、殷登國和公孫子等引述前人著作，如錢泳履園叢話、張邦基墨莊漫錄等書，纏足之始，斷爲南唐後主宮中的窅娘。（註四）最莫名其妙的是楊峰，他以爲纏足始於清，爲洪承疇不願漢人女子受異族凌辱所想的辦法，至於清代以前詩、詞、小說、戲曲裡詠金蓮的文字，都是後人加進去的。（註五）

由於纏足的起源說者頗多，平心而論，以「窅娘」說較爲近似。纏足之事一直到隋唐都無記載，只有舞姬跳舞時有行纏、有弓鞋，相當於今日旦脚的踩蹻和西方芭蕾舞鞋。道山新聞云：

李後主宮嬪窅娘，纖麗善舞，後主作金蓮，高六尺，飾以寶物細帶纓絡，蓮中作品色瑞蓮。令窅娘以帛繞脚，令纖小，屈上作新月狀，素韈舞雲中，回旋有凌雲之態。（引自輟耕錄）（註六）

因此，郭立誠女士認爲窅娘纏足「只是起舞時臨時纏一下，並不是長時間纏著的。」（註七）陳東原據宋史「韓維爲穎王記室，侍王坐，有以弓鞋進者，維曰：王安用此舞鞋？」以及袁枚、俞正燮的考證，說明弓鞋爲舞靴，而前人誤以爲纏足。（註八）由此可知，窅娘不是纏足之始，後世纏足是模仿窅娘而來的，倒是千眞萬確的事實。

後世纏足自宋代開始，北宋徐積詠蔡家婦詩：「但知勒四支，不知裹兩足。」（註九）元人陶宗儀引宋張邦基墨莊漫錄：「婦人之纏足，起於近世，前世書傳，皆無所自。」又云：「以此知札脚自五代以來方爲之，如熙寧元豐以前人猶爲者少。近年則人人相效，以不爲者爲耻也。」（註一〇）可證北宋風氣不盛。龐德新據宋話本知北宋女子纏足不多見，南渡以後，纏足風氣漸漸盛行。又引百歲老人「楓窗小牘」卷上汴京閨閣粧抹條：

瘦金蓮方，瑩玉丸，遍體香，皆自北傳南者。

以及南宋理宗度宗時車若水「脚氣集」卷上：

婦人纏脚，不知起于何時。小兒未四五歲，无罪无辜，而使之受无限之苦，纏得小來，不知何用？

都證明纏足的風氣到了南渡之後，越來越盛。（註一一）

元代之後文人對纏足越來越迷，用歌妓的小綉鞋爲酒盃的風氣也形成了，輟耕錄卷廿三「金蓮盃」條：

楊鐵崖耽好聲色，每於筵間見歌兒舞女有纏足纖小，則脫其鞵載盞以行酒，謂之金蓮盃，予竊

怪其可厭。(註一二)

此後如金瓶梅詞話第六回，清人陳森「品花寶鑑」五十七回均有鞋盃的記載，無怪方絢的「貫月查」裡提倡鞋盃而變出不少花樣。(註一三)

明清兩代文人賦詠「金蓮」的作品甚多，如徐渭「美人纖趾調菩薩蠻」云：

千嬌更是羅鞋淺，有時立在秋千板。板已窄稜稜，猶餘三四分。紅絨止半索，綉滿幫兒雀。莫去踏香堤，游人量印泥。(註一四)

唐寅「排歌—詠纖足」云：

第一嬌娃，金蓮最佳，看鳳頭一對堪誇。新荷脫瓣月生芽，尖瘦幫柔滿面花。從別後不見他，雙鳧何日再交加。腰邊摟，肩上架，背兒擎住手兒拿。(註一五)

而且對纏足美的理論和欣賞，到了清代也達到了高潮，如李笠翁「閒情偶寄」中「聲容部」「選姿第一」論「手足」中云：

至于選足一事，如但求窄小，則可一目了然。倘欲由粗以及精，盡美而思善，使腳小而不受腳小之累，兼收腳小之用，則又比手更難，皆不可求而可遇者也。其累維何？因腳小而難行，動必扶牆靠壁，此累在己者也；因腳小而致穢，令人掩鼻攢眉，此累之在人者也。其用惟何？瘦欲無形，越看越生憐惜，此用之在日者也；柔若無骨，愈親愈耐撫摩，此用之在夜者也。

同時他又談到腳小而至寸步難行如周相國的「抱小姐」，只是泥塑美人，而小腳最美的，莫過蘭州和大同了。(註一六)到了方絢的「香蓮品藻」,更是想入非非了。

古人為何喜歡小脚,纏足風氣自宋而清,愈演愈烈,其故何在?賈伸以為不出1.人欲之要求;2.女性的約束;3.男女之區分;4.貞節之保持等四個理由。(註一七)我的看法稍有不同,其原因約有下列幾個:

1.脚是古代女子的性徵:

雖然在心理學上有「物戀」現象,古代迷戀小脚不能全當作「足戀」或「拜足主義」來看。(註一八)由於中國古代女性保守,男女授受不親,女子除了面容和手容易為別人見到外,另外一處就是脚了,尤其是女子盈盈微步,蹁蹁起舞,都和脚有關,古人特別喜歡吟詠,如張衡西京賦:「振朱屣於盤樽」、曹植洛神賦:「凌波微步,羅韈生塵」、謝靈運詩:「可憐誰家婦,臨流洗素足」、李白詩:「履上足如霜,不著鵶頭襪」、韓幄詩:「六寸圓膚光緻緻」、杜牧詩:「鈿尺裁量減四分,碧流璃滑裏春雲」、李商隱詩:「浣花溪紙桃花色,好好題詩詠玉鉤」。纏足盛行之後,三寸金蓮的被人喜愛更不用說了。因此,女性的小脚只有解開裹脚步洗脚時才能瞥見,「看如夫人洗脚」固是樂事,也是外人嘲笑的對象。甚且女子洗好脚再套上「永無下地日,也有朝天時」的小紅睡鞋,是古代女人性感的象徵。同時三寸小金蓮宜於日裡欣賞,更宜於夜裡撫摸,又說「金蓮宜於掌上,宜於肩上」,都說明了性徵的特質。再說從「性的生物學」上看,三寸金蓮的臭味也是一些逐臭之夫所喜歡的,梵椒錄中的十香詞裡就有足香:「鳳韡抛合縫,羅韈卸輕霜。誰將煖白玉,雕出軟鉤香。」

（註一九），鞋盃的流行也是和「聞臭」有關係。清代蘇州流行的山歌「纏金蓮」也說：

佳人房內纏金蓮，才郎移步喜連連。娘子啊！你的金蓮長的小，宛如冬天斷筍尖。又好像五月端陽三角粽，又是香來又是甜。又好比六月之中香佛手，還帶玲瓏還帶尖。佳人聽，紅了臉。貪花愛色能個賤。今夜與你二頭睡，小金蓮蹺在你的嘴旁邊，問你怎樣香來怎樣甜，還要請你嘗嘗斷筍尖。」（註二〇）

因而古代男子對三寸小金蓮特別鍾愛，想出了「吮」、「舐」、「嚙」、「咬」、「吞」、「握」、「捏」、「搔」、「挑」、「掮」、「懸」、「玩」、「弄」等各種方法來增加閨房中的情趣。（註二一）而在古代說部裡面，男女調情中，金蓮佔了一個相當的重要性，如西門慶初次和潘金蓮見面，就是由捏脚開始的。

2. 道學家的推波助瀾：

也許我不是一個君子，所以中國思想史裡的哲人，我最討厭的就是一些自命清高的道學家。把「偏見」拋開不談，纏足的盛行，和道學家的提倡女子貞節有很密切的關係。一部「野叟曝言」充分說明了道學的「虛偽」和「無知」，夏敬渠的思想和現代伊朗的「柯梅尼」完全一樣，自命聖人，IQ零蛋。同樣的，宋以來的道學家對中國文化的貢獻不如摧殘多。就對女性的看法來談，朱熹是一個「偏執」者，前如程伊川夫子就主張「孀婦不可改嫁」、「男人可以出妻」，而且「可以再娶」，（註二二）朱子自然看重貞節，陳師中的妹婿死了，他寫信給陳師中，叫他設法使其妹守節，信云：

令女弟甚賢，必能養老撫孤以全柏舟之節，此事在丞相夫人獎勸扶植以成就之。使自明沒爲忠臣，而其室家，生爲節婦，斯亦人倫之美事，計老兄昆弟，必不憚贊成之也。昔伊川先生嘗論此事，以爲餓死事小，失節事大；自世俗觀之，誠爲迂濶，然自知經識理君子觀之，當有以知其不可易也。（註二三）

以我來看，「狗拿耗子，多管閒事」而已。因此，朱子爲唐與正（字仲友）戀天台妓嚴蕊而杖責嚴蕊的一案，不但上干聖聽，而有「朱程」學對「唐蘇」學之誚，民間及文人對他不諒解，甚而有「硬勘案大儒爭閒氣，甘受刑俠女著芳名」的「遺臭萬年」的小說。（註二四）而且福建一地，也因「朱子」大儒的教化，纏足的風氣才能盛行。（註二五）因而伊世珍瑯環記云：

本壽問於母曰：「富貴家女子必纏足何也？」其母曰：「吾聞之聖人重女而使之不輕舉也，是以裹其足，故所居不過閨閾之中，欲出則有帷車之載，是無事於足也。」（註二六）

女兒經也說：

爲甚事，裹了足？不因好看如弓曲；恐他輕走出房門，千纏萬裹來拘束。（同前註）

清苑的歌謠說：

裹上脚，裹上脚，大門以外不許你走一匝！（註二七）

因此，在道學聖人的教化下，中國婦女受了近千年的苦。另外還有一個旁證，就是自宋以後節婦烈女的增加，和纏足風氣也成正比。據董家遵「歷代節婦烈女的統計」的記載，宋以前的節婦人數僅佔百分之〇・二六，宋以後佔百分之九十九・七四；烈女人數宋以前佔〇・八，宋以後佔九十九・二，由於董氏資料根據「古今圖書集成」，清代部份只收錄清初，但是自宋至清的節婦烈女人數的增加和纏足風氣成正比是毫無疑問的。（註二八）〔又參見〈附錄一〉〕

3.文人的愛好與娼妓的流行：

中國古代文人自命風流，中國古代詩歌也是以抒情詩爲主流，其中描寫女性美的就佔了不少。從宋代纏足以來，文人不但愛好，而且形諸歌詠，東坡先生爲陳直方妾所作的江城子即云：「門外行人，立馬看弓彎。」因此，或以爲稼軒詞：「聞道綺陌東頭，行人曾見，簾底纖纖月。」疑由坡詞脫化。（註二九）而且東坡菩薩蠻—詠足詞云：

塗香莫惜蓮承步，長愁羅襪凌波去。只見舞迴風，都無行處蹤。偷穿宮樣穩，並立雙趺困。纖妙說應難，順從掌上看。（註三〇）

這兩首詞是最早詠金蓮的作品之一，自此之後，文人詠金蓮、詠鞋盃、詠紅睡鞋的作品也就多了。早期纏足只是世家貴族門第女子才有的權利，元代伊世珍瑯環記已說的很明白，野獲編亦云：「明時浙東丐戶，男不許讀書，女不許裹足。」不許裹足者，賤之也。（註三一）然而唐宋以來妓女與文人來往至密，妓女的粧束一向是模仿宮中妃嬪「內家妝」和富貴人家妝飾，自然纏足也向富貴家女子看齊了，宋史輿服志載丁瓘言云：「伏願明詔有司，嚴立法度，酌古便今，令以義起禮，俾閭閻之卑，不得與尊者同榮；娼優之賤，不得與貴者幷麗。」然而「藝林伐山」記南宋風俗時記：「諺言杭州脚者，行都妓女，皆穿窄韈弓鞋如良人。」元明兩代娼妓樂人雖有服色的規定，而青樓集、板橋雜記所記的元明妓女，服飾鮮麗而且以小脚爲美，可見纏足之風流行於妓女了。（註三二）於是在文人愛好下，妓女欲博文人嫖客的歡心和憐惜，而以三寸金蓮做爲美的妝飾，由貴而賤，故纏足風氣愈演愈盛。

4. 變本加厲，踵事增華：

從窅娘纏足起舞到宋人的模仿，從富貴人家普及到歌妓娼女，從道學家的提倡到文人以鞋盃行酒，無一不是繼踵前武，有進無退。清人入關後，滿州女子從不裹脚，觀紅樓夢中十二金釵從不談三寸金蓮即是一證。因此康熙元年詔禁女子纏足，違者罪其父母家長。康熙七年，王熙奏免其禁，連皇帝的旨意也違不了百姓的心意。到了乾隆時，屢屢降旨嚴責，不許旗女裹脚。可見旗人在暗中也很羨慕小脚，而漢人不但裹脚自若，而崇拜金蓮的狂熱也就更甚於元明，豈非變本加厲，踵事增華。（註三三）

三、方絢略述

方絢字陶采，又號荔裳，別號丹谷，又號金園，此外又自署評花御史和香蓮博士。生卒、籍貫和生平不可考，他的作品據「香艷叢書」採自「南陵徐氏隨菴鈔本」，徐隨菴名字不可考，南陵清代屬江南寧國府。方絢在「香蓮品藻」中有目爲「選蓮三勝地」，爲：「蘇州虎邱三山門前，金壇茅山王天君殿後，揚州平山堂桂花樹底。」前有小序云：「而余游踪所至，有三勝地，月痕弓影，皆可仰窺，無須俯察。天下名山福地，裙屐叢集，自必別有勝區，請俟他年蠟屐所經，再當選勝。」又在「香蓮憎疾十四事」目內，「爲鵝頭」下註云：「脚背豐隆，江以南謂之鵝頭脚。」又在「金園雜纂」中「酸寒」目內云：「紅綉鞋套蘇州草履」，「未足信」目內云：「蘇州頭，揚州脚」，從以上各條來推斷，方絢爲江南人，游踪不廣，因此，同是江南的南陵徐隨菴有他作品的鈔本。（註三四）

方絢在「金園雜纂」前的小序云：「唐李義山創雜纂一卷，宋有王君玉、蘇子瞻；明有黃允交。」可知爲清代人。然而「雜纂」之體，清人尚有韋光黻新續、顧鐵卿之廣雜纂，其中韋光黻爲乾嘉時畫家，長州人，爲江南蘇州府，方絢不知，方氏生當韋氏之前。且方絢「金園雜纂」序末署年爲端蒙陽月，陽月爲陰曆十月小陽春，端蒙爲太歲在乙之年；又於「香蓮品藻」後記「旃蒙大淵獻小春既望」，旃蒙大淵獻換算干支紀年法爲乙亥，可知「香蓮品藻」與「金園雜纂」同爲乙亥年作，一在春，一在冬。清代乙亥有四：康熙卅四年（西元一六九五）、乾隆廿年（西元一七五五）、嘉慶廿年（西元一八一五）和光緒元年（西元一八七五）。而「金園雜纂」的「時人漸顚狂」目內云：「怯纏行滿州粧束」，由乾隆時屢下嚴詔不許旗女裹足，可知旗女裹足之風也漸風行，只好降旨嚴責，因此，只有清初旗女不裹足。同時方絢幾種作品都充滿了晚明文人的風格，斷定成書的乙亥爲清初康熙卅四年，應該是可以成立的。

晚明社會風氣由於受到帝王和豪貴縱慾及思想浪漫的影響，已由淳樸變爲放縱，文人頽廢之風也很盛行，從萬曆親政以後一直延續到淸初，（註三五）方絢自然受到這種思潮的影響，而寫下幾篇詠贊金蓮的作品，是無庸置疑的。

方絢自署「評花御史」和「香蓮博士」，可以看出輕薄的一面，他所寫的幾篇作品除「金園雜纂」外，簡介於下：

㈠香蓮品藻（香艷叢書八集卷一，據南陵徐氏隨菴鈔本）

本篇之作仿宋張功父「梅品」，纂香蓮宜稱憎疾榮寵屈辱，得五十八條，別疏香閨韻事，及步蓮三昧所未及者，凡廿餘類。計：香蓮宜稱廿六事、香蓮憎疾十四事、香蓮榮寵六事、香蓮屈辱十一事、香蓮五式、香蓮三貴、香蓮十八名、香蓮十友、香蓮五容、香蓮九品（神體上上、妙品上中、仙品上下、珍品中上、清品中中、艷品中下、逸品下上、凡品下中、贗品下下）、香蓮卅六格、香蓮九錫（方絢小序云：「余別有春姸君九錫文，見本集。」未見）、香蓮十六景（附見夏閨六景、附見花鄉四景）、香蓮三影、香蓮四印、香蓮四宜賞、香蓮四合、香蓮三上三中三下、香蓮五觀、選蓮三勝地、香蓮二幸、香蓮不幸、香蓮四忌、香蓮三反（附纏足濯足時候）、纏足濯足十二宜、纏足濯足三不可無、纏足濯足四不可言之妙、濯足三適。

從以上所引的廿餘類，可見方絢不愧爲「香蓮博士」，其中如香蓮三影「花間蹴踘苔上影、臨流浣濯水中影、春宵一刻燈前影」，香蓮四印「香屧、苔階、沙堤、雪徑」，纏足濯足四不可言之妙「屏間私覰、暗裡聞香、水中看影、鏡中見態」等，都是挖空心思來聯想「香蓮」之美，無怪乎陳東原等人談纏足都用引用方絢的「香蓮品藻」。（註三六）

㈡貫月查（版本同香蓮品藻）

貫月查即是鞋盃，方絢前有序云：「貫月查者，以鞋盃爲觴政也。……案拾遺記堯時有巨查浮西海上，有光，夜明晝隱，海上望之，乍大乍小，若星月之出入，查常繞浮四海，十二年一周天，周而復始，名貫月查。……試即如弓之履，請代哨壺，言爲貫月之嬉，用投碩果。……把酒臨風，我獨憐之，名爲摘星貫月。」分「一之象」、「二之儀」、「三之名」（分經星五、緯星四、孛星六）、「四之算」、「五之罰」。

貫月查爲一種以鞋盃爲主的飲酒遊戲，仿效「投壺」之禮，妓女自解履以一置杯，當作浮查。去客一尺五寸，象三五而盈，三五而缺。星則取蓮、紅豆、榛松爲之，以大食中三指撮掌而平擲之，以五爲節，輸者飲酒。至於經星、緯星和孛星則爲巧立名目以計算，如經星的「五緯聯珠」是貫五星，緯星的「飛星入月」是星已着盤而躍入履中，孛星的「月明星稀」是無一星貫履，可見方氏用盡巧思了。

㈢采蓮船（版本同香蓮品藻）

方絢序云：「余作貫月查一卷，其法取美人弓鞋，倣投壺儀節，令客擲果其中，名曰摘星貫月。視其賞否，即以載酒行賞。弓履纖妍如新月也，投之以果，則若星之貫月；以之行酒，則如尊彝之有舟；周流座客，則又似浮查，故籤之曰貫月查，洵可謂洛浦流觴飛舄雅令矣。竊日虞佳客，不耐沉潛，或病其岑寂，且恐令聰慧女郎可籌占候，乃復爲此卷。以婦足本名金蓮，今解其鞋，若蓮花之脫瓣也。飛觴醉客，則正如子美詩所謂『不有小子能蕩槳，百壺那送酒如泉』者，故名之曰『采蓮船』。坐有妓也，即假夫差偕西子湖上采蓮事而羅列諸人，然終欲乞靈骰子，似未若貫月查之名實相須，惟雅人裁擇之耳。」從這段序文中，不但了解貫月查是什麼，也知道爲了熱鬧而又發明了「采蓮船」，說穿了還是以妓鞋爲盃來勸酒。用骰子一則使客人投骰比點來決定吳王、內侍、采蓮使者、檝長、宮娥、太宰，妓爲西施，若數妓，美者爲西施，餘爲宮娥。紅點爲蓮花，其名有七：一紅爲蓮花、二紅爲瑞蓮、三紅爲品蓮、四紅爲相蓮、五紅爲五色蓮、六紅白滿池蓮、二紅四么爲合影蓮。而鞋盃行酒及誰飲與賞罰的名目繁多，眞虧他想盡花招，可說是「雖小道，亦有可觀」了。

㈣響屧譜（版本同香蓮品藻）

響屧譜本爲宋人楊旡咎作，仿雙陸打馬的一種博戲，惟馬作「響屧形」，取吳宮「響屧廊」之意，惟方絢以響屧爲「今之高底鞋」，恐誤。方氏既爲香蓮博士，以爲循名責實，認爲用綉鞋最佳，如能把棋盤放大，使美人容與其上，則可比美東樓（嚴世蕃）的肉雙陸，由此可知方絢的變態心理了。

四、金園雜纂分析

方絢金園雜纂序稱唐李義山創「雜纂」一卷，然而魯迅云：「李（商隱）於小說無聞，今有義山雜纂一卷，新唐志不著錄，宋陳振孫（直齋書錄解題十一）以爲商隱作，書皆集俚俗常談鄙事，以類相從，雖止於瑣綴，而頗亦穿世務之幽隱，蓋不特聊資笑噱而已。……中和年間有李就今字衮求，爲臨晉令，亦號義山，能詩，初舉時恒遊倡家，見孫棨北里志，則雜纂之作，或出此人，未必定屬商隱，然他無顯證，未能定也。」（註三七）自義山雜纂以來，宋王君玉有續、蘇東坡再續、明黃允交三續、清人韋光黻新續、顧鐵卿廣雜纂和方絢專以小脚爲內容的金園雜纂共七種，金園雜纂外，比較容易見到爲前三種，收錄於元陶宗儀「說郛」內，（註三八）雖然日人川島曾編輯「雜纂四種」刊行，然久已絕版，無法窺其眞相。（註三九）

我所見到的三種雜纂爲新興書局影印民國十一年校明抄本「說郛」，而說郛所載又與其他書籍有異，據昌彼得「說郛考」「雜纂」條云：

此本凡分三卷，上卷題唐李義山撰。義山名商隱，懷州河內人。開成二年進士釋褐，官至東川節度判官檢校工部郎中，事蹟具舊唐書文苑傳及新唐書文藝傳。中卷題宋王君玉續纂，下卷題宋子瞻續纂。按直齋書錄解題、通考、宋志著錄李商隱雜纂一卷，而無續纂。陳振孫云：「唐李商隱撰。俚俗常談鄙事，可資戲笑，以類相從。今世所謂殺風景，蓋出於此。又有別本稍多，皆後人附益。」唯是書唐志及崇文總目不載，其題李義山、王君玉、蘇軾者，疑皆出後人所僞託也。四庫未收此書。此本上卷載四十四門，中卷載卌九門，下卷載廿五門。古今說海及叢書集成本亦分三卷，較此本上卷少「無所知」、「十誡」二門，中卷少「凡惡」、「左科」、「好殺合」、「琅璫」、「見和尚有五防」、「四不憤」、「三官怕」、「沒用處」八門，下卷少「將不了就不了」、「愛不得」二門。其他各門條數多寡及文字亦頗有出入。重編說郛卷七六及五朝小說兩本所載，係出古今說海本，但分爲義山雜纂、續雜纂、雜纂二續三書，雜纂續

題王銍撰，與此異。（註四〇）

新興本即影印涵芬樓張宗祥校明鈔本，是說郛版本中最接近原本面目的善本。（註四一）由於方絢分類與此不同，也可知他依據的必不是善本，雜纂三書舊題李義山、王君玉、蘇軾所撰是否可靠，方絢據何本說郛以撰金園雜纂，不關要旨，置之勿論可也。爲了比對及欣賞起見，雜纂三書附見文後附錄二，以便參考。

雜纂一體前人以爲「俚俗常談鄙事，可資戲笑」（陳振孫語），或以其「雖止於瑣綴，而頗亦穿世務之幽隱，蓋不特聊資笑噱而已。」（魯迅語）而肯定其有一定的價值，然皆未能深入探討這一種體裁的眞正面目。除魯迅外，無人把雜纂列於「小說」之林。以古典小說的體裁來看，雜纂沒有任何情節，列於小說自是乖謬，但就其分類及名目而言，與小說倒有點關係。宋人說話據都城紀勝、西湖老人繁勝錄、夢粱錄、武林舊事等記載分四家數，研究宋人話本諸家對四家數的看法頗爲分歧，尤其是「合生」算不算說話也有爭論，但「合生」源於唐人「唱題目」是沒有問題了。（註四二）唐人「唱題目」是就人事爲題目，如張鷟「朝野僉載」卷四引朝臣相謔，魏光乘好題目人，姚元之長大行急，目爲「趕蛇鸛鶴」；楊仲嗣燥率，目爲「熱鏊上猢猻」等，（註四三）又如「吉項長大，好昂頭行，視高而望遠」張元一目爲「望柳駱駝」；張元一「腹粗而脚短，項縮而眼跌」，吉項目爲「逆流蝦蟆」。（註四四）到了宋人的「合生」，則改爲指物題咏，（註四五）後來發展爲「題目院本」，仍然是帶有嘲謔玩諷意味。（註四六）

另外說話人爲了使表演生動活潑，往往要「使砌」，話本中如「宋四公大鬧禁魂張」云：

這員外有件毛病，要去那：（以下使砌）

虱子背上抽筋，　鷺鷥腿上割股，

古佛臉上剝金，　黑豆皮上刮漆，

痰唾留着點燈，　捋松將來炒菜。

這個員外平日發下四條大願：（以下使砌）

一願衣裳不破，　二願吃食不消，

三願拾得物事，　四願夜夢鬼交。（喻世明言第卅六卷）（註四七）

使砌又叫「打砌」，到了宋金雜劇中也可編成小劇表演，稱爲「諸雜砌」，也可以編成類似小故事的笑話，施惠編過「古今砌話」，日本內閣文庫有鈔本，「笑苑千金」四卷，第四卷題「新編古今砌話笑苑千金」，即屬此類。（註四八）雖然沒有確證足以說明「雜纂」與「合生」、「使砌」有直接的關聯，然其性質相近，或爲文人遊戲仿效而作，是頗可能的。如「禁魂張」員外的「虱子背上抽筋」六事，可訂一題目爲「貪狠」，四條大願可訂爲「必不得」；而義山雜纂「必不來」目內有「窮措大喚妓女，醉客逃席，把棒呼狗，客作偷物請假，追王侯家人。」王君玉續纂「可惜許」目內有「好女嫁醜漢，慳人有錢，富商擄名妓，新鞋袴蹴踘，綵帛鋪失火，歌妓被泱，失手玉器，驢子吃牡丹」，兩相比較非常的類似，亦可爲一旁證。

雜纂雖爲「俚俗常談鄙事」，除了有嘲諷的旨義外，也是社會史和民俗研究的好資料。如在義山雜纂「不如不解」條有「婦人解詩解則犯物議」，雖非後世「女子無才便是德」的女教規，但也說明了唐代社會對婦人能解詩的看法。又同條有「子弟解燒煉解則破產」，和「謾人語」條「說燒煉致富」，均可知唐人熱中煉金煉丹的一斑。又如「不相解」條內有「窮波斯」，因唐時波斯胡商多經營珠寶業，故謝海平云：「李義山雜纂，以爲『窮波斯』乃『不相稱』之事，唐人有此意識，原因之一，乃由於蕃胡自身富有，一擲千金而不吝惜。」（註四九）又如王君玉續纂「易圖謀」條「上元夜出軍家ロ」；「見和尚有五防」條「上元節夜請檀施防圖謀人家ロ」，可證宋時上元夜的熱鬧和一些拐誘家ロ的行爲。（註五〇）東坡續纂「自羞耻」條有「和尚道士有家累」、「師姑養孩兒」；「未得便信」條「和尚不吃酒肉」；「這回得自在」條「僧尼還俗」；均可證宋時有些僧道尼姑不守清規，龐德新「從話本及擬話本所見之宋代兩京市民生活」論文中，特別列出「僧道的无行」一節，（註五一）自然也產生了像「五戒和尚」、「簡帖僧」一類的故事。（註五二）因此，在晚明以來崇拜小脚風氣盛行之後，才會有「金園雜纂」的出現。今據「香艷叢書」本先列「金園雜纂」於後，再略加分析之。

金園雜纂

評花御史方絢荔裳（別號丹谷）稿　南陵徐氏隨菴鈔本

唐李義山創雜纂一卷。續之者，宋有王君玉、蘇子瞻，明有黃允交。雖曰遊戲筆墨，善讀者，未始不謂是東方譎諫也。旅處無聊，偶思香閨蓮足，與諸君所輯，觸類都有。因各拈一二語，志之，

殊愧唐突香蓮，不僅畫足，可堪拊掌也。金屋中人，恕其善謔，幸甚感甚。端蒙陽月女日識

必不來

拾得墜蓮待人尋認。請名手描畫鞋頭花樣。

不相稱

巨足著紅鞋。

羞不出

新婚初夕，新郎贊好大脚。

怕人知

意中人躡足傳情。

不嫌

拾人舊弓鞋穿。村郎娶得大脚婦。

遲滯（原有孕婦行步一條然一孕故遲滯非關弱足也）

初纏試步。

不得已

新人粧小脚。

相似

纖足似銀錢，人人都愛。巨足著高底，似蝦蟆叫。

不如不解

解唱曲則隨地頓足。踘解蹴、則到處翹足。

惡不久

慈母爲愛女行纏。

惱人

新製弓鞋被鼠嚙。

失本體

高著底，失香蓮體。走路便捷，失大脚體。

隔壁聞語

說某家女娘是半截觀音，必是脚大。

富貴相

鞋尖綴明珠。

謾人語

巨足說刻意行纏。

酸寒

紅繡鞋套蘇州草履。

不快意

巨足著宮履遊春。　新試弓鞋誤踏狗矢。

惶愧

廣坐趨蹌蹩脫高底。

殺風景

踏月看燈，弓鞋躧落。

不忍聞

初纏嬌女，病足呻吟。

虛度

幼時不勤事行纏。　爲貧家婦芒鞋布襪終身。

不可過

雞眼痛。　解纏卒聞足氣。

難容

大脚嗤人足小是愛俏。

意想

道邊弓鞋印。

惡模樣

燈籠膝褲。

不達時宜

在巨足人前，呵詈女婢不長進，不肯裹脚。

悶損人

作客，爲他家婢躧脫履珠。

癡頑

倚門騎驢，賣弄雙彎。

愚昧

巨履倩人刺花。　巨足故作嬝娜。

時人漸顛狂

怯纏行滿洲粧束。

非禮

不裙不襪見客。　拈鞋片當街刺繡。

枉屈

醜婦弱足。

不祥

無故解纏跣足。房屋上曬弓鞋。

須貧

整帛剪裁作履片。脚跟點地，震動四鄰。

必富

鞋幫雖破，花色新鮮。行必擇地，恐汙損履襪。

有智能

製履襪能時出新雅式樣。

教子

守身如纏足。

教女

閑足以閑心。

失去就

洗面盆中濯足。

強會

就人足上繡鞋花，譏彈針線平常。拈人手中繡鞋片，評論花樣不好。

無見識

看他人着好鞋好膝褲，不住口贊齊整。見他人脚小，却道你是怎麼裹來。

右四十一類依義山原目

奴婢相

履韈不點檢，人前抛置。

易圖謀

妓鞋。

難奈何

携巨足上陽台。

不得人憐

巨足閃胁。

無憑據

上荷鞋。着高底人鞋樣。

趁不得

馬上看賣解婦人弓足。

冷淡

布裙草履。

惡行戶

發賣高底。

少思算

說着高底省鞋面。

自做得

曳拔。　綴鞋帶。

好笑

屧齒伶仃，當街大步。　故矜足弱，蹴爾示人。

阻興

相約踏青，忽然病足。　正欲濯足解纏，卒然有遠客至。

不可託人

香鞋繡帶，致贈新歡。　聞意中人索弓鞋作證盟。

可惜

美人足巨。

重難

着高底下峻坂。雞眼痛，着窄鞋。

沒用處

尼姑檢得舊時弓鞋。

又愛又怕

初纏女兒試花鞋。

不識羞

綽板脚跟着象棋。

不濟事

將嫁纏足。爲履小減纏。

暗歡喜

自製過床鞋。

不自量

試他人弓鞋，說只嫌略小。

愛便宜

舊衣花袖，改作膝褲。

難理會

雪徑沙堤，尋弓鞋去來踪跡。

不識疾徐

客到換鞋脚。賊發火起尋膝褲帶子。

不識好惡

纏足不洗手，取飲食。聽人說大脚夫人，心中暗喜。

輟不得

行纏未竟。

少道理

尊客前頻褰裳綦履。

難忍耐

脚指縫痒。初纏不許啼泣。

沒意頭

訪秧頭脚妓。苦雨繡踏青鞋。

右二十九類，依王銍續目。原本有不相稱一條，與義山本重出；其過不得一條，即義山本中不可過也，余刪之。

　回耐
巨足蹬踢物件。大脚村姑詈婦足小不勝奔走。
　自羞耻
聞人背地評己足大。
　強陪奉
小婢爲閨淑搓摩蓮趾。妓女忍雞眼痛，侍貴人遊山。
　佯不會
令新婦爲小姑行纏。倩尼姑製裹脚。
　旁不忿
驅使弱足，操作井臼。
　未足信
蘇州頭，揚州脚。
　陟頓歡喜
娶婦知是絕色，撤帳時先握得纖弓。
　這回得自在
騃女偷解足紈。

不圖好

巨足拖破鞋。

說不得

挑雞眼爲針戳傷。　人叢失履。　僧道藏密好繡鞋，被人竊去。　令妓脫鞋行酒。

謾不得

買草鞋人前尺寸。

諱不得

裹高底。

改不得

拐。　坐跟。　裹八字。

得人惜

艷婢足弱。

學不得

裙風倜儻，行來入畫。

忘不得

美妓弱足。　著鞋繫帶。

留不得

洗纔及濯足水。　雞眼。

勸不得

母爲纏足責幼女。

悔不得

足小不利跋涉。

怕不得。

小兒初纏。

省不得（即王本中難理會也，今故易作減省義）

行纏布。　鞋曳拔。

右二十一類，依東坡二續原目。其不快活，即不快意，與怕知皆重出，故不復列。

快意

濯足易新纏新履。

必不得

巨足望人贊小。

右二類，依黃君三續原目。其難忘不得；難久留，即留不得；得人憐，即得人惜；並皆重出，悉從删削。比物連類，尚堪多製，特恐管城爲娘子軍踢倒，是以絕筆。計九十三目，得一百三十言，書竟，不覺大笑。

就以上方絢「金園雜纂」全文裡，我們可從纏足的社會現象和纏足情形，舉其大要以分析之，即能了解當時的社會對纏足的看法，玆析之於下：

1.前面所引昌彼得「說郛考」裡，已明言「說郛」版本不同，所錄的雜纂也因而有異。方絢所據的非善本，故依義山雜纂及王、蘇兩種續纂的條目，比涵芬樓張宗祥校明鈔本少。

2.由宋以來，小脚漸爲人喜愛，社會崇拜纏足的風氣也越來越盛，自然的天足反受人嫌，美女大脚諢稱爲「半截觀音」，容貌老醜就成了「大脚婆」，此外貶爲「半截美人」、「大脚仙」、「門檻裏」和「黃魚」了。（註五三）對小脚與天足的愛憎，「金園雜纂」更是充份的表達了此種觀念。如「巨足著紅鞋」（不相稱）、「新婚初夕，新郎贊好大脚」（羞不出）、「村郎娶得大脚婦」（不嫌）、「新人粧小脚」（不得已）、「纖足似銀錢，人人都愛。巨足著高底，似蝦蟆叫」（相似）、「說某家女娘是半截觀音，必是脚大」（隔壁聞語）、「巨足說刻意行纏」（謾人語）、「巨足著宮履遊春」（不快意）、「大脚嗤人足小是愛俏」（難容）、「在巨足人前，呵詈女婢不長進，不肯裹脚」（不達時宜）、「巨履倩人刺花，巨足故作嫋娜」（愚昧）、「怯纏行滿洲粧束」（時人漸顛狂）、「醜婦弱足」（枉屈）、「見他人脚小，却道你是怎麼裹來」（無見識）、「攜巨足上陽台」（難奈何）、「巨足閃朒」（不得人憐）、「美人巨足」（可惜）、「將嫁纏足」（不濟事）、「試他人弓鞋，說只嫌略小」（不自量）、「聽人說大脚夫人，心中暗喜」（不識好惡）、「巨足蹬踢物件，大脚村姑詈婦足小不勝犇走」（回耐）、「聞人背地評己足大」（自羞耻）、「娶婦知是絕色，撤帳時先握得纖弓」（陟頓歡喜）、「巨足拖破鞋」（不圖好）「美妓弱足」（忘不得）、「巨足望人贊小」（必不得）。由以上所引可證天足在當時受人貶損的情形，也可看出「香蓮博士」方絢迷戀的程度。

3.纏足流行的時代，女子一雙金蓮是第三性徵，不輕易的讓別人看到，男人看不到美艷的小脚，只有憑鞋印和偷窺綉鞋，因此方絢「香蓮品藻」中記「香蓮三影」爲「花間蹴蹋苔上影，臨流浣濯水中影，春宵一刻燈前影」，而「香蓮四印」爲「香屑、苔階、沙堤、雪徑」，「香蓮三下」爲「簾下，屛下，籬下」，「香蓮五觀」爲「臨風、踏梯、下階、上轎、過橋」，因此，在「金園雜纂」裡也有「道邊弓鞋印」（意想）、「雪徑沙堤，尋弓鞋去來踪跡」（難理會）、「裙風倜儻，行來入畫」（學不得）。同樣的，女子也儘量的不讓他人看到自己的小脚和綉鞋，最忌的是人前賣弄，失端莊相，故「金園雜纂」有「拾得墜蓮待人尋認」（必不來）、「解唱曲則隨地頓足，解蹴蹋則到處翹足」（不如不解）、「廣坐趨蹌蹩脫高底」（惶愧）、「踏月看燈，弓鞋躧落」（殺風景）、「倚門騎驢，賣弄雙彎」（癡頑）、「不裙不韈見客，拈鞋片當街刺綉」（非禮）、「無故解纏跣足，房屋上曬弓鞋」（不祥）、「履韈不點檢，人前抛置」（奴婢相）、「妓鞋」（易圖謀）、「發賣高底」（惡行戶）、「故矜足弱，蹴爾示人」（好笑）、「香鞋綉帶，致贈新歡。　聞意中人索弓鞋作證盟」（不可託人）、「尊客前頻褰綦履」（少道理）、「人叢失履」（說不得）。

4.三寸小金蓮既是性徵，金蓮和綉鞋和男女傳情自有密切關係，古代小說裡女子送情人最好的禮物即是綉花鞋，男女偷情往往也是由脚開始。如金瓶梅詞話第四回，西門慶在王婆家勾引潘金蓮時，就是從潘金蓮的綉花鞋揑起。又如刁劉氏演義（即倭袍傳）中，王文與刁劉氏的調情，也是刁劉氏先露出一雙春勾，王文用靴尖去碰一下，三碰兩碰的就成了一雙姦夫淫婦。如不能碰脚，綉花鞋也是引人遐思的，如霓裳續譜中的小曲「怯寄生草」云：

紅綉鞋兒三寸大，穿過了一次送與寃家，我那狠心的娘啊，今年打發我要出嫁，叫聲寃家附耳前來說句話。你要想起了奴家，看看鞋上的花；要相逢，除非約定在荼蘼架，我與你那時同解香羅帕。

紅綉鞋兒三寸大，天大的人情送與了寃家。叫情人莫嫌醜來莫嫌大，對人前千萬別說送鞋的話。你可緊緊的收藏，瞞著你家的他；他若知道了，咳！你受嘟囔我挨罵。那時節你才知奴的實情話。（註五四）

了解當時情況之後，再看「金園雜纂」以下的記載：「意中人躡足傳情」（怕人知）、「妓鞋」（易圖謀）、「香鞋綉帶，致贈新歡。聞意中人索弓鞋作證盟」（不可託人）、「僧道藏密好綉鞋，被人竊去」（說不得）。可知春勾和綉鞋在當時的魅力了。

5.金蓮從小纏起，纏足的過程非常痛苦，錢泳履園叢話卷二十三「裹足」條談了很多，姑且不論，只要看過李汝珍「鏡花緣」第三十三回「粉面郎纏足受困，長鬚女玩股垂情」中，林之洋在女兒國被迫纏足的一段，就可領會宣瘦梅「夜雨秋燈錄」中「懊儂氏」（猶異史之亞）之言云：「人間最慘，莫如女子纏足聲之於嬌女也。雖愛若掌上珍，獨纏得雙趺，如酷吏之施毒刑，曾不能少加顧惜，主之督婢，鴇之飾雛，慘尤甚焉。」（註五五）如果父母稍有不忍之心，金蓮一定纏不好，因此，「天下父母在愛女之心」的督促下，使雙足皮腐肉敗，完全成為殘廢，我們今日看來，眞是大惑不解。然而方絢「博士」却說：「慈母為愛女行纏」（惡不久）、「初纏嬌女，病足呻吟」（不忍聞）、「幼時不勤事行纏」（虛度）、「怯纏行滿洲粧束」（時人漸顚狂）、「行纏未竟」（輟不得）、「初纏不許啼泣」（難忍耐）、「母為纏足責幼女」（勸不得）、「小兒初纏」（怕不得）。由此看來，方絢的心理有點變態，不但把自己的快樂建立在別人的痛苦上，還要津津樂道。

6. 纏足不僅初纏時痛苦，纏好了小脚之後，儘量受人贊賞喜愛，對本人而人，不利於行路，大家閨秀和夫人太太可以出則輿轎，立則人扶，還稍為好些，如果命運乖舛，正同方絢「香蓮不幸」所云：「不幸嫁逐村夫，終身延俗手把握；不幸墮落風塵，終夜受醉漢肩架；不幸俗尚高底，終朝踹蹺；不幸生長北地，終歲褰裳；不幸身為侍婢，終日犇馳；不幸貧為匄婦，終年踵決。」（香蓮品藻），因此，香蓮適於文人，而村夫只有找大脚婆了。而且在文人眼中，小脚不宜侍人及作粗工，由愛烏及屋而「愛脚及人」了。金園雜纂裡也說：「村郎娶得大脚婦」（不嫌）、「初纏試步」（遲滯）、「為貧家婦芒鞋布襪終身」（虛度）、「布裙草履」（冷淡）、「相約踏青，忽然病足」（阻興）、「著高底下峻坂。雞眼痛，著窄鞋」（重難）、「初纏女兒試花鞋」（又愛又怕）、「妓女忍雞眼痛，侍貴人遊山」（強陪奉）、「驅使弱足，操作井臼」（旁不忿）、「挑雞眼爲針戳傷」（說不得）、「艷婢足弱」（得人惜）、「足小不利跋涉」（悔不得）。足小不利行正是小脚最大的致命傷，尤其是李漁所記載的「抱小姐」，簡直就成了廢物。（註五六）楚王好細腰，宮中竟餓死，纏足之害也不下於此。以金園雜纂所引條目中，雞眼數見，恐怕是纏足的後遺症了。

7.纏足時代的婦女，早上起床先用「裹脚布」把小脚緊緊裹好，再套上「膝褲」（即襪子），穿上綉鞋，才算大功告成。這一裹定了就不輕易解開，脚癢也好，雞眼痛也好，只有忍了。晚間就寢前，脫鞋去襪，解下了又長又臭的裹脚布，在洗脚時是一天最舒適的時刻。爲了怕放鬆了一雙金蓮，不但白天穿著綉鞋，晚上就寢還要穿上一雙比白天還小的紅睡鞋，一雙小脚受的束縛眞是夠受了。日人福田和彥收集編著的明清春宮裡，女主角大多是穿了綉鞋，或是套上紅睡鞋，很少有赤足的。明代民歌掛枝兒詠「裹脚」也說：

裹脚兒，自幼的被你纏上。行雙雙。坐雙雙。到晚同床。白日裡一步何曾鬆放。爲你身子兒消瘦了，爲你行步好郎當。爲你絆住了我的跟兒也，只得隨你同來往。（註五七）

而明人張劭的「睡鞋」詩說：

樣減銷金軟勝綿，象床斜坐試將眠。纖纖縫就雲分瓣，窄窄兜來月上弦。未怯春風吹彩鳳，只愁夜雨濕紅蓮。玉郎曾見心先醉，索傍銀燈掌上憐。（註五八）

香蓮博士自然不放過解纏濯足，在「香蓮品藻」中除「纏足濯足四不可言妙」已見前外，又有「纏足濯足時候」爲：「晴晝、燈下、薄醉、出浴、夢醒、欲睡、倦行、試履。」又「纏足濯足十二宜」爲：「宜枕屛前、宜芙蓉帳底、花前宜曲欄、宜小山石上、月下宜近水樓台、宜臨砌、迎涼宜竹院、宜松窗、聽雨宜荷亭、宜水榭、辟寒宜煖閣地爐、鷩颸宜重簾綉幕。」而「纏足濯足三不可無」爲：「不可無名香炷鼎，不可無好花侑座，不可無知心靑衣趨承左右。」最後再加上「濯足三適」：「和血適纏、柔肌適履、去繭適步」，如此的想入非非，金園雜纂不免也要記上幾筆：「解纏卒聞足氣」（不可過）、「不裙不韈見客」（非禮）、「無故解纏跣足」（不祥）、「洗面盆中濯足」（失去就）、「正欲、濯足解纏，卒然有遠客至」（阻興）、「客到換鞋脚賊發火起尋膝褲帶子」（不識疾徐）、「纏足不洗手，取飲食」（不識好惡）、「脚指縫痒」（難忍耐）、「小婢爲閨淑搓摩蓮趾」（强陪奉）、「騃女偷解足紈」（這回得自在）、「洗纏及濯足水」（留不得）、「濯足易新纏新履」（快意）。

金園雜纂中可分析者尙多，有的列出條文太少；有的很淺近，讀者一見即知；也有的不易了解方絇用意何在，如「未足信」條的「蘇州頭，揚州脚」，「沒意頭」的「訪秧頭脚妓」和「趁不得」的「馬上看賣解婦弓足」，也許「揚州」婦人裹的脚未必好，而「秧頭脚妓」是大脚仙，「馬上看賣解婦弓足」如同「日午晝船橋下過，衣香鬢影太匆匆」而憾時間太促短，如果每個條目都詳加考證說明，惟恐辭費，故舉其大要以析之。好在全文錄之於前，讀者可玩味細思，不必贅辭了。

五、結尾

我國爲歷史悠久的文明古國，中華文化很早就在孔子提倡下進入了理性時代。可惜到了宋代道學家的手中，嚴苛禁錮的思想抬頭，婦女受到了嚴格的女教的限制，加上纏足的防閑，以致在一些無聊文人的變態好色心理的推動下，婦女受了近千年的痛苦。清代李汝珍反對纏足，在鏡花緣十二回「雙宰輔暢談俗弊，兩書生敬服良箴」中，借君子國吳之和的話痛斥纏足之害：

吾聞尊處向有婦女纏足之說，始纏之時，其女百般痛苦，撫足哀號。甚至皮腐肉敗，鮮血淋漓，當此之時，夜不成寐，食不下咽，種種疾病由此而生。小子以爲此女或有不肖，其母不忍置之於死，故以此法治之。誰知係爲美觀而設，若不如此謂爲不美。試問鼻大者削之使小，額高者削之使平，人必謂爲殘廢之人。何以兩足殘缺，步履艱難却又爲美？即如西子王嬙皆絕世佳人，彼時又何嘗將其兩足削去一半？況細推其由，與造淫具何異？此聖人之所必誅，賢者之所不取。

眞是罵的痛快。不意却有方絢其人，自稱「香蓮博士」，大寫文章，無聊透頂，豈能不加研究。

雜纂一體雖小道，其有可觀之處，務在諷喻而已，然而方絢的「金園雜纂」只見品蓮詠蓮，幾近瘋狂，全無諷喻，仿雜纂體的名目形式，缺少雜纂的內在精神主旨，也是值得思索的問題。

纏足在民國成立後逐漸廢除了，然而時下割雙眼皮、隆鼻、小針美容、拉皮的盛行，以黥墨刺配之法改易美名爲「身之藝」者，也隨之風行，其與纏足比較，也只是五十步與百步之差，這是應該反省注意的事項。

古代父母愛女心切，所以施以纏足酷刑；今日父母愛子愛女之心不減古人，因此學藝補習之風盛行，兒童無辜，爲人父母何不再三思之。纏足爲古代禁錮婦女之法，時至今日，又有精神上的纏足，許多機關主管盡皆朱子之流，防閑之心甚切，貌若清流，嚴於律人，精神上的纏足何日才能解纏？也是該關心的問題。

雜纂近於遊戲，而聯合報副刊金聖不嘆所輯的「新聞眉批」，亦以詼諧見長，而諷諫之旨存焉，如以雜纂的名目，冠以今日社會可怪之事，如「玉女脫星」爲「不相稱」，「台灣玉女至香港爲脫星」爲「不得已」，則爲「影藝雜纂」，以此類推，「杏林雜纂」、「杏壇雜纂」、「新聞雜纂」等，也可於茶餘飯後添一笑料，兼收瞽史優諫之意，或爲一得。

以上小結雖然列了一些爲何寫下本文的動機，讀者付之一笑可也。至於考證有誤，行文累贅，尚請大雅君子賜正，只要不說無聊就感激不盡了。

【附錄一】據董家遵「歷代節婦烈女的統計」

表一　歷代節婦數目比較表

時代	百分比	數目	目次
周	〇・〇二	六	一
秦	〇・〇〇三	一	二
漢	〇・〇六	二三	三
魏晉南北朝	〇・〇八	一九	四
隋唐	〇・〇九	三	五
五代	〇・〇〇六	二	六
宋	〇・四一	一五二	七
元	〇・九六	三五九	八
明	七二・九〇	二七一四一	九
清	二五・四七	九四八二	一〇

註：本百分比求到小數後兩位止，剩餘之數用四捨五入法，下同此。

表二　歷代烈女數目表

時代	百分比	數目	目次
周	〇・〇六	七	一
漢	〇・一六	一九	二
魏晉南北朝	〇・三	三五	三
隋唐	〇・二四	二九	四
遼	〇・〇四	五	五
宋	一	一三三	六
金	〇・二三	二八	七
元	三・一五	三八三	八
明	七一・四六	八六八八	九
清	二三・三七	二八四一	一〇

【附錄二】三種雜纂（據新興影印校明抄本說郛）

卷上

必不來

窮措大喚妓女　醉客逃席　把棒呼狗　客作偷物請假追王侯家人。

不相稱

先生不甚識字　貧斥使人　窮波斯　不解飲弟子　瘦人相撲　社長乘涼轎　瘦雜職　病醫人　老翁入倡家屠家看輕　肥大新婦。

羞不出

新婦失禮　師姑懷孕　初落解　相撲人面腫　奴婢偷物敗　犯姦　富人乍貧　重孝醉酒　子女豆瘢。

怕人知

攝官繫街　犯人愛寵　匿人子女　賊犯贓物　國忌動樂　親情犯罪　透稅。

相似

老鴉似措大飢寒則吟　窮親情似破袖肘常自出　婢似貓兒暖處便住　京官似冬瓜暗長　印似嬰兒長長隨身　饅頭似表親獨見相親　燕子似尼姑有伴方行　縣官似虎狼動則傷人　尼姑似鼠狼入深處　樂官似喜鵲人見不嫌

不嫌

徒行得劣馬　飢得分鹿食　久貧得薄酒　行久得坐次　行急得小船　遇雨就小屋。

不如不解

措大解音聲解則廢業　婦人解詩解則犯物議　劣奴識字識則作過　僧人解飲酒解則昏教　子弟解燒煉解則破產　士人解手藝解則卑汙。

惡不久

夫婦爭小事　罵愛寵　大僚門客發怒　贓濫官打罵公人　姦汙僧尼罵行童。

遲滯

老長官上任　佐官勾追人　謁至仕官　新娘婦見客　休宦後出入　窮漢醵率　老剩員傳語　貧家作會孕婦行步。

不得已

忍病吃酒　掩意打兒女　大暑赴會　汗流行禮　爲妻打罵愛寵　忍痛著灸　爲人梳頭　窮寺院待客被勢位牽率。

失本體

不學發遺書題失子弟體　弔孝不哀失凶禮體　不收拾椀器家事口中不喃喃失老婢體　送客不下廳不安排椅榻失主人體　不闌腰不持刀砧失厨子體　不點檢學生作課失先生體　不口打口罵失節級體　早晚不禮拜念佛失僧尼體　早晚不點察門戶家私失家長體　僕子著鞋襪衣服寬長失僕子體　不聽呼喚不會

傳語失院子體　逃席後不令傳語謝主人失賓客體　唱小喏行步遲緩失武官體。

惱人

遇佳食味脾家不和　終夜歡飲酒尊卻空　睹博方勝油盡難尋　牽不動驢馬　相看上司忽然背癢　淘井漢急尿屎　著不穩衣服　扇不去蚊蠅　遣不動窮親情。

隔壁聞語

說所送物好還麼必是不佳　新娶婦卻道是前緣必是醜　說食鱠恰好必是少　說太公八十遇文王必是不達　說食祿有地必是差遣不好　說隨家豐儉必是待客不成禮數　說屋住得恰好必是小狹　咒罵祖先必是家計不成。

不窮相

駿馬嘶　臘燭淚　栗子皮　荔枝殼　推垛錢米　遺下花鈿　鶯燕語　落花飛　高樓吹遂　念書聲　擣藥碾茶聲。

謾人語

說風塵有情　說燒煉致富　說在官課績　說上位見知　說所入莊課　自說勤苦讀書　說愛寵年紀小　窮縣說官況　誇說器皿價例。

酸寒

山縣移市　村縣喝道　書齋作會　村縣待賓　牛背上吹笛　騾鳴村中　村漢呼雞　村漢著新衣　乞兒

打驅儺　散樂打單枝鼓。

不快意

鈍刀切物　破帆使風　鱠醋不中　築牆遮山　樹陰遮景致　花時無音樂　暑月背風排筵　夏月著熱衣服。

反側

出門逢債主　少人物未還　犯人家諱忌　犯人家婢妾　去人家失禮　撞見仇家　醒酒後說醉時語　誤說他心中諱事。

煞風景

松下喝道　看花泪下　苔上鋪席　斫卻垂楊　花下晒裩　遊春重載　石筍繫馬　月下把火　步行將軍　背山起樓　果園種菜　花架下養雞鴨。

難容

僧道對風塵笑語　客作兒惱婢　少去就客　僕人學措大體段　卑幼傲尊長　發怒對長官　吏人學書語　虞候攙語論。

不忍聞

落第後喜鵲　旅店秋砧聲　孤館猿啼　市井穢語　做孝聞樂聲　少婦哭夫　夜靜聞乞兒聲　纔及第便卒。

虛度

好時節褊迫　花時多病　好家業常廝吵　閹宦娶美婦　貧家節日　好景不吟　好廳館不作會　貧家好花樹　富家不會使用。

不可過

夏月肥漢　入舍妻惡　窮措大舉選　嚴惡人家奴婢　遇著惡同官　守令發人家私事　大暑涉長途　對粗俗人久坐。

意想

冬月著碧衣似寒　夏月見紅似熱　入神廟若有鬼　腹大師尼似有孕　重幙下似有人　過屠家覺羶　見冰玉心中涼　見梅齒軟。

惡模樣

作客與人相爭罵　打毬墜馬　對大僚食咽　僧尼新還俗　做客踏翻臺卓　說主人密事　對丈人丈母唱豔曲　嚼殘魚肉歸盤上　對衆倒臥　橫筋在羹碗上。

悶損人

局席辦請客不來　不喚自來　酒醉喝人　出門逢債主　物賤無錢買　大暑逢惡客　摎索人守著門　與仇家對坐。

不達時

不相稱強學時樣妝束　下賤人前談經史　向娼婦吟詩　認他高貴爲親　入境不順風儀　將男女赴筵隔席和人唱　殘食還主人　誇男女伎倆　將主人酒食做人情　筵上啜醋聲　筵上包彈品味　獎男女嬌騃。

無所知

與寡婦往來　喫他飲食不謙讓　借他物令人取　得人恩不思報　向人花園採花菓　入人房閤取人物看食後不起妨主人　窮漢說大話　家貧學人富　作客自呼賓　問主人魚肉價　暑月排筵久坐　家貧不守己。

癡頑

有錢不還債　知過不能改　見他言語強拗　自不知責人過　說話不信　把酒犯令不受罰。

少知塵俗

狎近小人　合姓稱名　和鋤把筯　未語先笑　攙人語病　搥胸打背　學市廛語　牽曳衣衫　筵上亂叫喚　著鞋臥人床　覷人不轉睛。

愚昧

見人張笑　背面說人過　講他人惡事　棄家酖酒　說人家密事　聞善不記　鬭作他人　黨妻兒罵人圖他酒食作證人　說六親過惡與外人　三頭兩面趨奉人　父母在索要分張　會聚不識尊長位次。時人漸顛狂無因依妬毒讐記他人　酒後呼鬼神　孝子說歌令　重孝鬭雞走馬　讐記恩門　長大漢放風箏　養閑漢　出入賣田業了吉凶　殢神擲杯校　將田地與人作保　婦女出街坊駡詈。

非禮

呼兒孫表德　母在呼舅作渭陽　呼他兄作家兄呼他弟作舍弟　客穿人房閤　對父母呼妻弟　聽妻話怪尊長　傲慢尊長不拜　祭亡人卻動樂。

不祥

臥吃食　無事嗟嘆　寢如尸　薦上座　露頂吃食　對日月大小便　未食碗中先插匙筯　臥床上唱歌曲　牽父母作呪誓　婦人髮垂下不收　露頂寫字　搥胸駡人。

枉屈

好父母無好子　好兒無好妻　好女無良人　有錢不會使　好衣不會著　向口惜食　家富不追陪　向身惜衣　好聽館不洒掃　有疋帛不裝著　男女長成不教　好閑廢業　好顏色不解疋配　惜錢有病不醫　家藏書不解讀。

須貧

家有懶婦　早臥晚起　作債追陪　養子不及父　狼藉米穀　倉庫不點檢　抛散飲食　莊園不收拾　多輸愛賭　謾藏住不堪物　棄家逐樂　物貴爭買　遮蓋家問作非爲事　家事不愛惜　物賤算分文不買

必富

勤求儉用　見藝廣學　不迷酒色　不取債負　不嫌粗辣　愛惜家事衣服　耕種醞造及時　婢妾解機織

錢物出入有簿曆　算計買賣不失時　及時收藏　檢束家計不作踐。

有智能

立性有守　密事藏機　交接有志人　爲客善談對　臨時有心機　有疑問人　酒後不多語　接論知古今

回避他人諱　不習賤事　入門問忌諱　入境問風俗　尊敬德行人　小人不親近　不共愚人爭是非。

失去就

卸起帽共人言談　衩衣出門迎客　不敲門直入人家　主人未請先上廳坐　席局上不愼涕唾　主人未揖

食先舉筯　探手隔坐取物　衆食未了先卸筯　開人家盤盒書啓　罵人家奴婢　鑽壁窺人家。

養男訓誨

一曰習祖業　二立言不回　三知禮義廉恥　四精修六藝　五談對明敏　六知尊卑威儀　七忠良恭儉

八孝敬慈惠　九博學廣覽　十與賢者交遊　十一不事嬉遊　十二有守　十三遇事有知識。

養女訓誨

一曰習女工　二議論酒食　三溫良恭儉　四修飾容儀　五學書學算　六小心軟語　七閨房貞潔　八豔

詞不唱　九聞事不傳　十善事尊長。

強會

見他文籍強披覽　見他鞍馬逞乘騎　見他弓矢強彈射　見他文字強彈駁　見他著衣強問色目　見他人

家事強處置　見他鬭打強助拳。

無見識

不問道理隨人做事　不說事因先罵人　做賤劣人伎倆　俗人學僧家道場　遇事不分別是非　習工藝之事　不量能解　使人縱兒子學樂藝　不識字自撰　縱兒子籠養　男兒學女工　要小下便宜。

十誡

不得飲酒至醉　不得暗黑處驚人　不得陰損於人　不得獨入寡婦人房　不得開人家書　不得戲取物不令人知　不得黑暗獨自行　不得與無賴子弟往還　不得借人物用了經旬不還。

卷中　王君玉續纂

奴婢相

添罐滿　挑燈長　放物當路　翻著衣裳　扱卓子高　吃乾飯　疾睡著　翦燭短。

凡惡

裹假紫頭巾　繫古樣腰帶　瀝酒作呪　談話咂眼　吃豬藏夾子　著繡鞋　敲卓子唱文序子　說大官是親情　好看相撲　上馬扠手祇揖　說著大官後扣頭。

易圖謀

鄰舍貓兒　小兒手中物　卑官古畫　上元夜出軍家口　取債人物業。

難奈何

恃寵婢　有錢惡妻　咬人馬　破活鮎魚　被裹狗蛋　解隱形賊。

不識羞

下第後人入期集院　新女壻渾身著新衣　被妓不采後強門前過　低價物作貴價　賭輸誇口　不請喚來

掇坐　誇妓有情　邊臣添兵權　誇妻端正　酒食店得筆帖。

不濟事

將女嫁內官　仕賭擲渾花　飯後請吃茶　持齋日作客　打殺人後戒酒　無錢斷賭　大斧傷人手摩挲

臨死許修善　斷案了赦到　船行借得鞍乘　酒盡伶人來　臨老了及第　落解後試官道好程試。

暗歡喜

丈夫商販遠歸　賭錢剳地位多一　賣棺聞人病重　同行拾得遺棄物　少男女聞女使懷妊　舉人薦緘

達試官　磨勘選人橫門逢見院子點頭。

不得人憐

卒死虔婆　釘手刼賊　偷食貓兒　咬人犬子　不孝義兒　別人家醜孩兒　使性氣乞兒　不成器子弟。

趁不得

步行尋下水船　驚馬脫籠　伴病起人吃飯　與村樂官合曲　少經紀後課錢　捉雞貓兒　班行與文資磨

勘　醉漢蹴踘　斜日照人影。

無憑據

山縣更鼓　選人改官　秀才應舉　低手圍棋　醉後許物　牙郎說呪　初學卜人斷災福　不封底鎖　託魚雁傳書　無神通廟裏杯筊　子女歲數。

不數料

惡文章嫌科名低　老漢恨妻醜　嫌舉主不才　不解作客歎沈滯　老子弟爭行首　惡札人愛使牋紙　客作兒嫌人家茶飯　大將妻要人呼縣君　巧人作事拙人不伏　押君借差嗔人不喚使　低棋人要與國手下棋　牙校使人雙控馬。

愛便宜

不取錢官人賤買物　賭錢輸人稍著　共喫菓子揀大底　騎別人馬遠出　好使短陌錢　將生鐵博針　共臥把自家被在上　寄槽養馬　將蝦釣鼈　畜養母狗雌貓。

過不得

出敕限災傷狀　賃房欠房錢　鞋襪穿繡針　夫妻反目　狹巷騎馬逢車子　臨渡無船　省試落韻　逢大官節。

難理會

波斯念孔雀經　醉漢寐語　杜撰草書　兩人拽斜說話　古篆碑額　抽亂茸綫　經紀人市語　短舌人罵詈　欠債無要約　啞漢做手勢　遠從兄弟服紀　大官侵占鄰人田地。

不識遲疾

急如廁說葛藤話　留未食人吃茶　喚老娘逢人請名　留走馬天使還賭賽　判狀救火。

冷淡

念曲子　說雜劇　吃素冷淘　齋筵聽說話　軍下人戲　無妓逃席　村伶打諢　吃水晶鱠不用醋。

不識好惡

失火處乞麩炭　岸上看人溺水　看斬人賞劊子好手　投事望人遺表　貧子去燈心皀筴鋪上乞錢。

左科

鄭州出曹門　上廁回嗽口　應舉下第投借差　下汴尋上水船　喚人爺作大人　喚自己作足下　丈母牙痛灸女壻脚根　問人及第道甚年上叨忝。

好殺合

老妓嫁富商　曹司出職　應五六舉進士高等及第　猛將成功　貪官致仕。

琅璫

沒折合雜劇　拖白舉人　剎竿上旛　侯白船家　逃走帶料　村妓唱長詞　醉漢棍襠。

惡行戶

暑月仵作家　世代刼墓　行法劊子　屈曲賃房。

少思算

低綦趁手下　無錢挾妓　荒唐舉人俊　癡兒使爺錢　借物當賭。

不相稱

水手奄殺　夫子逃學　師巫魘死　縣尉著賊　知班失儀　孝服上著銀帶　草屋上安獸頭　油畫屎桶。

自做得的

木匠帶枷　館殿書啓　師姑袈裟　冶人鍋釜　服內懷孕　和尙犯戒還俗　著棊頭撞。

好看

高樓上見人家失火　五花斬人　岸上看遭風船。

輟不得

問患脚人借鞍乘　廚子處借刀　就雨中人借傘　三伏手中扇子　取課錢逢貧親作謁。

少道理

不會禪和尙問答　無人證見論訟　老令斷公事　初學讀書人策論　和尙撰碑記。

好笑

對客泄氣　村妓妝梳　長人著短衣　婦人墜馬　口吃人相罵。

阻興

點心處饅頭來盡　訪妓有客　便風無帆　元宵寺門不得開　賭錢處燭滅　待遊山雨下。

不可託人

相新夫　覓女使　買馬　往別州追妓　數不知數散錢。

見和尚有五防

冬月不請去頭袖防夏月不揖　開襟懷中有文字防是上疏頭　上元節夜請檀施防圖謀人家口　愛玩弄人物防教化去　廳上回顧左右防說公事。

四不憤

直殿壓京官　油餅壓骨頭　和尚壓道士　見初學人及第。

三官怕

都監怕城門　提刑怕油餅。

沒用處

過年桃符　破鞋襪　漏缾罐　折針。

可惜許

好友嫁醜漢　慳人有錢　富商據名妓　新鞋袴蹴踘　綵帛鋪失火　歌妓被決　失手玉器　驢子吃牡丹。

重難

濕瘡上吃棒　冬月飲冷酒　暑天赴公筵　陪奉著炙　許捨身修寺　煉頂求福　陣上帶甲馬　臥棘針乞錢　大雨中送殯　暑月檢尸首　冬月跣足乘騎。

難忍奈

觀棊不得人教行　病起人忌口　脚骨上取箭頭　患腹泄人尋厠不得。

又愛又怕

卷下　蘇子瞻續纂

叵耐

村裏漢看弄神鬼　狗吃熱油　無賴漢上秋千。

沒意頭

入山訪僧不遇　妓家誇會做生活　不祿底大官門前牽攏馬　監司聞部下贓濫事發　猾胥曲法取受　奴婢不伏使喚　見非理論訟平人　知人去上官處損陷。

自羞恥

和尚道士有家累　師姑養孩兒　應舉遭風水牓　在官贓汚事發　說脫空漏綻。

強陪奉

莊客隨有錢子弟　不飲酒見醉漢　做債對財主說閒話　入國與蕃使接談　對上官說葛藤話　無錢人被人要賭賽。

佯不會

對尊官饒棊　假耳聾　初到官問舊來事體。

旁不忿

村裏漢有錢　木大漢好妻　知無事業及第　庸常輩作好官　見善人被惡小凌辱。

得人惜

初學行孩兒　善歌舞小妓　快馬穩善　俊貓兒不偷食　做活計子弟　良僕妾　好書畫　有行止公人。

不快活

步行著窄鞋　赴尊官筵席　入試裏窄幞頭　重囚被鎖縛　暑月對生客　妬妻頭白相守　村裏女壻裹幞頭。

未得便信

賣鞭人索價　驢牙郎做呪　和尚不吃酒肉　醉漢隔宿請客　媒人誇好女兒。

陟頓歡喜

窮措大及第　未有嗣生男　遠地得家書　有罪該赦　富家兒乍入舍女壻。

這回得自在

僧尼還俗　重孝服闋　不肖子弟乍無尊長　寵妾獨得隨任。

將不了就不了

逃軍酒醉叫反　賭錢輸首攤　虔婆索錢大家領了。

不藉賴

癩子吃豬肉　乞兒突好人　已欠債吏轉　合死囚妄引徒伴　戶目賒物。

怕人知

配所人逃走歸　經販私商物　孝服內生孩兒　同居私房畜財物　賣馬有毛病　去親戚家避罪。

學不得

神仙　天性敏速　能飲啖　才識過人　有膽氣　臨官行事遲疾。

忘不得

父母教育　好交友　曾受厚恩　得意文字　少年記誦經史。

會不得

福州舉人商量故事　諸行市語　番人說話　爭論訟無道理　上山無路　爲客少裹纏。

說不得

有舉業偶程試疎脫　啞子做夢　教駿兵士落馬　作官處被家人帶累被人寃枉　醫人自患　奸良人陪却錢物　私藏物遭盜賊贓被人轉取去　招箭人中箭　善相撲偶輸　閤門舍人誤通謁。

留不得

春雪　暑月盛饌　愛逃席客　下水船趁順風　潮水　猴猻看菓子　窮人家春鯀衣　城門發更後　大官得替後。

謾不得

曹司對曉事官員　熟諳行市買賣　妬妻不會飲酒　靈利孩兒換物。

勸不得

服硫黃　病酒漢　愛賭錢人　醉後相罵　夫妻因婢爭鬧　兩醉人須要廝打。

悔不得

賭錢輸　惡中酒　失口許人物　作過後事發　出語容易　少年不修學　遇好景不曾遊賞　遇好物不曾買。

愛不得

見他人好書畫奇玩物　路上見名山水　隔壁窺美婦人。

怕不得

陣上相殺　夏月餅師　有罪吃棒　相撲漢拳踢　射虎招箭　弄潮竿上打失落　臺諫官言事。

諱不得

健兒面上逃走字　屎桶　捉賊見眞贓　小官祖父名　有罪對知證人。

改不得

生來下劣相　性好偷竊　謬漢好作文章　村裏人體段　好說脫空　好笑話人　還俗僧道舉止　愛說是非　貪財人愛便宜　婢作正室有舊態。

【附註】

註　一　賈仲「中華婦女纏足考」，見鮑家麟編著「中國婦女史論集」，牧童出版社，頁一八一。

註　二　同註一，頁一八三－一八六。

註　三　見尚秉和「歷代風俗事物考」，商務印書館，頁九〇。

註　四　見郭立誠「中國婦女生活史話」中的「纏足習俗說重頭」，漢光版，頁一四三－一五五。陳東原「中國婦女生活史」第五章「隋唐五代的婦女生活」，河洛版，頁一二五－一二八。殷登國「閨豔」中的「玉枕風情顛倒看，金蓮韻味仔細聞－中國古代女人小脚的魅力」，靈犀齋版，頁三五－五〇。公孫子「千古秘聞錄」第九章「拜足主義之起源及其他」，星辰書局，頁二三三－二四〇。

註　五　楊峰「戲曲外譚」中的「纏脚起源的假想」，今日遊樂叢書，頁一三一－一三七。

註　六　陶宗儀「南村輟耕錄」卷十「纏足」，木鐸版，頁一二六－一二七。

註　七　見郭著「中國婦女生活史話」頁一四四。錢泳也主張「窅娘行纏」爲舞服，見錢泳「履園叢話」卷二十三，廣文書局，下册，頁六九四－六九五。

註　八　見陳東原「中國婦女生活史」，頁一二七。

註　九　同註八。

註一〇　同註六。

註一一　龐德新「從話本及擬話本所見之宋代兩京市民生活」第五章「兩京的衣食住行」，香港龍門書店，頁二九〇－二九一〇。

註一二　陶宗儀南村輟耕錄，頁二七九。

註一三　此外如徐紈本事詩說到何元朗用鞋盃行酒，王鳳洲賦詩有云：「手持此物行客酒，飲客齒頰生蓮花。」何大爲歎賞。林若撫亦有詩「鞋盃行」，均見王書奴「中國娼妓史話」第五章第二十節內，仙人掌出版社，第二冊，頁二五一。

註一四　同註一三。

註一五　見唐寅「唐伯虎全集」雜曲，水牛出版社，頁一四八。而陳所聞「南北詞宮紀」作者作祝枝山，學海出版社，冊一，頁一八五。

註一六　李漁「閒情偶寄」，台灣時代書局，頁一一九—一二一。

註一七　同註一，頁一八二—一八三。

註一八　文丑郭沫若在一篇「西廂記」的序言裏稱「拜脚狂」，潘光旦氏引伸「中國纏足的風氣以至於制度顯而易見和足戀的傾向有密切的關係」，見潘光旦譯靄里士「性心學」第四章註㉞，仙人掌出版社，冊二，頁二八六。

註一九　王鼎焚椒錄見「香豔叢書」，古亭書屋，冊二，頁六八一—六九一。

註二〇　殷登國「閨豔」，頁三八。

註二一　見中國歷史之謎「中國纏足的奇習何以流行」，後樂文化社，頁一七九。又「閨豔」頁四八亦言種種方法，可參考。

註二二　陳東原「中國婦女生活史」，頁一三七—一三八。

註二三　同前註，頁一三九。

註二四　見三言兩拍資料，里仁書局，下册，頁八〇二—八〇八。

註二五　賈伸「中華婦女纏足考」附註五云：「廈門婦女近來猶有纏足者。父老相傳廈埠一帶，昔時風俗不佳。朱文公治漳時，厲行其愚民政策，提倡纏足。當時人民受其感化之力頗大，故纏足至今未廢。」同註一，頁一九二。又「中國歷史之謎」亦云：「宋學獎勵婦道、婦德、貞節，而且漢民族的南宋對異族極神經質，不但流行國粹主義的儒教，也將女性封閉於家中。完成宋學的朱子，就在南福建熱心的獎勵纏足。」同註二一。

註二六　同註二二，頁二四〇。

註二七　同註一，頁一八二—一八三。

註二八　中國婦女史論集，牧童文史叢書，頁一一一—一一七。

註二九　見鄭向恒校注「東坡樂府校證箋註」，學藝出版社，頁一三〇—一三二。

註三〇　同前註，頁一八一。

註三一　同註二八，頁一八七。

註三二　參見王書奴「中國娼妓史話」第二十節「唐以後娼妓妝飾之變遷」，册二，頁二四五—二五一。

註三三　康熙、乾隆事參見陳東原「中國婦女生活史」，頁二三二—二三三。又錢泳「履園叢話」卷二十三，言之甚詳，廣文書局，下册，頁六九六—六九七。

註三四　以上俱參見「香豔叢書」，古亭書屋，四册。頁二〇五七—二〇八六。

註三五　見汪志「度柳翠翠鄉夢與紅蓮債三劇的比較研究」，學生書局，頁五八及頁九四註九。又「中國小說史略」，頁一九二。

註三六　陳東原「中國婦女生活史」，頁二三三—二三八。王書奴「中國娼妓史話」二册，頁二八一，王氏云：「你看研究『小足』到了方式，眞可謂前無古人，神妙欲到秋毫顚了。」郭立誠「中國婦女生活史話」，頁一五〇—一五三。

註三七　見「中國小說史略」，頁一〇〇—一〇一。

註三八　陶宗儀「說郛」卷五，頁一〇三—一一〇，新興書局影印，民國十一年校明抄本。

註三九　見「中國古典小說論」內的「小說瑣話」，萬年青年書廊，頁六三—六五。

註四〇　昌彼得「說郛考」，文史哲出版社，頁一一二—一一三。

註四一　同註四〇，頁三五—三八。

註四二　見胡士瑩「話本小說概論」第四章「說話的家數」，丹青圖書公司，頁九五—一二六。李嘯倉「宋元伎藝雜考」中的「合生考」，學藝出版社，頁三九—五四。

註四三　胡士瑩「話本小說概論」，頁一二〇。

註四四　太平廣記卷二百五十四「嘲誚二」的「張元一」條「吉頊」條，粹文堂，三册，頁一九七八—一九七九。

註四五　胡士瑩「話本小說概論」論及合生與唱題目的關係，以唱題目爲唐合生，並列有「唐宋合生異同表（從任二北『唐戲弄』轉錄，略有更動）」，頁一一六—一二一。

註四六　胡忌「宋金雜劇考」第四章「內容與體制」中「四分類硏究」的「㈣題目院本」，三版，頁二〇六—二〇八。

註四七　胡士瑩「話本小說概論」，頁八二—八四。

註四八　胡忌「宋金雜劇考」第四章四之㈢「諸雜砌」，頁二五八—二六五。葉德均「戲曲小說叢考」中的「釋砌」，下冊，頁五二〇—五三〇。「中國笑話書」卷首下「笑苑千金四卷」條，世界書局，頁二四—二五。

註四九　謝海平「唐代蕃胡生活及其對文化之影響」，博士論文，頁一六七。

註五〇　尚秉和「歷代風俗世物考」卷三十九「歲時伏臘」條，亦記唐宋二代重上元，且因元夜都城人馬擁擠，山崩海沸，故至夫婦相失，幼子被劫。頁四三八—四四〇。

註五一　同註一二，頁三四四—三六二。

註五二　見「喻世明言」卷三十「明悟禪師趕五戒」，卷三十五「簡帖僧巧騙皇甫妻」。

註五三　這幾種稱呼見宣瘦梅「夜雨秋燈錄」續集卷三「大脚仙殺賊三快」，新興書局，頁一一五。

註五四　章衣萍校訂「霓裳續譜」，新文豐出版公司，頁一六八—一六九。

註五五　同註五三。

註五六　同註五三。

註五七　墨憨齋主人編「黃山謎」，西南書局，頁一四六。

註五八　俞琰輯「歷代詠物詩選」卷六，頁五。

海僑春傳奇研究

一、海僑春傳奇的時代背景

自鴉片戰爭滿清戰敗以來，中國飽受西方列強帝國主義的侵略欺凌，滿清末年負對外交涉大任的李鴻章，儘管在日本遇刺受傷，不但被迫訂立馬關條約，同時也得不到國人的諒解。因而丘逢甲詩有：「宰相有權能割地，孤臣無力可回天」的不滿，時人更有「楊三已死無崑丑，李二先生是漢奸」的譏誚（註一），因而李鴻章曾感嘆他所經歷的是一個「三千年來未有的變局」，難免於心勞力絀了。然而從另一方面來看，也是中國逐漸脫離傳統而開始步入現代化的契機。張玉法認為晚清歷史的動向與小說發展有關的，約有六方面：㈠資本主義的經濟侵掠，㈡西方文化的流布與擷取，㈢新知識份子取代舊士紳，㈣從政治改革的要求到種族革命，㈤開民智與女權，㈥都市化與新聞事業的發展。（註二）因而就晚清小說來看是如此，擴而言之，整個晚清文學莫不與這個時期的歷史動向相關。如果再把時代提前，自鴉片戰爭以來，中國的文學家就從詩歌、散文、戲曲等類反映了中國人抵禦外侮的精神（註三）。從小說而論，依阿英「晚清小說史」的統計，其所表現的內容，可有下列幾類：

一、反映晚淸社會狀況的，如李伯元的「文明小史」、及吳趼人的「二十年目睹之怪現狀」、劉鶚之「老殘遊記」。

二、反映庚子事變的，如憂患餘生的「鄰女語」、林紓的「京華碧血錄」等。

三、反映華工生活的，如佚名之「苦社會」、吳趼人的「刼餘灰」、中國涼血人的「拒約奇譚」等。

四、反買辦階級的，如吳趼人的「發財秘訣」、雲間天贅生的「商界現形記」等。

五、反映立憲運動的，如梁啓超的「新中國未來記」、黃小配的「大馬扁」、佚名的「新黨陞官發財記」等。

六、反映種族革命的，如陳天華的「獅子吼」、靜觀子的「六月霜」、冷情女史的「洗恥記」等。

七、反映婦女問題的，如思綺齋的「女子權」、呂俠人的「慘女界」、東亞破佛的「閨中劍」等。

八、反對迷信運動的，如壯者的「掃迷帚」、李伯元的「醒世緣」、吳趼人的「瞎騙奇聞」等。

九、反映晚淸官場生活的，如李伯元的「官場現形記」、黃小配的「宦海升沉錄」等。（註四）

而高陽先生認爲除了這九類以外，尙有一類以西洋或新知爲題材的小說，如「泰西歷史演義」等（註五），就以上所言，晚淸小說都是以現實爲題材，爲知識份子本乎良知參與救國運動的具體表現。不僅小說如此，其他文學作品也莫不如此，本文所論的海僑春傳奇雖是戲曲，也是以華工和禁約爲主旨的愛國文學。

華工和禁約問題在近代史的課本上很少談到，一般人也不太清楚是怎麼一回事，究其實際情況的苦楚，並不遜於列強侵略，晚清時代反映這種痛苦的文學作品極多，然而却沒有受到太多的重視，我覺得這是不對的，尤其是文學作品所反映的史實，更應該有充份的了解。

華僑這個名詞曾經令人羨慕過，也讓人感覺上華僑都是有錢的。美國也被一般人認爲是黃金世界，時至今日仍有不少人懷著夢想到美國淘金，內在美、外在美、太空人和小留學生的問題知多少。然而我們有沒有注意到早期華僑的辛酸血淚，尤其是美國對華工的歧視與迫害。且不說過去，民國七十一年，陳果仁被兩位白人無辜殺害，兇手只是被判「觀護三年，罰鍰三千美元」，難怪美國公民正義促進會的謝漢蘭女士說的最透徹：「陳果仁案是美國司法史上最壞的判決，它意味任何人只要付得起三千美元的罰款，就可以任意殺害華人。」由此就能看出華裔美國人在政治和民權地位方面，可以說是相當卑微（註六）。陳果仁案的悲慘和一百多年前美國華工血淚相比較，只是滄海中的一粟罷了。

華工在當時稱爲苦力（Cooly或Coolie），從事的是廉價勞力。由於奴隸制度在西方自十九世紀被排斥禁絕，廉價勞力就成爲尋求的對象。根據文獻，早在一八四五年英國人就自廈門把一群苦力送去英屬群島，一八四七年一間西班牙公司把八百名中國苦力送去古巴，一八四九年，苦力被送去秘魯、南美等國家。接著就開始有「賣豬仔」的悲慘情況，「豬仔」絕大多數是被騙的鄉下人，一經賣身，就被關入「豬欄」而失去了自由，等待商船一到，就被驅入黑暗的船艙，過著空氣汚濁的暗無天日的生活，因而豬仔的死亡率高達百分之三十。（註七）也許有人認爲太誇大了，舉一實證即能了解悲慘的實際情形。一八五五年十一月九日美國駐馬尼拉領事鮑麥爾致美國國務卿馬西的公函，提到一艘名叫威弗利號的苦力船，自汕頭載四百五十名中國苦力開往卡亞俄，等船開到馬尼拉時，全船生還的苦力只有一百五十名。（註八）

華工到美國大約在道光二十七年，張維屏「金山篇」詩云：「道光二十有七載，得其地者米利堅。」（註九）至遲至道光二十九年（西元一八四九年）已經大量湧入加州了（註一〇）。然而中國人的遭遇是「地位等於奴隸，工資比本地人少一半，納稅比任何人都多，被抑勒的事更是層出不窮。」（志剛日記）（註一一）雖然如此的痛苦，華工經過辛勤的工作而有了積蓄，立刻受到有排外偏見的白人的攻擊，逐漸的使中國人離開加州的礦區，懷著失望懊喪的心情回到故鄉。到了同治四年（一八六五年），美國要鋪設一條貫通全國的鐵路，又發現需要大批中國人來從事築路工作，雖然美國人在加州鐵路完工後，也曾立了一方紀念碑，上有中英文銘文，中文爲「加州鐵路，南北貫通。華裔精神，血肉獻功。」而且同治七年（一八六八年）的蒲安臣條約第六條云「中國人至美國，或遊歷各處，或常行居住，美國必須按照相待最優之國所得遊歷與常住之利益，俾中國人一體均沾。」（梁任公「記華工禁約」）但是，每一次鐵路築好了，中國人便馬上被辭退，連做養路工的份兒都沒有。於是中國人轉而開墾、捕魚撈蝦、進工廠、開洗衣房等，藉以謀生，然而好景不長，只要中國人賺了錢，白人就千方百計的加以迫害。光緒五年（一八七九年）美國加州訂立苛待華工的法律，要點有四：

㈠凡各公司不許用中國人。即有前此曾與中國人定合同者，亦作爲廢紙。

㈡凡中國人不許有選舉權，不許受僱於公家職業。

㈢議院須定條例，以罰招致華工之公司。

㈣中國人在美國者，當設種種例規限制之，苟不遵例，即逐出境。（梁任公「記華工禁約」）

到了光緒六年（一八八〇年）北京條約訂立，七年互換，八年實行，美國於是年五月六日由國會頒限禁華人例案，凡十五款，到光緒十年增爲十七款，到了光緒二十八年（一九〇二年）增爲九十三款，對華人苛遇到了極點。清廷於光緒二十九年（一九〇三年）十二月，宣佈禁約期滿，然而美國國會於次年片面議決：

一切排斥華工的法律均行恢復繼續，永遠有效。所謂工人，係指法律特許入居美國以外之一切華人。

同時要求續訂，因而在美的中國人就發起了抵制禁約的活動。（註一二）

除了州議會和國會訂定苛虐的法律外，白人的暴行令人髮指外，更是罄竹難書。去美國時張錯在「黃金淚」中所寫的航向地獄海的苦力船，船的本身就是地獄。如苦力船羅伯特·包恩號把華工四百七十五人關在底艙，航行途中不是百般虐待，就是被美國人打死丟到海裏，華工大恐，群起鼓噪，船主害怕逃走，招來美國軍艦，以追捕中國海盜爲理由，開砲打死華工三、四百人，生還者被押往香港審判，才使眞相大白。（註一三）

好不容易到了黃金國，又是受難的開始，華工被帶到舊金山外海的「天使島」上囚禁，等待美國人像檢驗動物般的體檢和質詢。有本描寫華工小說的「僑民淚」寫得不忍卒睹：

> 未幾，夜已過矣，朝暾既上，有數卒來驅余等出屋。問以何事，則云驗病，余亦不敢多詰。既至一院中，待長久，殆有醫士出，命裸體詳查，雖婦女不能避。余等復大窘，婦女尤不能堪，幾欲解帶自經。其夫或持之，不敢所爲，西人輒與以鞭笞。婦女皆面壁裸立，醫士亦不甚詳檢，余覺其裸體之命，殆故辱華人耳。（註一四）

逃出了這一刼，在美國仍不得安寧，處處都要防備白人無理又無端的暴行和迫害。在舊金山和沙加緬度的北部有兩個古怪的地名，一個叫IGO，一個叫ONO。都是英文，I—GO的意思是：「好吧，我走好了。」O—NO的意思是：「喔！不！」說明當年中國人的辛酸。中國人在加州墾荒，當有了結果與收成時，白人要來坐享其成，把中國人趕走，中國人只好扶老携幼的離開了辛苦經營的家園，於是留下了讓白人恥辱的地名IGO；當中國人被迫走到了一處無人要的荒地，以血汗辛勤開闢成農莊時，白人又來了，中國人憤怒的抗議，因而留下了讓中國人驕傲的地名ONO了。同時加州歷史古蹟第九百二十四號，是位於舊金山北邊San Pedro Point的華人蝦寮。華工被迫到這個海邊求生存，捕蝦和曬蝦乾，等到中國人賺了錢，白人就要禁止了，於是一九〇一年頒佈法令禁止產蝦旺季捕蝦，一九〇五年禁止蝦產外銷，一九一一年禁用袋網捕蝦和曬製蝦米。當然華人只好被迫離去，當年的蝦寮就成了陳列古蹟的China Camp State Park（中國營地州立公園）（註一五）。

至於更殘酷無道的罪行是公然殺害華人，焚燒華人產業，驅逐華人的事件，「清季外交史料」卷六十七載粵督張之洞於光緒十二年五月十五日奏「舊金山華民被害請催美國懲辦摺」內，列舉華人被迫害的案件，並舉華工在美的生活有「十苦」、「六不近情理」和「七難」（註一六），都是一字一淚的控訴。至於如一八七七年七月二十三日舊金山「三日恐怖」的暴動，不但毆打華人，並且燒毀華人產業；一八八五年懷奧明州的「石泉慘案」，不但華埠夷為平地，被殺死的數百人，無家可歸而逃生荒野的也有六七百人。（註一七）

因此在光緒三十年（一九〇四年）北京條約滿期的時候，美人要求續訂，在美的華僑發起了抵制禁約運動，國內也同時響應，實行抵制美貨，一時之間，風起雲湧，聲勢浩大。然而在美國政府強烈干涉壓力和清廷內部如袁世凱、王步瀛等人反對壓制之外，奸商不但不抵制，反而暗中加倍訂購美貨準備屯積居奇，乘機發財的也不少，自然落得失敗的命運。（註一八）雖然抵制禁約運動失敗，中國人在美的待遇一直到民國三十二年（一九四三年）不平等條約廢除後，才有比較合人道待遇。然而在這個抵制禁約運動中，產生了不少反映史實的可歌可泣的作品，而海僑春傳奇又是這一類作品中最值得我們討論的一部。

二、抵制華工禁約文學簡述

關於華工小說的研究，賴芸伶寫過「論晚清的華工小說」，並且列出「苦社會」、「黃金世界」、「刼餘灰」、「人鏡學社鬼哭傳」、「拒約奇談」、「苦學生」、「僑民淚」和「豬仔還國記」等小說。（註一九）在「抵制華工禁約文學集」中，列有詩歌計「金山篇」等二十一首，講唱有「金山客嘆五更」等五篇，小說「苦社會」、「苦學生」兩篇，戲曲「海僑春傳奇」等五篇，散文計「戒拐販人口出洋論」等三十篇，事略有「記華工禁約」、「同胞受虐記」、「檀香山華人受虐記」和「防止違約招工始末記」四篇，雖然洋洋大觀，編者「終感個人力量有限，殊難望完整充實。」（見「抵制華工禁約文學集」例言），另外林小琴、楊碧芳、麥禮謙三人收集天使島上被拘囚的華人悲憤的詩作，合編為「埃崙詩集」（按：天使島中譯為「埃崙」）（註二〇）由於此類作品甚多，無暇備述，引錄數篇章短小的作品於下，可見一斑：

1.木屋銘：天使島上的塗壁作品，仿「陋室銘」：

樓不在高，有窗則明。島不在遠，煙治埃崙。嗟此木屋，阻我行程。四壁油漆綠，週圍草色青。喧嘩多鄉里，守夜有巡丁。可以施運動，孔方兄。有孩子之亂耳，無咕哩之勞形。南望醫生房，西瞭陸軍營。作者云：何樂之有？

2.鶴頂格嵌「埃崙待剷」四字七絕：

埃屋三椽聊保身。
崙麓積愫不堪陳。
待得飛騰順遂者，
剷除關稅不論仁。

3. 天使島上七律一首：

木屋閒來把窗開。曉風明月共徘徊。

故鄉遠憶雲山斷，小島微聞寒雁哀。

末路英雄空說劍，窮途騷士且登臺。

應知國弱人心死，何事囚困此處來。（註二一）

4. 抵制華工禁約文學集中的詩歌數首：

哀同胞歌　　陸蓀畦

哀同胞，哀同胞，死期將到了，死期將到了。外人手段狡復狡，屠我不用刀，滅我不用槍和砲，暗中佈置巧。絕我生機監我腦，試看美約森森令人魂膽消。

哀同胞，哀同胞，受毒原非小，受毒原非小。航洋渡海程途杳，空求生計好，橫來苛虐苦無告。波及士與商，身家性命都難保，最憐飲泣吞聲木屋囚徒老。

哀同胞，哀同胞，大家休要躁。振起國民四百兆，能得團體好，始終不被白人笑。熱血湧如潮，生死關頭爭一秒，那怕大西洋裏風急浪頭高。

國民拒約歌　　小呂宋拒約會

太平洋湯湯，菲立濱群島兮，新隸美疆。迴顧神州兮，一葦可航。禁我入境兮，神傷！何見歐人之登岸兮，夫婦扶肩。視日人之登岸兮，得意揚鞭。嗟我神明之華胄兮，不得上船。何事將我幽囚兮，泣涕漣漣！

視高麗暹羅之舊藩兮，逝登岸而悠然。相猶太安南之亡國遺民兮，從容攜行李而去旃。嗟我數萬里之大國兮，胡不比焉？哀我同胞之受辱兮，惻然心酸！

相歐人之弄狗兮，搖尾登陸而徜徉。痛吾華人之不如西狗兮，賤辱何殃！國孱弱不振兮，蜷局顧祖國而涕滂。嗟吾人之生計維艱兮，因貧而飄洋。痛我何之兮，橫覽大地而徬徨！四洲多禁鎖兮，又難復還於故鄉，哀海軍之殲而不復兮，嗟我武之不揚。怨吾民之無保護兮，等飄泊之蓬揚！

關員訊供，待我如囚犯兮，同胞其忘諸？羈囚水監，慘於地獄兮，同胞其忍歟？吁！巴太連醫生驗疫兮，婦女亦不能幸免。不准丈夫監視兮，孰不髮指眥裂？

晶其頂藍其翎兮，望而知爲清國官場。亦囚水牢候訊兮，何況我工商？嗟我不國兮，怨後德之不良！（本年三四月間，有武員衣冠上岸，所持之照例准登岸，關員故意難留，且謂他係中國李鴻章，即李鴻章亦要困水監，後鍾領事保領上岸。）

原船押歸兮，瀕行色惘然。被擯無從伸訴兮，惟有呼天。傷焉！

外交失敗兮，自昔既然，此次禁約如再續十年兮，慘狀難言。今幸祖國同胞助我兮，熱心一團，相戒不銷美貨兮，損彼利權！

我華旅兮數萬，我金錢兮萬萬。挾此熱心厚力兮，救此燃眉急難！

誓抗大力兮我合群，誓拒禁約兮我得伸。急籌款項兮厚其力，是所望於吾菲屬之同胞數萬人。

莫等閒齋主人

國之仇八章

國之仇！國之仇！國仇睒睒在何處？請君抉眼注視西半球。新舊金山纍纍未足飽慾壑，巨舌如箕乃欲痛舐吾華之膏油！吁嗟乎！國之仇！

國之仇！國之仇！舉國醺醺盡鼾睡，不知外人待我如蠢牛。文明之國野蠻乃若此，群起鬨鬨奪我華人之自由。吁嗟乎！國之仇！

國之仇！國之仇！我國將成奴隸國，何怪異族視我如贅疣？世界商戰輪船此來彼往多於鯽，奈何禁阻我華揚波鼓浪之巨舟？吁嗟乎！國之仇！

國之仇！國之仇！猘虎之牙，巨狼之爪，不撲殺我華人不肯休。君不見，西來美船汽笛嗚嗚滿海岸，巨腹商人琉璃碧眼髯如虬。吁嗟乎！國之仇！

國之仇！國之仇！已受歐風澳之蹂躪，那堪合衆強族相苛求？君不聞，鞭笞索賄辱我上國諸志士，喪氣東返大家相顧如楚囚。吁嗟乎！國之仇！

國之仇！國之仇！皮不可寢兮肉不可食，沉沉寃霧壓閻浮。睡獅鼻息如雷何日醒大夢，怒聲一吼震此廿一世紀黑闇之神州。吁嗟乎！國之仇！

國之仇！國之仇！遊歷之士，航海之賈，十人相對九人愁。狂叫歸來結成鐵黑血赤大團體，嚼牙切齒怒睨紐約之雄州。吁嗟乎！國之仇！

國之仇！國之仇！五都之市晶瑩燦爛多仇貨，遍告國民大索十日莫淹留。而今世界已無公理之可論，一見美人之物相率相棄投。吁嗟乎！國之仇！

書抵制美國禁華人入口　　鄭觀應

華傭出外洋，政府無保恤。勞苦得工資，竟爲土人嫉。譏我如野蠻，作工不守律。嗜賭爭鬥多，會黨名不一。嚴禁不准來，苛刻例難述。何獨輕吾華，偏以爲口實？相勸各自重，公理要詳悉。中國農工商，心同更志一。勢力不用兵，抵制亦有術，來貨我不購，傭工我不出。利厚我不貪，兵威我不怵。上下爭國體，主權守勿失。

倡說不用美麵月餅歌　　佛山自強社

時將秋節　慶賀明月　千戶萬家　香餅盛設　倘用美麵　餅自不潔　花旗之麵　中華之血
人食不甘　神鑒不屑　凡我同胞　均皆齒切　贈李投桃　改絃易轍　寧製米餅　最爲快捷
味高價廉　魄團體結　此物此志　吾食吾力　日月重華　先覩吾粵

從以上所引的數章詩歌中，可以看出國人對美國苛待華人的憤怒之情，尤其是「莫等閒齋主人」的「國之仇八章」，對美國人的不滿至極，絕不是今日國人所能想像。

三、海僑春傳奇研究

海僑春傳奇原本未見，「抵制華工禁約文學集」所得的僅爲一、二卷，合訂一冊，凡十二齣，全

書卷數則不詳。爲廣智書局發行，刊印的年代也未註明，作者署名「南荃居士」，姓名生平均不詳。（註二二）

海僑春傳奇雖非全本，然每齣俱有評語，把作者寫這本戲曲的苦心孤詣道盡無遺，現就僅存十二齣分析於下：

㈠海僑春各齣組場，出現人物與劇情簡介

第一齣　國魂

雙調新水令、駐馬聽、沈醉東風、折桂令、醉東江、七弟兄、四門泥、園林好、北江梅令。（悲憤開場）

出場人物：末眇目跛足扶杖扮「老大國魂」，小生雄冠佩劍扮「少年國魂」。

劇情概要：老大國魂勢難再繼續主持國家，而華工在美又飽受欺凌，因而希望老天新派一個替人，先從美約下手，於是新的「少年國魂」出場，要逐一把新世界的人招呼出來，並且點出作者南荃居士爲劇中主角，以南荃的女徒遯雲爲女主角。而且把全劇情節以「勇金壽力拒美新約，俠遯雲智鋤漢奸民。苦僑氓暢遊新大陸，痴南荃沈醉萬年春。」四句概括之。雖然全書未見，從這四句韻語中可以了解全劇的結局是禁約在愛國人士抵制下廢除了，而僑民在美的限制也徹底解除了。

一般明清傳奇的首齣爲副末開場，此齣亦不例外，惟由老少國魂二人開場，同時又用九支曲子的

長套來開場，都很特殊，但就本劇而言，更能寫出作者愛國的苦心。

第二齣　慨世

減字木蘭花、雙調引子梅花引、步步嬌、江兒水、雁兒落帶得勝令、收江南、尾聲。（文細靜場）

出場人物：生扮南荃居士，小生扮書僮、雜。

劇情概要：南荃居士眼看時局敗壞，感慨無端，在痛詆時政之餘，又希望激勵青年。正好收到拒約會的開會通知，準備前往，「藉覲同胞的定力」，希望同心齊力，使世界的大舞台，「也許我黃人舞」。

傳奇第二齣例由生角出場，此劇亦不例外，對時局的不滿，青年殿試之後便成祿蠹也痛加針砭，大體言之，仍爲文場。

第三齣　僑因

梅花引、忒忒令二支、尹令、品令、豆葉黃、玉交枝、江兒水、川撥棹、意不盡。（組細正場）

出場人物：小生西裝扮黃震東、末、丑敝衣扮木屋囚禁華工、雜扮僑民四人、小旦瘋婦披髮敝衣。

劇情概要：借留學生黃震東之目之口，把思夫的瘋婦、尋子的陶老、找兄弟的福建人貫串出木屋的慘況，反映美國人的殘暴。

傳奇第三齣多爲旦角登場，此齣時空皆爲之轉換，爲多線索進行方式。

第四齣　瘋訴

集賢賓四支、囀林鶯二支、玉鶯兒二支、憶鶯兒、尾聲。（粗細正場）

出場人物：同第三齣。

劇情概要：前齣瘋婦出現僅爲交待性質，此齣爲主戲，兩齣連上，充份暴露了美國虐待華人的眞相。

此齣承前齣而來，爲劇中重要伏筆，以爲抵制華工禁約的題旨張目。

第五齣　憤約

商調過曲山坡羊、水紅花、山坡羊、水紅花、山坡羊、水紅花。（半過場）

出場人物：淨扮曾金壽，雜扮家人。

劇情概要：拒約領袖爲了別人的疑謗，不但不畏懼，更要堅持到底。

此齣空間又換，把拒約的題旨凸顯出來，以拒約領袖曾金壽力主堅持爲本劇重要關目，又是重要交待，爲半過場性質。

第六齣　俠殉

商調集賢賓、逍遙樂、梧葉兒二支、金菊香、柳葉兒、浪來裏、高過隨調煞。（中細正場）

出場人物：小生西裝扮馮夏威，外扮何鏡吾，小生扮少年中國魂，副淨、丑扮華捕二人。

劇情概要：人鏡學社社員馮夏威深懼運動不能堅持，服毒自殉於上海美國領事館前，希望「拼著一死，要使美人知我國人心之不死，即以救中國之死。」爲眞人實事，更足感人。

劇情至此，另起奇峯，爲拒約事激憤人心，承前齣表現國人人心未死，足以拒約。

第七齣　訪雲

北新水令、駐馬聽、折桂令、醉東江、尾聲。（文過場）

出場人物：生扮南荃，旦扮遯雲。

劇情需要：南荃居士因自己女學生遯雲女士「志行堅卓，識解明通」，前往約她同赴商會拒約大會。旦角至此齣始登場，且以過場交待方式出場，爲拒約大會壯勢，說明此刻並非兒女情長，與一般傳奇迥異。

第八齣　大會

孝南歌四支、油葫蘆五支、清江引。（群戲大場）

出場人物：末扮張宜言，外扮嚴方舟，小生扮年幼齡，丑扮馬轡白，雜物紳商四人，生扮南荃，旦扮遯雲改男裝，副淨，丑扮商會執事人，淨扮曾金壽。

劇情需要：敍述商會舉行拒約大會，曾金壽等人慷慨激昂，主張一面堅持拒約，一面提倡自製自銷。本齣爲劇中第一次高潮戲，出場人物多，唱做賓白均激昂熱烈，表現出愛國志士的熱血澎湃。

第九齣　公抗

秋夜月二支、梧桐樹二支、瑣窗寒、尾聲。（大過場）

出場人物：丑扮東洋車夫張阿二，雜洋裝扮美國人，生扮南荃居士，副末扮店夥，小生扮店夥，老旦、貼扮娘姨，大姐，雜扮滑頭二人，小生、丑、雜扮兒童四人，淨扮工頭，雜扮小工四人。

劇情概要：從東洋車夫拒拉美國人演起，再由南荃居士乘東洋車見到大衆及兒童都堅持一致，不買美貨，點出萬衆一心，民情沸騰。

此齣出場人物衆多，所唱曲牌不甚重要，主要是表明拒約已成國人共識，一則補苴關目，再則承前齣情節加強本劇的主旨。

第十齣　閨豪

雙勸酒、步步嬌、啄木兒、漁燈兒二支、錦魚燈、餘文。（文靜短場）

出場人物：小旦扮張昭漢，老旦扮女僕，生扮南荃居士，旦扮遯雲，貼扮東方旭旦。

劇情概要：演南荃居士聽說張昭漢的拒約演說，前去拜訪，不久遯雲、東方旭旦二女同來，衆人觀東方旭旦舞劍高歌，共誓堅持拒約。

此齣寫女界擁護拒約情形，反映當時新婦女的覺醒，也以此一短場把旦角這一線情節重新續上，爲生、旦兩線相交的重點，應是以後情節的伏筆。

第十一齣　奸販

字字雙三支、啄木鸝二支、鶯啼序、尾聲。（諸場）

出場人物：丑扮鄔規，副末扮王伯旦，副淨扮魚鮑生，雜扮家人。

劇情概要：演奸商秘密聯合，向美國訂貨，並對會中欺騙、隱瞞，破壞抵制禁約運動。

本齣既爲劇中重要伏筆，寫盡奸商賣國嘴臉，又以諧鬧場面表露奸商醜態。

第十二齣　察私

點絳脣、上小樓三支、石榴花、四龍犯你、尾聲。（文靜短場）

出場人物：淨扮曾金壽，外扮周景咸，末扮朱包山，雜扮家人。

劇情概要：曾金壽得知有奸商訂貨，決定開會解決此事，家人奉命勸曾起居行止，要格外謹愼。

本齣爲海僑春現存殘本最後一齣，寫奸商有恐嚇之意，當爲以後情節的伏筆。

小　結

海僑春傳奇殘本爲第一卷、與第二卷合訂爲一册，準此，全劇至少還有兩卷。就殘本來看，本劇可述者如下：

(1)開場新奇，脫出舊有傳奇窠臼，少年中國魂在第六齣又出現一次在全本中或系貫串全劇之角色，與桃花扇開場之老贊禮類似。

(2)一般傳奇多以生、旦雙線進行，而本劇情節進行爲多線，同時時空轉換大，劇中人物多，最重要的人物以南荃居士貫串全劇爲主，曾金壽亦爲主線，且角遯雲僅爲輔助情節。

(3)劇中人物有著西裝者，拉東洋車者，搖拒約小旗者，已於當時演文明戲者唱西皮二簧相似，爲近代戲曲改良之先河，姑不論其成敗優缺，亦不論其爲場上案頭之曲，然就創新與演時事二點，殊爲特點。

㈡海僑春傳奇劇中人物與史實略說

海僑春傳奇劇中人物甚多，半爲虛構，半是實有。劇中主角南荃居士眞實姓名不可考，然而又是海僑春傳奇的作者，是實有其人而隱其名，女主角的遡雲與南荃居士有師生之誼，亦必實有其人。其餘可考的有以下諸人：

1.曾金壽：即曾鑄，同安人，後占籍上海。字少卿。世業海商，至曾鑄家業更爲豐饒。倡議抵制禁約，全國響應。由於他堅持不用美貨，漢奸反對他，不斷收到揚言殺害他的匿名信。因此他在光緒三十一年七月十一日於各大報發表「曾鑄留別天下同胞書」，籲請大家在他死後仍然堅持下去，不用美貨以達拒約的目的。並且在信中公開他每天的行止，候奸人下手。此信一出，各地民情憤慨，同情支持者更形踴躍。「黃金世界」第十三回以「欽幼琛」稱之，表現出極爲崇敬之意。「抵制華工禁約文學集」中收有吳沃堯「致曾少卿書」，彭穀孫「代廣西全省士商致曾少卿書」，汪孝農、熊文通「致曾少卿書」，心青「致曾少卿書」。（註二三）

2.張宜言：即張謇，字季直，南通人。清光緒狀元，官修撰，後因不堪官場習性，辭官返鄉興辦實業。經營紗布、墾牧、輪船及地方公益事業，頗有成效。民國成立後曾任農商總長。

3.年幼齡：即嚴復，原名宗光，字又陵，後改名復，字幾道。留學英國，回國後致力介紹西方思想學說，爲清末最有名的翻譯家，影響我國學術思想界很深。

4.馮夏威：馮氏爲菲律賓華僑，回國參加人鏡學社拒約運動。因曾親歷美國人的苛虐，因此欲以身殉來喚醒國人良知。光緒三十一年（一九〇五年）六月十四日，馮氏在上海美國總領事館前仰藥自殺。留有兩封遺書：一封給美國總領事，勸他除去苛約；一封給中國同胞，勉勵國人努力抵制，直到廢約才停止。他的殉約引起全國各界很大的震撼，廣東人為他雕石立碑，「抵制華工禁約文學集」收有耀公寫的「澳門追悼會祭馮夏威先生誄文」。由於事蹟感人，「黃金世界」第七回稱他為「馮亞泉」，並譽為「舊中國之警鐘」。然而拒約一事最後失敗，兩年後美國兵部大臣塔夫妥過境上海，上海的紳商爭相迎接，吳趼人感傷馮氏的犧牲，彷彿如鬼夜哭，因而寫了一個短篇小說「人鏡學社鬼哭傳」來紀念他。（註二四）

5.其他：劇中人馬響白影射馬相伯，劇中所引述的張竹君則為清末民初傑出女性，為女醫生，從事革命，文筆口才俱佳，有「女梁啓超」之稱。（註二五）

6.不可考者：嚴方舟、施蘭英、張昭漢、魚鮑生。

7.取名有寓意者：老大國魂、少年國魂、留學生黃震東、女子東方旭旦、奸商鄔規、王伯旦、魚鮑生。

劇中史實不必符合歷史眞相，多為渲染誇大以敷演戲劇，然而其事蹟亦就事實敷寫，非盡虛構，略言如下：

1.抵制華工禁約之事及奸商破壞拒約等事，俱為史實，稍加渲染。

2.第三齣「僑囚」和第四齣「瘋訴」影射天使島木屋囚禁華工之事，劇中描寫少婦千里迢迢赴美張錯尋夫，因口供不合，被拘入木屋而發瘋，雖然不必爲眞人實事，但類似的事情倒眞不少。
「子女」反覆背誦後，把資料毀掉後上船，到美國後就依樣畫葫蘆的回答。書中載有口供資料的
「黃金淚」記載華裔抵美之後，一手把資料交給移民官，一手把另一份資料寄回唐山，該名
一部份：

問：汝村有小橋否？

答：我村無小橋。

問：汝村有幾個炮樓？

答：東邊村角一炮樓仔，南邊村角一炮樓仔，衆人館側邊一大炮樓，合共三炮樓。

問：汝村有幾間讀書館？

答：有二間讀書館，男在衆人館，女在鴻富館。

問：汝村前邊是何村？

答：前隔屋地濶，有龍江里向北。

問：汝村後邊是何山？

答：潯陽山向北。

問：汝村左邊是何村？離幾遠？

答：龍興里向北，離我村一里餘。

問：汝村右邊是何村？離幾遠？

答：朝陽里向北，離我村一里餘。（註二六）

雖然如此，一慌張答錯了一點，立刻被拘木屋或遣返回國，清末華工小說「苦社會」三十九回「一間木屋權作望夫山」裡的紫蘭夫人的遭遇與此戲的瘋婦很類似，可知這類事情在當時一定不少。（註二七）

3. 劇中第六齣「俠妝」寫馮夏威事，爲眞人實事，已見前文。

4. 劇中第七齣「訪雲」、第十齣「閨豪」寫婦女培植女學，演說辦報，反對小脚和東方旭日練刀等事，都與清末婦女運動有關。反對纏足爲清末婦女思潮中最重要的一個課題，尤其甲午之戰的失敗，鼓吹變法的人士主張放足和興女學的主張日益高漲，如康有爲、廣廣仁設立「廣東不纏足會」後，不到幾年各地紛紛成立，梁啓超除反對纏足外，更駁斥「女子無才便是德」的觀念，以後不少婦女留學日本，茲後主張放足、興女學、辦報、演說和寫文章提倡女權的女性愈來愈多。同盟會也吸收了不少革命的女同志參加革命。因此這兩齣戲中所敍述的新思想的女性，充分反映了當時的女性自覺。（註二八）

5. 第九齣「公抗」敍述東洋車夫、店夥、兒童等都一致抵制美貨的情形，我曾在新聞晚報「每週一詩」專欄中引錄了幾首歌謠，都能看出全民抵制美貨的愛國精神的熱烈，茲錄三首詩歌如下，可見一斑：

倡說不用美麵月餅歌　佛山自強社

時將秋節。慶賀明月。千戶萬家，香餅盛設。倘用美麵，餅自不潔。花旗之麵，中華之血。人食不甘。神鑒不屑。凡我同胞，均皆齒切。贈李投桃，改絃易轍。寧製米餅，最爲快捷。味高價廉，魄團體結。此物此志，吾食吾力。日月重華，先覩吾粵。

爭約歌謠（兒歌）　緒　娥

聽聽聽，聽我歌。大家不必道囉唆。我父日日言，禁美貨。我母夜夜講，恨美貨。諸人皆說廢美貨。我也時時恨美貨，就拿林文煙香水來打破。母親見了大發怒，我父曉得大贊我。大家以我爲奇貨。說我此事詳應做。因爲美禁華工律太苛。告姊妹，勸弟哥。大家不用美國貨。全國兒童學了我，不怕美國槍破多。使他貨色無銷路，工商無了行業做。不怕美人不講和。諸公聽，莫笑我。仔細想想定不錯。

弔煙仔（龍舟歌）　哲　郎

眞系倒運，系美國香煙。見你而我倒運呀，就想起你從前。你往日行運個陣時，誰把你厭。人人中意你，話你好過活邊。因你個種香氣襲人，勝過燒鴉片。令人聞見就口流涎。我共你有咁耐相交，都算有乜點。估話地久天長有乜變遷。誰料天道無常。人事噌變。就有呢趟拒約嘅風潮，到處遍傳。因系美國待我華僑，似得牛馬咁賤。故此個個齊心要抵制美利堅。總系抵制美人，何法正善。話至好系唔消美貨，結成團體，煙呀，你有個美字招牌人共見。就要把你共單

車一概棄捐。往日各種交情，今日割斷。唉！煙你莫怨。或者他時重會面。但得美人廢約咯，依舊共你纏綿。（註二九）

從以上所引三首詩歌中，可見當時全國民衆的憤慨。

㈢海僑春傳奇的曲文、賓白與評語

海僑春傳奇爲南荃居士憤於美國人野蠻暴虐而作，他不僅自己是劇中人，而且齣末多加評語，其愛國之情，處處可見，因此劇中曲文、賓白和評語都能表現出此一精神，分述於後：

甲、曲文

第一齣「國魂」老大國魂對清廷的政治改革失望，憂心國運，曲文如下：

【折桂令】九重天編音一紙，飛下瓊瑤。好女流的十趾兒鬆，好秀才的八股兒拋。更車乘翹翹。賢才應召。經濟匡時媲禹皋。開幾個方言學校，派幾個出使星軺。（若提起軍國主義呵！）便撇却弓刀。藏却戈矛。聘個洋師，練個洋操。

【醉東江】原來是假孫叔衣冠枉肖。美西施顰笑難描。急茫茫粉飾多，空洞洞元神少。傀儡兒一場熱鬧。依舊的魚遊沸釜，燕處危巢。便因循捱過了今朝，這倉皇怎待得來朝？安排著墓門木拱紙錢飛，多管是蒼生劫運龍蛇到。憂悄悄。君聽取，太平洋面，大起風潮。

第二齣「慨世」借南荃居士之口，希望維新青年和留學生不要迷戀權位，不可一做了官就忘記自由，忘記革命。

【雁兒落帶得勝令】好男兒任事不糊塗。大英雄成功無急遽。革命軍莫當作口頭禪，自由權反逼作烏江渡。呀！你飛蛾撲火智謀疏。便犧牲一己終何補。你生就個食牛豪氣小於菟。要培養著摩天健翮大鵬翥。馳驅朽索憑誰馭。踟躕登高聽爾呼。

第三齣「僑囚」借留學生黃震東之口寫出美國以木屋囚禁華人的殘暴，無論是否華工，一律拘囚候審，留學生亦不例外，曲文憤慨可知。

【梅花引】窮途心事似寒灰。立蒼苔。臥黃埃。刀俎隨他，俯首供屠宰。如此奇寃共誰語？悔當日豪遊萬里來。

【忑忑令】恨悠悠，淚珠滿腮。問蒼蒼，公理安在。我困他邦，故國無光彩。誰不是顱同圓，趾同方，怎吾曹被他牛馬待。

【前腔】黑沈沈，怨魂一堆。慘悽悽，悲聲萬籟。幾個囚徒，泣血誰瞅睬。我和你生同仇，死同寃，沒來由飄萍到海外。

第四齣「瘋訴」借瘋婦之口訴說美國人的殘暴，令人心酸。

【玉鶯兒】泥首叩天公。我何辜罹此凶。只望是美團圓乍合了萍蹤。不提防巧揶揄錯鑽了鬼洞。這藍橋路怎通。意中人怎逢。俺拚向泉台覓國晨昏共。（咳！俺怎樣的死法呀！）（四顧覓刀介）試霜鋒。願輕輕一抹，血濺杜鵑紅。

【尾　聲】嘆爲雲爲雨到不了楚王宮，便戀著餘生也誰受用。（末、丑）咳！大家是魚泣釜中鳥困籠。

第五齣「憤約」借曾金壽之口說明抵制禁約原因，曲文憤漸豪放，兼而有之，令人血脈賁張。

【山坡羊】惡噷噷不公平的禁例。鬧紛紛不明允的國際。哭哀哀不安樂的僑氓，軟怯怯不濟事的外交主義。兔死狐悲傷族類，似這般苛虐知何意。豈不是強弱邦交太不齊。歔欷。痛前途望欲迷。淸淒。悄臨風淚濕衣。

【水紅花】衣冠文物款歐西。有光輝國旗搖曳。遠方賓至盡如歸。不差池友邦臭味。（難道吾華與美不算是通好往來的與國麼？）怎的一床上下頃刻判高低，反說待支那賤種不爲非也囉。

【山坡羊】怒轟轟不甘受的暴戾。命絲絲不終絕的生計。熱烘烘不墮棄的民權，重沉沉不推卸的一肩道義。四海同胞兄及弟。況鬩牆禦侮鴒原美。忍漠然秦越無關瘠與肥。歔欷。痛前途望欲迷。淸淒。悄臨風淚濕衣。

【水紅花】不簽美約仗天威。大軍機主持不易。不銷美貨任人爲。小黔黎堅持到底。我億兆人的公憤，造出個生機。這文明報復，有甚不相宜也囉。

第六齣「俠殎」借馮夏威死前自述心志，以鼓動國民拒約之心，言行感人，驚天動地。

【柳葉兒】猛敎我喜孜孜英風滿面，氣昂昂怒髮衝冠，痛生生把袖中鴆毒頻頻嚥。（俺此刻將這藥物兒慢慢呑下，到了美領事署時，那毒氣想必發作也。）只覺得甘如飴香到了喉邊。漸把那冤沈沈一個愁擔兒卸肩。

【高過隨調煞】俺噴淋漓血滿腔，悄悠揚命一線。這死得甘心，原不受人憐。祝同胞把狂瀾齊挽轉。

俺替華工做第一個小牲牷。眼底山河誰戀。便明宵十五，等不到月輪圓。

第七齣「訪雲」則以遯雲有一雙小脚而自卑，因而大罵纏足。

【折桂令】則待要聯盟結社，博個芳名。追隨著姐兒蘭英。招邀著妹兒竹君。怎奈我輕輕緩緩，這雙纖趾兒太不文明。說甚麼金蓮玉笋，說甚麼窈窕娉婷。這痛在儂身。憾在儂心。醜比豚蹄，賤比蛇行。

第八齣「大會」從拒約大會演說諸人口中寫出國人當自強，不但要拒約，更要富國強兵，激昂慷慨，熱血沸騰。

【孝南歌】廿世紀，競爭忙。問保國何如保種強。馬瞎人又盲。臨池要勒韁。顛危萬狀。（那僑美的華工呵）航海困他鄉。同胞痛怎忘。令熱心人悲愴。

【前　腔】廿世紀，競爭忙。怎袖手旁觀心暗傷。（生）當道有豺狼。（旦）守門無吠尨。（合）孤危吾黨。（那僑美的華人呵）航海困他鄉。同胞痛怎忘，令冷眼人悲愴。

【油葫蘆】喜的是民族炎炎漸發皇。企前途，多後望。看蟻群成陣，蜂侶結成房。便那蠢昆蟲，也求種族旺。小生涯也有文明想。難道最通靈的大和魂，造不出最稀罕的烏托邦。況天演爲鑪，天擇爲巧匠。莫做個瞿曇，黃面悼衰亡。

【前　腔】怕的是屠割隨人似犬羊。死與生忘痛癢。你一人隅泣，滿座動愁腸。俺髮衝冠，鼓著氣骯髒。手橫刀，趁著勢膨脹。要跳出他無情的範圍圈，成就俺自由的安樂鄉。（就是僑居海外呵）許行人穩渡，布帆盡無恙。共推是雄風表海美泱泱。

第九齣「公抗」借東洋車夫等人拒拉美人，拒用美貨，寫出全國民衆的公憤。

【秋夜月】小滑頭自昔貪花柳。黃金用盡拉車走。（倒了一輩子運，今日算出了一口氣。）便拉車也不做花旗狗。這主權我有。你強權那有。

【前　腔】誓同仇。美貨誰銷售。盟言一出家家守。攻心爲上須持久。這主權我有。你強權那有。

【梧桐樹】美孚老火油。麵粉麒麟鏤。品海球牌各種煙香透。罐頭生果咖啡酒，百貨如山概不售。抵制文明，這個權還有。爭先莫落他人後。

第十齣「閨豪」也借東方旭旦舞劍點出女子愛國之心不遜男子。

【錦魚燈】俺收起了寒凜凜凝霜大環。束上了光溜溜明月一彎。莫笑俺簪花女子太狂憨。俺是個斬魑魅的雄小蠻。

第十一齣「奸販」開始以諸謔嘲諷的曲文介紹鄔規、王伯旦和魚鮑生的出場，同時又借魚鮑生之口寫出大奸商黑心賣國的行徑。

【字字雙】賊頭賊腦臉兒歪。褦襶。翻雲覆雨性兒乖。狡獪。花街柳巷日千回。自在。猛然消耗遘奇災。急壞。

【前　腔】銅鐵眼裏棺兒材。酷愛。煙花隊裏鬼兒胎。接代。屠門大嚼算長齋。飯袋。無端虧折恨難捱。活害。

【前　腔】花翎藍頂轎兒擡。官派。呼么喝六場兒開。賭怪。後房幾個俏裙衩。姨太。當門一塊大招牌。市儈。

【啄木鸝】體未團，不算解。心未熱，不算灰。你我平生相連的命與財。（指丑介）誰迫你把足頭扯壞。（指副末介）誰強你將貨丟開。他人不買由吾買。他人不賣由吾賣。況美人不怪怕誰怪。俺就私定些貨物誰見來。簽個字兒也無礙。

第十二齣「察私」中借曾金壽之口大罵魚鮑生，來痛罵破壞抵制禁約的大奸商，都是和烏龜、王八蛋爲友的「魚鼈生」的東西。

【龍犯你】你也算很闊綽大財東，有職銜官宦家。也就要顧惜聲名，也就要顧惜聲名，防備著大家笑罵。勉強的遮蓋些些。勉強的遮蓋些些。天理難容，人言可怕。爲甚麼友鄙大，更加上王老八。

乙、賓白

海僑春傳奇爲近代人作，雖然唱的曲文不少，而賓白更多，爲的是要激起國人愛國心，因此劇中不少是用長篇大論來說道理的，茲舉其重要者述之於下，以見一斑。

第一齣「國魂」中，老大國魂是眇目跛足扶杖而出，很感嘆的說：

海桑陵谷幻乾坤，春夢模糊不記痕。華髮蕭蕭何限感，夕陽雖好近黃昏。吾乃老大國魂是也。主持這亞細亞的支那帝國，已歷二千餘年。龜息難延，龍鐘待盡，新近三四十年，受那歐美各少年的欺凌，眞個不少。現在美國增設條約，禁止華工到境，並士商遊歷人等，俱遭苛待，疾痛寃苦，慘無天日。咳！老夫若長此拖延下去，這班惡少年日逞其強硬手段，勢必將我支那人種滅盡而後已。幸老天垂佑，新派了一個替人，敎老夫從速告退，讓他出頭，支持門戶，先從這美約下手，以後逐漸做去，要使支那勢力膨脹全球。才算得不負委任。

按：去舊迎新，自百日維新以來，已成當時新知識份子的共同願望。由於國人留日者多，染上東洋惡習不少，開口支那，閉口支那，頗覺生厭。

第三齣「僑囚」中黃震東被囚，因此頓足說：

嗳喲！天呀！好好一個游學之人，怎的離鄉去國，仰慕文明，倒做起囚犯來了？

同時又借丑、末兩人之口，把美國人的無理蠻橫的慘毒殘暴寫出：

（丑）鄉親老爹！咱們囚禁這木屋中，已二十多日了，難道還夠不到審問麼？（末）還早呢！大哥，你不看見前兩天那位尋找兄弟的福建鄉親，他也是個闊商人，飲食起居受用慣了的，自到此間，受了五十多天囚禁的苦楚，方才磨死。咱們還不過二十多天，你有些不耐煩嗎？

按：讀華工小說「苦社會」、「苦學生」等相關資料，才能理解美國人的醜陋面目。

第六齣「俠戕」寫出馮夏威以死來激勵人心的壯舉：

只現在抵制美約，商會與美使訂定，自四月十八日起，以兩月爲期，聽候美廷消息，如不改良，即實行不用美貨主義。今日已是六月十四了，去實行之期，只有五日，美廷既充耳不聞，我國亦噤聲無語。那美人的意思，無非欺我中國是死的，中國人是怕死的。怕死的人，要運動已死的國，抵制他生氣勃勃的強國，是萬萬不能的。（啊呀）這莫被他料著了！俺馮夏威就拚著一死，要使美人知我國人心之不死，即以救中國之死。

按：從此段話中，點出馮夏威是勇者，無奈怕死的人多，沽名逐利出賣人格的更多，難怪吳趼人要寫「人鏡學社鬼哭傳」。

同時此齣戲中有華捕二人，上場的詩有兩句，爲「傍人門戶爲走狗，加我衣冠如沐猴」，也把某些狗仗人勢的嘴臉寫絕了。

第八齣「大會」中馬響白（即馬相伯）的言辭，尤其慷慨激昂，聳人耳目。不過以小丑飾之，恐有貶意。

（丑哭介）華僑呀！華僑同胞呀同胞！你在海外受那般的痛苦，也知道咱們兄弟今日設法救你否？（睜目怒介）誰非人類？誰非友邦？怎麼美國待我華人，却這樣的刻薄，可惱呀可惱！（冷笑介）你恃著強權，全無公理，不過藐視我政府爲可欺耳！須知我四萬萬男女同胞，尙不是那種涼血動物，眞個由你縛，由你剕，由你烹不成？（攘臂介）自今以往，我同胞努力往前，爲中國政府之助。不必望政府助我，亦不怕政府壓我。這文明抵制，本不開罪於強鄰，豈反見責於政府？就使政府責我，沿街逐戶而呼曰：你爲甚不買美貨？咱們只答應一聲沒得錢，怎麼好呢？

按：言辭動作俱誇張，難怪遯雲說：「那馬響白的白眞個響極了。」而南荃回答：「正是，難得他那副急淚，也格外聽他的調度。」同時飾以小丑，不知全本劇中後來如何，自古知識份子不少說的是一套，做的是一套，難怪有人說：「仗義半爲屠狗輩，負心多是讀書人」了。

第九齣「公抗」中出現兒童四人，各執不用美貨小旗，大聲疾呼不用美貨，並且應衆人之請，唱了一首「不自由歌」，改莫等閒齋主人「國之仇」詩八章爲四章，首尾「國之仇」三字改爲「不自由」，由兒童來唱，尤足感人。

第十一齣「奸販」借大奸商魚鮑生之口，罵盡那些喪盡天良的傢伙。

（副淨笑介）二位不要着急，急告訴你罷，現在人人都講自由，這不用美貨，是他們的自由；要販美貨，是咱們的自由。倘若以他們的自由，弄得咱們不自由，那又是甚麼公理？……

（副淨）還有一層，中國地大人衆，各貨的銷路最廣。這不用美貨，不過沿江海各埠鬧得洶湧，至於各省偏僻地方，用慣了火油，洋布及各種雜貨的，於美國的牌名誰辨得出？現同行各商家既不販運美貨，咱們就趁這個當兒，從速向美國大洋行將各貨加倍定購，潛行運至內地銷售，更可以壟斷獨登，這不正是個好機會麼？怎的你們倒發起愁來？

按：相傳孔子誅少正卯有一條理由是「言僞而辯」，像魚鮑生這一類人聰明極了，然而愈聰明就爲害愈大，只顧私利，不爲公益，明裏參加拒約大會，暗中破壞，無怪南荃居士罵他是「人間賤夫」，尤其魚鮑生唱的尾聲是：「好乖乖悄悄兒變了卦。神不知鬼不覺的任他猜。（俺明日到商會啊）還戴著一副墨鏡兒大搖擺。」世上儘多此類大搖大擺的蟲豸，不可不防。

丙、評語

小說、戲曲的眉批夾評從明代以來，頗爲盛行，如李卓吾、金聖嘆的批語，多爲藉題發揮，來抒論自己的文學見解。而紅樓夢的脂批則與書中人物相爲表裏，同歡同哭。海僑春傳奇的評語則又爲第三類，爲作者自評，導引讀者對本劇創作的苦心作一確切洞然的了解。以今日所見殘本十二齣內有評語的爲第一齣、第二齣、第三齣、第四齣、第五齣、第六齣、第七齣及第十一齣；無評語的爲八、九、十、十二等四齣。第一卷前六齣的評論都很長，第二卷除十一齣有短評外，其餘各齣闕如，其中除第十齣「閨豪」均爲男女主角「南荃居士」和「逖雲」的戲，作者不便往自己臉上貼金外，要說的話在首齣之末和評語中都有詳言，因此不必再有評語了。八、九、十二等三齣除劇中演出感人，不必評語就能使讀者心領神會外，恐怕劇中寫的眞人實事影射的太明顯，而且拒約行動遭壓制失敗後，也許心存顧忌，所以沒有評語。

海僑春傳奇共有八齣有評語，擇其要者，分析於下：

第一齣「國魂」

老大、少年，從政界、學界一切精神上分別，老大是二千餘年的老大，少年是即日的少年。事事進化，則事事少年；人人熱誠，則人人少年。老大退位，去舊染之習；少年出頭，布維新之治。言革命者，不得誤會。

按：首齣開場即安排「老大國魂」與「少年國魂」二人登場，評語中再三說明其寓意，希望除舊佈新，一新朝政，末二語則隱有反對革命之意。

南荃既無甚關繫，却派了個正生角色，未免令大家不服。他因爲怕人不服，只好將著書的微意表白一番，算是巧於附會。然大家醉生夢死的時候，他就本身所閱歷，一一發揮，當作晨鐘暮鼓，也就不愧個熱心少年。

遯雲之有無其人，尙不得而知，却占了個正旦脚色，女界尤爲不平。然他明明說是女媧娘的補天石變的，斷然不是虛幻。只因急刻不便露面，等到奸邪去盡，美約改良，自然有個絕好的令娘，出現女界中，爲大家所公認。

按：此爲作者自道，全劇主角既爲南荃居士與遯雲，不可不先交待，雖然與殘本十二齣中，二人的戲不多，尤其遯雲的重要性未見。然而首齣之末借「少年國魂」之口說：

（小生）現在有個南荃居士，撰一部海僑春傳奇曲本。此事的起結，略具其中。大致是：

勇金壽力拒美禁約

俠遯雲智鋤漢奸民

苦僑氓暢遊新大陸

痴南荃沈醉萬年春

（末）這痴南荃，就是著這曲本的人麼？他于此事可有甚麼關係？（小生）他是個毫無關係的人。此事發起，從未擔過半點責任，連時派的演說，都沒有一句。然世界一切可驚、可愕、可泣、可歌之事，都被他冷眼看出。他這個曲本，詭幻恣肆，不拘常格，情事却也還實在。善者可以勸，不肖者可以懲，使海內人士，耳目一新，觸發了急公尙義，合群保種的心思。惟恐在歌舞場中，貶做個花花小醜，這也算是編曲人的微末功勞。且他那令徒遯雲，人人猜不出是什麼脚色。但抵制美約，遇著阻難，全賴這遯雲暗中排解。或者是女媧娘娘的補天石下凡，變個女子，彌補人間憾事，也未可知。

據此，人間憾事是禁約抵制的行動失敗，而此傳奇是爲了彌補人間憾事而作，因而「俠遯雲智鋤漢奸民」爲幻設之事，而「苦僑氓暢遊新大陸」則意味著禁約的解除，最後可能男女主角團圓美滿，因而說「痴南荃沈醉萬年春」了。

此篇結構頗新，與長生殿之傳概、桃花扇之先聲同一體例。

按：長生殿的傳概與桃花扇的先聲均爲傳奇開場，故云同一體例。桃花扇的先聲爲「老贊禮」開場，既是劇中人，又兼開場、牧場，大有「白頭宮女說天寶遺事」的意義，是爲創格。此劇開場不僅二角色分扮老少國魂，付與重大寓意，且唱白俱多，結構頗新一語，殆爲不虛。

第二齣「慨世」

前半幅感喟無端，未免觸犯時忌。然自老大觀之則忌，少年觀之則不然。

高爵厚祿，執掌朝權的大老先生，就是大老先生。老大的大老，所行是皮毛上的新政；少年的大老，所行是精神上的新政，如惡老大之名，惟老大自轉移之。

按：此兩段評語既就南荃居士之感慨而來，復承首齣老少國魂而論之。清末行新政，諸多改革，此處以「皮毛」名之，是爲貶辭，因此要行的是精神上的新政，才是革新之道，與 國父所說的「革命先須革心」是同一道理。心不能革，無論行政措施如何改變，如何求新，仍不脫老大的範圍，評者識見確是高人一等，而其評語可謂一針見血之論了。

好男兒一段，爲學生痛下鍼砭。今日之學生鮮有不講自由革命者，然一經殿試以後，掇巍科擢顯秩之學生，則必不講自由，必不講革命。

按：屈子離騷云：「余既滋蘭之九畹兮，又樹蕙之百畝；畦留夷與揭車兮，雜杜衡與芳芷。冀枝葉之峻茂兮，願竢時乎吾將刈；雖萎絕其亦何傷兮，哀衆芳之蕪穢。衆皆競進以貪婪兮，憑不厭乎求索；羌內恕己以量人兮，各興心而嫉妬。」常常感嘆屈子苦心化爲流水，又再讀到「蘭芷變而不芸兮，荃蕙化而爲茅，何昔日之芸草兮，今直爲此蕭艾也。」才能了解紅樓夢中賈寶玉所痛恨的「祿蠹」，此段之評，最能戳穿那些已化爲蕭茅的假蘭假芷的醜惡的眞面目。

第三齣「僑因」

陶老慟子，仇官哀父，瘋婦思夫，福建人尋找兄弟。撮取數事，而父子不相見，兄弟妻子離散，一切慘狀，歷歷在目。僑民幾千萬人，類此者正復何限。一人向隅，滿座爲之不歡，況慘毒至此，我同胞其復能忍耶？

按：從留學生黃震東被囚入水監，已說明美國人的殘暴，更藉水監中的難友遭遇，更形凸顯，因此評語中以「慘毒」名之，爲美國人烙下永遠洗不掉的恥痕。

第四齣「瘋訴」

忽然猜疑，忽然明白，忽然憶想，忽然冀倖，忽然怨苦，忽然悲憤，忽然尋死，忽然認夫，忽然要放火，忽然要殺人，忽然怕鬼神，忽然入夢境，忽然清爽，忽然軟綿，一個瘋婦，躍躍紙上，如聞其聲，而慘酷之水監，較前篇又加一倍寫法矣！

按：這段評語不僅點出水監的慘酷，更寫出此齣描寫「瘋婦」言行精神的成功，接連十四句「忽然」把劇情中情節一一敍出，不啻「瘋婦」的心理分析，比時下一般心理專家還要高明。

水監必與陸地隔絕，聞其建設多在風濤險惡無人過問之境。用木板裝成，高不逾丈，上蓋鐵板，不分房舍，厠所以在其內。華人一經撥入，斷絕問訊，飲食粗惡，寒暑不時。外則日炙風吹，內則濕蒸穢逿。聚數十百人閉置一處，歷受諸苦，彙爲病苗。又艱於求醫，藥餌不備，幾何其不痛且死也。僑囚、瘋訴二篇，皆歷敍心事之寃憤。而於其所身受苦境，尚屬從略，然亦可想見矣。

按：此段評語承前齣評語而來，其對「水監」的敍述，備極苦況，凡我國人，不可不知此段痛史。

第五齣「憤約」

曾金壽是此書中緊要人物，必須有聲有色，故派他唱大花臉。有人言曾金壽算不得好漢，其拒約之領銜也，一由於某報主筆之再三慫恿，再由於某局總辦之當衆激迫，並非出自本心。則請正告之曰：「彼惟素具熱誠，故一經慫恿激迫，遂勃然奮發不可以已。使其爲涼血動物，雖百般慫恿，百般激迫，何益哉！」甚矣小人之好議論，不樂成人之美也。

按：此段評語，最令人感慨。讀書人眼中只有是非，若無是非，豈不如俗話說的好：「書都讀到豬肚裏去了。」無是無非已不配做個讀書人，何況少數知識份子只爲一己私利，圖謀小小職位，顛是倒非，指鹿爲馬，成人之惡，更兼好發議論，猜忌成性，打小報告，揣摩主子心意，是一個標準奴才。「士之無恥，謂之國恥。」說他們是涼血小人，絕不爲過。

第六齣「俠戕」

此折獨無下場詩，因馮君已死也。大叫數聲，天地震動，不能復作韻語矣。馮君素未知名，其求死心迹未向人言，死後功用亦無可見者。篇中黴擬其情事，復借少年國魂口中爲之表彰，覺此一死，大非孟浪。

按：第一段評語兼論此齣無下場詩的原因，同時表出馮夏威之死，乃驚天動地之事。次段評語乃深惜其死，故云：「死後功用亦無可見者。」觀吳趼人「人鏡學社鬼哭傳」，更覺得該死的人不死，不該死的人却死了，更令人爲之感慨不已，故劇中借少年國魂爲之表彰，作者誠爲有心人。

第七齣「訪雲」

寫遯雲十分高尚，偏加上一雙小脚，所謂美中不足也。……於極意推重之人，無所阿徇，蓋有不美者，乃愈形其美也。若說得色色完備，便非寫生妙手。常見花鼓戲中有所謂十恨大脚者，場上扮一大脚婆，努目咬牙，歷訴大脚之可恥，婦女觀者，無不動色相戒。若遯雲之不敢出場，非所謂千恨小脚，萬恨小脚者乎？海內女同胞，聞之當如之何？

按：此兩段評語全是反對纏足，當時天足風氣未開，遯雲爲小脚是當然之理，而評云：「若說得色色完備，便非寫生妙手。」極合當今戲劇理論，劇中好人必非事事完美，好壞判然分明。尤其借遯雲一角，「千恨小脚，萬恨小脚」更是動人的演出，比千言萬語的「天足論」影響更大。

第十一齣「奸販」

問鄖、王兩老板果有其人否？曰：「有私販美貨者則有其人，無私販美貨者則無其人。」有其人而實指之，固春秋之筆誅；無其人而設言之，亦稗官之通例。

按：漢賦興而子虛、烏有者甚多，南華寓言取名造意也有迹可循。而此齣直指烏龜、王八蛋，謔而近虐。然而有烏龜行徑者，名爲烏龜，誰曰不宜；公道自在人心，「稗官通例」之言，乃溫柔敦厚之意。

從以上八齣的評語中，評者、作者可能是同一人，即爲南荃居士，是可以斷定的。劇中所演已十分感人，更借評者之口，把作者愛國之心與劇中事闡明肯定，相得益彰，足爲本劇生色不少。

四、結論

美國人排華、虐華已是過去的事，今日亞裔美人在美國的遭遇比過去好多了。雖然由於日本貨的充斥，越南難民的湧入，美國經濟的不振，使美國極少數人仍有排斥有色人種的言行。相信在民智漸開，主張民主、人權的美國社會是不會再走回過去那段恥辱的日子。同時，人類的歷史有很多的醜惡，讀歷史的人不能不發掘那段歷史的眞相，從大歷史的角度來看，在某些時空背景下必然會有一些黑暗，也必然有不少人遭遇厄運，也許套句老子的話：「天地不仁，以萬物爲芻狗；聖人不仁，以百姓爲芻狗。」然而對於某些歷史，我們應該抱持一個信念，那就是：可以原諒，不可以遺忘。南京大屠殺的慘劇，我們不能遺忘，然也不應該把仇恨記在這一代的日本人身上。如果我們把這一段歷史的痕迹遺忘了，那就是我們的恥辱。同理，美國過去排華、辱華的史實斑斑俱在，我們不必再牢牢的記恨，但是我們忘記了這一段歷史，那就是我們的恥辱了。因此，我寫這一篇小文的目的，就是提醒我們自己不要遺忘前人血淚慘痛的一面。

海僑春傳奇雖然只能看到十二齣戲，並非全本，然而作者南荃居士的愛國精神至爲可嘉，反映現實也令人敬佩，從海僑春傳奇中我們可以得到以下幾個結論：

1. 清末爲中國三千年以來未有的變局，外侮愈盛，知識份子維新思想與愛國意念也愈盛，因而小說、戲曲、散文、詩歌以迄俗文學中反映的也愈多，海僑春傳奇也充份反映了這段史實。

2. 清末梁啓超有梁任公傳奇三種，刼灰夢傳奇僅成楔子一齣，俠情記傳奇亦僅成一齣，前者旨在感時傷事，後者演加里波的之事，新羅馬傳奇僅成七齣，演義大利建國史。都是藉傳奇來喚起國魂。海僑春傳奇亦然，現存十二齣，其餘是否寫成或刊行，則無法斷定，以梁任公三種傳奇情形來看，可能也是未完成之作。

3. 海僑春傳奇用的是南北曲的曲牌，就音樂系統來說，是屬於崑曲，晚清之時崑曲日益沒落，皮黃大盛，因此海僑春傳奇是否當場演出，實有疑問，因而可以斷定此劇只是案頭之曲，而非場上之曲。

4. 海僑春首齣「國魂」一改傳奇開場舊例，劇中曲牌亦多罕有牌調，亦與南北曲組套形式不完全吻合。劇中裝扮也穿西服，也有扮美國人的。同時賓白有的十分冗長，有的形同演說，也與舊有規範不同，可視爲舊瓶新酒，爲近世舊劇改革之先河。因此上海藝人潘月樵、夏月潤等人改良舊劇，有時可以看到穿西裝的劇中人，橫著馬鞭在台上唱著「西皮」（註三〇），甚至演「封神榜」時，妲己穿高跟鞋及西洋舞衣，大跳狐步之舞。（註三一）以致文革時期，早年在上海混過的江青所提倡樣板戲，非驢非馬（註三二），其濫觴即爲清末的戲曲改良風氣所致。本來的改變是爲了反映現實，不得不改，其用意與精神是可敬佩的，只是變本加厲的結果，離本越來越遠，末流之弊是不能怪罪前人的。

5. 海僑春傳奇姑不論其爲案頭之曲或場上之曲，也不論是否寫成，更不論創新和不守舊劇規範。

就其反映時事與愛國精神，已足令人敬佩。同時曲文、賓白都寫得極爲生動感人，佈局也十分注意，尤其老少國魂的開場，除了令人耳目一新外，更是警世的寓言。因此，本劇雖爲殘本，然其價值遠甚於一般描寫風花雪月鴛鴦蝴蝶派小說和演風情的小戲。

【附註】

註一　楊三名鳴玉，蘇州人。與同門葛四皆以崑丑擅名。楊三歿後，崑丑人才，遂成絕響。迨甲午之戰，清廷訂馬關條約，李鴻章不理於衆口，好事者乃作諧聯云：「楊三已死無崑丑，李二先生是漢奸」云云。見梨園舊話、舊劇叢談及鞠部叢談，以上三資料見「清代燕都梨園史料」第三册，學生書局。

註二　見國立政治大學中文系中研所主編「漢學論文集」第三集「晚清小說討論會專號」，頁一－三〇；張玉法「晚清的歷史動向及其與小說發展的關係」，文史哲出版社。

註三　廣雅出版有限公司影印「中國近代抵禦外侮文學全集」，分鴉片戰爭文學集（全三册）、中法戰爭文學集（全一册）、甲午中日戰爭文學集（全一册）、抵制華工禁約文學集（全一册）和庚子事變文學集（全三册）共五個專集，九大巨册，展現了憂國憂時的愛國情操，而以一字一淚記錄下血淚斑斑的史實。

註四　同註二，頁九五－一一〇，尉天驄「晚清社會與晚清小說」。

註五　同註二，頁三一－三七，高陽「晚清小說與知識分子的救國運動」。

註六　陳果仁案雖會引起亞裔美國人的憤怒，優秀的華裔女導演崔明慧和日裔夥伴田島，拍攝了一部相當轟動的記錄片「

誰殺了陳果仁？」（Who Killed Vincent Chin？）。見七十七年五月二十三日聯合晚報「誰殺了陳果仁。崔明慧提出控訴—這部良心記錄片充分反映了華裔美人的遭遇」。

註 七 參見張錯「黃金淚」第二章「金色的熔爐」，頁一九—二八。晚報出版公司。

註 八 文長不錄，船上航海日記敍述虐待豬仔行爲，令人髮指，同註七，頁七四—七九。同書第六章「航向地獄海」和第七章「四艘苦力船」所述，令人酸鼻，頁五九—九〇。

註 九 見「中國近代抵禦外侮文學全集」中的「抵制華工禁約文學集」，頁一，廣雅出版社。

註一〇 同註九「關於抵制華工禁約的文學」引用一九五九年二月，美國讀者文摘中的阿勒特·梅紹爾文章，說中國人「在一八四九年到舊金山，……在一八五二年底，到美國來的中國人已增加到一萬二千人。」，又頁四二七—四五八，支那自憤子所寫的「同胞受虐記」中則說道光二十八年，又同註二，頁一二七—一五八，賴芳伶「論晚清的華工小說」則云道光二十九年。

註一一 同註九「關於抵制華工禁約的文學」，頁一。

註一二 此部份除參見「抵制華工禁約文學集」外，又參見註二中的賴芳伶「論晚清的華工小說」。

註一三 同註八。

註一四 同註七。頁一二五—一四二，「天使島上無天使」。

註一五 見中國時報七十七年七月二十六日喻麗清寫的「歷史的痕迹」。

註一六

註一七　同註一四。

註一八　同註一二。

註一九　同註二。

註二〇　「埃崙詩集」爲美國三藩市中國文化基金會出版，一九八〇年刊行，爲英文版，見註七「黃金淚」，頁一四二，註九。

註二一　以上引自張錯「黃金淚」，見註七，頁一三八—一四〇。

註二二　同註九，頁一四。

註二三　同註一二。

註二四　同前註，又參見陳幸蕙「二十年目睹之怪現狀研究」第一章第四節「吳趼人的著作」。台大文史叢刊。

註二五　參見鮑家麟等著「中國婦女史論集」，頁二九一。鮑家麟「辛亥革命時期的婦女思想」，牧童出版社。

註二六　同註七，頁一三六。

註二七　參見註九，頁一二九—一三四，苦社會第三十九回。

註二八　鮑家麟「中國婦女史論集」中的「辛亥革命時期的婦女思想」、「同盟會時代女革命志士的活動」和「秋瑾與清末婦女運動」三文述之甚詳，參見註二五，頁二六六—三八二。又陳東原「中國婦女生活史」第九章「維新時代的婦女生活」也有言簡意賅的敍述，頁三一四—三五三，河洛出版社。

註二九　參見註九，頁一七—一九。又參見汪志「每週一詩」，頁六四—六六及頁七三—七五，復文圖書出版社。

註三〇　見徐慕雲「中國戲劇史」，頁一一二，河洛出版社。

註三一　同前註，頁一〇九。

註三二　樣板戲的音樂、唱腔頗有創新之處，然而千篇一律的八股教條和不倫不類的裝扮，加上誇張的表情動作，無法使人接受。香港民族音樂學會副會長費明儀女士以「不姓『京』的樣板戲」形容之，確是說得入木三分。

古代笑話研究

一、前言

在所有的動物中，只有人類這種直立無毛的倮蟲，不但會笑，而且能把笑發揮到極點。因此，王思任曾說：「古之笑，出於一；後之笑，出於二；二生三，三生四，自此以後，齒不勝冷也。」（註一）而國劇中也把笑分為：正笑、冷笑、氣笑、故笑、強笑、驕笑、狂笑、假笑、佯笑、妬笑、驚笑、僵笑、傻笑、呆笑、懼笑、諂笑、媚笑、羞笑、奸笑、陰笑、哭笑、苦笑、譏笑、倩笑、瘋笑、嗔笑、大笑等，而且各有不同的表情和笑聲。（註二）因此，柏拉圖在其「斐里勃篇」裏，特別指出笑是眼見他人之不幸而產生的快感，故以喜劇之笑含有邪惡的意味。而亞里斯多德則強調笑為對醜的普遍性的「型」而發，因此對他人不產生痛苦和傷害。（註三）知乎此，不傷大雅，笑亦何妨，笑話由此而生。

歐洲的民俗學者曾經這樣說：「笑話這一術語，最初見於六世紀的諷刺的秘史。」（註四）如果這句話沒有錯，我們中國可說是保存笑話最古的國家了。劉勰文心雕龍諧讔篇說：「諧之言皆也。辭淺會俗，皆悅笑也。」而且舉了左傳中的華元、臧紇，和史記滑稽列傳中的淳于髡、優旃等人為例，說明了笑話的作用和一些古老的笑話故事。如果把文心雕龍拋在一邊，在古書中，笑話的例子更多。詩邶風終風：「謔浪笑敖」的「謔」，就是戲謔，而衛風淇奧：「善戲謔兮，不為虐兮。」更說明了古人也懂得怎樣開適度的玩笑，說不傷大雅的笑話。聖如孔子，在論語中也記有「割雞焉用牛刀」的戲言。其餘如孟子中的「揠苗助長」、「齊人有一妻一妾」，韓非子的「矛盾」、「燕人浴狗矢」、「不識車軛」、「縱鼈飲水」、「買履信度」、「盜子與刖子相誇」、「守株待兔」，呂氏春秋的「刻舟求劍」、「勇士割肉自啖」等等，都是絕好的笑話。至於笑話專書之作，文心雕龍諧讔篇說：「魏文因俳說以著笑書」，現在不可考，最早記錄笑話的專書，為魏人邯鄲淳的「笑林」，自此之後，文人對笑話的記載編著就多了，明永樂大典卷一萬六千八百九十笑韻全卷，都是「笑談書名」，可惜已佚。世界書局所印的「中國笑話書」共收了七十一種，另外六種收在世界書局出版的「中國筆記名著」第一種中，共七十七種。楊家駱先生寫了「中國笑話書七十七種書錄」和「中國笑話書佚書待訪書四十六種書錄」，兩者合計超過一百二十種。（註五）此外如世說新語的「排調」、「輕詆」和「紕漏」等篇，以及太平廣記卷二百四十五「詼諧一」至卷二百六十二「嗤鄙五」中，都可以看成笑話故事。如果再從歷代文人筆記或小說裏，也去多方爬搜鉤沉，也可以看到不少的笑話。（註六）由於有不少笑話書「或祖錄傳說，或自創新語，或裒錄遺文，或增刪舊編，後因於前，重文自多。」故世界書局的「中國笑話書」七十一種中，「酌刪其複，過於庸俗猥褻者，亦削而不載，實收一千八百一十二則。（註七）如果我們把歷代書籍上的笑話都輯錄下來，至少可增加一倍以上，由此看來，中國可算得上是世界上最喜歡說笑話和保存最多古代笑話的民族了。時至今日，報刊雜誌也闢了笑話專欄，如中央日報的「趣譚」、中文版讀者文摘的「開懷篇」、「世說新語」等欄，尤其是時報周刊的「解頤篇」的笑話，不但是讀者新創者，而且還和新聞時事相關，是最有諷諫意味的趣味小品。至於其他的抄錄摘刊古今中外笑話的雜誌，以及市面上琳瑯滿目的笑話書，都說明了笑話受到大家的喜愛。電信局試闢「笑話專線」立刻受到社會歡迎，也是最好的例證。

二、古代笑話的分期

中國古代就很喜歡說笑話，而且也保存了很多的笑話，由於記錄笑話的目的不一，對笑話的看法自然就不相同了。因此，要徹底的了解中國古代的笑話，就要先了解笑話在古代的分期與其特色了。

就笑話的起源而論，人們有意無意的戲謔嘲弄是最重要的原因。而呆子的故事和身體缺陷的譏諷，無疑的又是古代笑話產生的重要因素。在先秦的典籍裏，呆子的笑話佔了相當大的比例，呆子之中又以宋人爲多，應該不是偶然的現象。（註八）在身體殘缺中又以侏儒爲甚，而侏儒又擔任著逗笑取樂的優人職務，自然就比其他人更值得注意了。（註九）同時優人的戲謔從宮廷到民間，從雜劇百戲到後世的丑角和相聲的表演，都是笑話的創作者。

先秦時代的笑話雖多，都是即興的表演，不像後世有專書來記錄，只是零星的被記載下來。後世雖然產生了笑話書，但其記錄、整理和分類的不同，又有顯著的差別，因此，古代笑話的分期從先秦迄於明清，約可分成以下幾個時期，說明於下：

㈠先秦兩漢的寓言期

先秦兩漢還沒有笑話專書，有人以為「齊諧」是笑話書（註一〇），楊家駱先生也懷疑「宋子」可能是笑話專集之祖（註一一），但都沒有根據。

先秦兩漢時代的笑話，就其特點來論，有兩個特點，一是民間流傳的笑話，一是優人的滑稽戲謔之辭。現析之於后：

首先就先秦典籍中的笑話來看，其民間的趣味性很濃，可以說是來自民間的笑話，如：

衛人有夫妻禱者，而祝曰：「使我無故，得百束布。」其夫曰：「何少也？」對曰：「益是，子將以買妾。」（韓非子內儲說下，說二）

鄭縣人卜子妻之市，買鼈以歸，過潁水，以為渴也，因縱而飲之，遂亡其鼈。（外儲說左上說三）

鄭人有且置履者，先自度其足而置之其坐，至之市而忘操之。已有履，乃曰：「吾忘持度。」反歸取之，及反，市罷，遂不得履。人曰：「何不試之以足？」曰：「寧信度，無自信也。」（同上）

這些笑話一看就可知道是民間呆子型的笑話，這些民間的笑話故事被收到先秦諸子的書中，是當作一種寓言。像孟子所說的「無若宋人然」，然後就引一個呆宋人的笑話爲喻。韓非子的儲說也是一樣，先經後說，完全是引證的用意。戰國諸子的引證資料，除了一些「子曰詩云」外，受到辯士的影響，居然引用民間傳說和笑話爲喻，這是値得我們注意的。

另外一類是優人的言辭，古代優人多以侏儒爲之，以歌舞與調謔來娛樂王公巨室，也寓有諷諫之意。故洪邁的夷堅志說：「俳優侏儒，周伎之最下且賤者，然亦能戲語而箴諫時政。」元人王曄曾輯有「優諫錄」，原書今已亡佚，民國的王國維另輯有「優語錄」一書，僅唐宋二朝，就有五十條之多，其中不少也被收到明清的笑話書中了（註一二）。如就先秦優人而言，也有收錄到後世笑話書的，如：

> 史記滑稽列傳：「優旃者，秦倡侏儒也。……始皇嘗議欲大苑囿，東至函谷關，西至雍、陳倉。優旃曰：『善，多縱禽獸於其中，寇從東方來，令麋鹿觸之足矣。』始皇以故輟止。二世立，又欲漆其城。優旃曰：『善。主上雖無言，臣固將請之。漆城雖於百姓愁費，然佳哉。漆城蕩蕩，寇來不能上。上即欲就之，易爲漆耳。顧難爲蔭室。』於是二世笑之，以其故止。」

在隋朝侯白的啓顏錄中爲：

> 秦優旃善爲笑言，然合於道。秦始皇嘗議大苑囿，東至函谷，西至陳倉。優旃曰：「善，多縱禽獸于其中，寇賊從東方來，令麋鹿觸之足矣。」始皇乃止。及二世立，欲漆其城。優旃曰：「善，雖百姓愁費，然大佳哉！漆城蕩蕩，寇來不能上。即欲漆之，極易，難爲蔭室。」二世笑之而止。（中國笑話書，頁一九）

到了宋朝的周文玘的開顏錄中變爲：

秦二世欲漆城，優旃曰：「善，漆城蕩蕩，寇來不得上，易爲漆耳，顧恐陛下難爲窨屋。」乃譏諫也，二世笑而止。（中國笑話書，頁七一）

在這個時期的笑話雖爲寓言諷諫型而被偶然記錄下來，但對我國後世的笑話發展的影響極大，一是民間笑話被重視，二是笑話諷刺性的重視。

㈡魏晉六朝唐宋的發展期

這個時期的笑話也有幾個特色：㈠笑話書的出現，㈡名人趣事的記載，㈢笑話的分類，㈣笑話人物的箭垛型開始產生。

首先我們可以看到笑話專書的出現，文心雕龍諧讔篇：「魏文因俳說以著笑書」，楊家駱先生認爲：以「笑書」對「俳說」，「俳說」似亦爲書名。魏文帝著「笑書」，度當爲即帝位以前事，則「俳說」如爲書名，其撰作時間，度至遲亦當在漢末也。因此楊氏列「俳說」和「笑書」爲笑話書的佚書（見中國笑話書，頁二〇—二一）。然而周振甫先生以爲無考，並據王利器「文心雕龍校證」：「魏文疑作魏人，指魏人邯鄲淳之笑林。」（註一三）我也同意這個看法，這句話是說：「魏國人藉著一些笑話故事以編著笑話書」，因此，最早的笑話書不能不推漢末魏初的邯鄲淳所著的笑林了，而且自此之後，笑話書果然成林，一天比一天多了。

其次，在這段時間內，對一些名人趣事開始注意了，我的推測是受到了褚先生補滑稽列傳時，對東方朔的滑稽故事描寫的很成功，不但使東方朔在民間故事、神仙故事和笑話中佔了一個重要位置，也使得其他名人的趣事受到了注意。另外，東漢以來對人物的品鑒分流，也有一定程度的影響。最早的笑話書「笑林」中云：

姚彪與張溫俱至武昌，遇吳興沈珩于江渚守風，糧用盡，遣人從彪貸鹽一百斛。彪性峻直，得書不答，方與溫談論。良久，勑左右倒鹽一斛著江水中，謂溫曰：「明吾不惜，惜所與耳。」（中國笑話書，頁三）

漢司徒崔烈辟上黨鮑堅爲椽，將謁見，自慮不過，問先到者儀，適有答曰：「隨典口唱。」既謁，讚曰：「可拜。」堅亦曰：「可拜。」讚者曰：「就位。」堅亦曰：「就位。」因復著履上座，將離席，不知履所在，讚者曰：「履著脚。」堅亦曰：「履著脚也。」（中國笑話書，頁二）

這兩則笑話實際上是名人趣事，也是後來「語林」、「郭子」、「世說新語」、「俗說」、「小說」等的先河，現在在中副趣譚中的一些故事和所謂「民國名流趣談」一類書，就是這一系列的衍變（註一四）。

同時在這個時期裏，由於民間笑話和文人軼事的大量收錄，自然就注意到性質不一，也就開始了原始的分類，我們可以看到的有敦煌寫本的侯白「啓顔錄」分「論難」、「辯捷」、「昏忘」、「嘲誚」等類（中國笑話書，頁七—一八）。又舊題唐陸龜蒙撰「笑海叢珠」因其中有北宋蘇黃及佛印事，當爲宋人僞託，其書把笑話分八類：官宦、三教、醫卜、藝術、身體、飲食、釋、道等類（註一五）。如果我們把世說新語的「排調」、「輕詆」、「紕漏」和太平廣記的「詼諧」、「嘲誚」、「嗤鄙」算上，這個時期的笑話分類還是受到志人小說和類書分類的影響。

一個時期裏如果出現了一個傳奇人物，有關他的故事就不斷的在流傳中創造出來，笑話中的傳奇人物也是如此，因此也就產生了笑話中的箭垛型人物（註一六）。

笑話中的第一個箭垛型人物是前此時期的東方朔，漢書東方朔傳贊：「朔之詼諧逢占射覆，其事浮淺，行於衆庶，童兒牧豎，莫不眩耀。而後世好事者，因取奇言怪語，附著於朔，故詳錄焉。」不但在漢代東方朔是箭垛式人物，到了六朝，託名東方朔而作的小說如「神異經」、「海內十洲記」，均可看出東方朔仍是大家津津樂道的，因此後世傳說東方朔的故事而不見於漢書本傳的，仍有許多，如見於殷芸「小說」的：

漢武游上林，見一好樹，問東方朔，朔曰：「名善哉。」帝陰使人落其樹後，數歲復問朔，朔曰：「名爲瞿所。」帝曰：「朔欺久矣，名與前不同何也？」朔曰：「夫大爲馬，小爲駒；長爲鷄，小爲雛；大爲牛，小爲犢；人生爲兒，長爲老，且昔爲善哉，今爲瞿所；長少死生，萬物敗成，豈有定哉？」帝乃大笑。（註一七）

在此時期內的笑話箭垛式人物，前有石動筩，爲北齊高祖的弄臣，流傳的笑話很多。次爲隋時的侯白，楊素之客，著有「啓顏錄」，兩人的笑話均見於今所傳的啓顏錄內，茲不贅述。而最大的箭垛式人物則爲宋代蘇東坡，不但宋代笑話書裏記載的特別多，甚至以東坡爲主的笑話集也出現了，如「蘇黃滑稽錄」、「東坡問答錄」（見中國笑話書卷首下，頁二四），明王世貞也集東坡語爲「調謔編」（見中國笑話書卷首上，頁四），而後世又託名東坡作「艾子雜說」，都可以看出蘇東坡是笑話世界裏的大箭垛，而後世民間笑話的箭垛人物如徐文長、謝能舍、邱妄舍和陳大戇，都是受此影響。

㈢明清兩代的鼎盛期

元代散曲戲曲特盛，詼諧嘲弄見於筆記者頗多，但就笑話書而言，不但比不上明清兩代，也比不上宋代，可略而不論。明清兩代爲笑話最鼎盛的時期，現存的古笑話書中，至少三分之二爲明清人所編撰。就此時期而論，也有以下幾個特點：㈠改作與創作極多。㈡重視民間笑話。㈢重視笑話的功能。㈣猥褻笑話的流行。

古代笑話書最大的特點是在輾轉傳鈔下，重複收錄的情形很多，在重複收錄下，一字不改的固然不少，但重新改作的也不少，最早可見的是韓非子的「燕人浴狗矢」：

燕人無惑，故浴狗矢。燕人其妻有私通於士，其夫早自外而來，士適出，夫曰：「何客也？」其妻曰：「無客。」問左右，左右言無有，如出一口。其妻曰：「公惑易也。」因浴之以狗矢。一曰。燕人李季好遠出，其妻有私通於士，季突至，士在內中，妻患之，其室婦曰：「令公子裸而解髮直出門，吾屬佯不見也。」於是公子從其計，疾走出門，季曰：「是何人也？」家室皆曰：「無有。」季曰：「吾見鬼乎？」婦人曰：「然。」「爲之奈何？」曰：「取五姓之矢

浴之。」季曰：「諾。」乃浴以矢。一曰浴以蘭湯。（內儲說下，說一）

在韓非子的這段記載中，可以看出一個笑話在流傳中的改變，而這種改變有時也可以視爲改作，玆舉明清笑話爲例：

黨太尉性愚騃，友人致書云：「偶有他往，借駿足一行。」太尉驚曰：「我只有雙足，若借與他，我將何物行路？」左右告曰：「來書欲借馬，因致敬乃稱駿足。」太尉大笑曰：「如今世界不同，原來這樣畜生，也有一個道號。」（馮夢龍廣笑府「道號非人」，中國笑話書，頁二五八—二五九）

有借馬者，柬云：「生偶他往，告借駿足一騎。」主人問：「駿足何物？」對曰：「馬也。」主人曰：「原來畜生也有表號。」（見馮夢龍笑府「表號」，中國笑話書，頁二三八）

一富翁不通文，有借馬者，致信于富翁曰：「偶欲他出，祈假駿足一乘。」翁大怒曰：「我就是兩只脚，如何借得人？我的朋友最多，都要借起來，還要把我大解八塊呢？」友在旁解曰：「所謂駿足者，馬足也。」翁益怒曰：「我的足是馬足，他的腿是驢腿，他的頭是狗頭呢。」友大笑而去。（程氏笑林廣記「借馬」，中國笑話書，頁四六五，此本笑話書全本有大東書局印本，此則笑話見大東版，頁二一〇）

在這三個例子中，第一個笑話是名人軼事（按：黨太尉的笑話很多），第二個笑話是簡化，把名人軼事改成笑話，而第三個笑話又增添別的情節，改變成另一個笑話。

笑話自宋始盛，而明人所編的笑話中，民間笑話佔了相當大的篇幅，而笑話的改編與創作都和民間笑話有關，而這些民間笑話的大量產生，也是宋元以來的說話人、優人等民間藝者所創造的。如宋人所編笑話「笑海叢珠」中卷一作「集南北諢切」，「笑苑千金」卷四作「新編古今砌話笑鈔千金卷之四」（註一八），「切」即「砌」，宋時說話人要「使砌」，或稱「打砌」，「砌」就是插科打諢開玩笑一類的滑稽話。宋劉昌詩「蘆浦筆記」卷三「打」字條載：「街字戲謔有打砌、打調之類。」宋人說話又有「諢經」、「諢話」，李嘯倉說：「諢有暴露與諷刺的意味，砌只是單純的滑稽。」胡士瑩說：「把諢字的涵義只限於滑稽說笑，似乎狹窄了些，不嚴肅，甚至有些低級趣味的內容也屬於諢之範圍。」（註一九）不論是優人、說話人或以後的相聲藝者，他們在表演的過程中，不斷的改編和創造，使笑話大量的產生。齊如山先生曾經特別推崇相聲藝者，同一笑話人人說的不同，不但長短各異，趣味也完全兩樣（註二〇）。如果我們不限於相聲一類，更可以看出民間藝者對笑話的貢獻。除了上述的例子外，我們可以再看一些例子即可了解：

公値飲醉，走，經過魯終故宅，便當門嘔噦。其門人呵之曰：「何人酒狂，向人門口泄瀉？」公睨目視之，曰：「自是你門口不合向我的口。」其人不覺大笑曰：「吾家門戶舊矣，豈今日造而對汝之口乎？」公指其口曰：「老子此口，頗亦有年。」（迂仙別紀「頗亦有年」）

一人當人家大門撒尿。其人叱之曰：「這個所在，許你撒尿的麼？」尿者曰：「這個所在，許你安門的麼？」其家又叱曰：「我這大門，開了多年，並不是今日纔開的，怎容你撒尿麼？」

尿者曰：「我這撒尿的東西，生的多年了，也不是今日才長的，怎容你開這門麼？」（笑得好「當門撒尿」）

趙旭初在「中國笑話提要」裏引了不少這類改編的例子，而且多爲明清笑話（註二一），即是最好的證明。

明清兩代不但重視收錄民間笑話，因此，自宋元以來傳下的民間笑話大量的被編集成書，而且文人還特別的創進新的笑話，或賦予笑話新的解釋。前者如「艾子後語」、「艾子外語」、「憨子雜俎」之類，後者則可看出明清時文人對笑話功能的重視，其中如「笑贊」、「笑禪錄」、「古今談概」等都是。

舊傳蘇軾撰有艾子雜說，是書陳振孫直齋書錄解題疑非蘇軾撰，然既見陳錄，至遲也當出於南宋。此書爲借艾子爲主角而創造的笑話故事。到了明代，仿作的「艾子後語」等書就出現了，茲引數例於後，可見一斑：

艾子畜羊兩頭於囿。羊牡者好鬥，每遇生人則逐而觸之。門人輩往來，甚以爲患。請於艾子曰：「夫子之羊牡而猛，請得閹之，則降其性而馴矣。」艾子笑曰：「爾不知今日無陽道的更猛裏。」（明陸灼「艾子後語」「牡羊」條）

艾子在平陸，與其友道上行。有乘軒者來。其友誡艾子曰：「此吾至親也，避之。」有擁蓋者來。曰：「此吾至友也，避之。」行十數處，皆然。已而有弄蛇者來，有逐疫者來，艾子一如其友之誡誡其友。其友愀然曰：「胡子親友貧窶至此哉！」艾子曰：「富貴者汝盡攘去矣。」（明屠本峻「艾子外語」）

昔杭城元霄市，有燈謎云：「左邊左邊，右邊右邊，上些上些，下些下些，正是正是，重些重些，輕些輕些。」蓋騷癢隱語也。陽明先生聞之，謂弟子曰：「狀吾致知之旨，莫精切如此，小子默識之。」（明耿定向「權子」「致知」條）（註二二）

從以上所引的三條笑話來看，第一條諷刺太監，第二條諷刺「我的朋友胡適之」這類說大話的人，權子的笑話更值得一些學者專家警惕的。這些旣非來自民間，也非名人軼事，完全是編造出來的笑話。

晚明在文學上是浪漫思潮，重視民間作品；在思想上是自由的，頗多後世視爲離經叛道之徒，他們不但喜愛民間的笑話，更重視了笑話功能，把笑話當成諷刺的利器，勸善的良方；爲了要使讀者了解，更是點破寓意，惟恐讀者不知，眞可說用心良苦了。舉數例於下，並說明之：

㈠笑贊：趙南星撰，每一笑話之後有贊，以明喩意。

有好奉承人者，見一人問其姓，曰：「姓張。」其人曰：「妙姓。」

贊曰：上蔡雷禮部曾聞此言曰：「誠然，姓張者與姓王姓李自是不同。」離騷經曰：「覽椒蘭其若茲兮，又況揭車與江離。」椒蘭類姓張者。

唐朝山人殷安嘗謂人曰：「自古聖人數不過五：伏羲、神農、周公、孔子。」乃屈四指，自此之後，無屈得指者。其人曰：「老先生是一個。」乃屈五指曰：「不敢。」

贊曰：殷安自負是大聖人，而唐朝至今無知之者，想是不會妝聖人，若會妝時，即非聖人，亦成個名儒。（註二三）

(乙)笑禪錄：潘游龍撰，用「舉」「說」「頌」三段，以禪釋笑，以笑釋禪。

舉：或問藥山：「如何得不被諸現惑？」山曰：「聽他何礙汝」曰：「不會。」山曰：「何境惑汝？」

說：諸少年聚飲，歌妓侑酒，唯首席一長者閉目叉手，危而不顧。酒畢，歌妓重索償于長者，長者佛衣而起曰：「我未嘗看汝。」歌妓以手扳之曰：「看的何妨，閉眼想的獨狠。」

頌曰：水澆鴨背風過樹，佛子宜作如是觀；何妨對境心數起，閉目不窺一公案。

（中國笑話書，頁二二七）

舉：壇經云：「諸佛妙理，非關文字。」

說：一道學先生教人只體貼得孔子一兩句言語，便受用不盡。有一少年向前一恭云：「某體貼孔子兩句極親切，自覺心廣體胖。」問是那兩句，曰：「食不厭精，膾不厭細。」

頌曰：自有諸佛妙義，莫拘孔子定本；若向言下參求，非徒無益反損。

（中國笑話書，頁二二八）

(丙)馮夢龍：馮氏在明代是最了不起的俗文學的愛好者，他不但編了短篇小說集「喻世明言」、「警世通言」、「醒世恆言」，對民歌的紀錄有「掛枝兒」、「山歌」兩種民歌集外，另外又改定十二種傳奇，編「智囊」「智囊補」和「情史」，在笑話的園地裏，馮夢龍編的笑話集子有「雅謔」、「浮白主人笑林」、「笑府」、「廣笑府」和「古今譚概」等書（註二四），可說是笑話界的有心人，茲舉數例於下，即可知之。

有帶假紗帽赴新親宴者，踞然首席，適演玉簪記，唱「禪機圓妙」句，丑發科嘲云：「若田雞帶了圓帽，蝦蟆也戴得紗帽了。」一坐稱快。（雅謔「假紗帽」條）

新官赴任，問吏胥曰：「做官事體當如何？」吏曰：「一年要清，二年半清，三年便混。」官嘆曰：「教我如何熬得到三年。」（廣笑府「新官赴任問例」條）

丘瓊山過一寺，見四壁俱畫西廂，曰：「空門安得有此？」僧曰：「老僧從此悟禪。」丘問：「何悟？」答曰：「是怎當他臨去秋波那一轉。」（古今譚概「佻達部」「僧壁畫西廂條）

袁了凡好譯地理，曾訪地至光福，問一村農曰：「頗聞此處有佳穴否？」曰：「小人生長於斯，三十餘年矣，但見帶紗帽者來尋地，不見帶紗帽者來上墳。」袁默然而去。（古今譚概「微詞部」光福地條）

按：以上四例俱錄自「中國笑話書」。

明清時代不但多方編撰笑話，而且從這些笑話書中的序文與說明中，更可看出對笑話功能的重視。趙南星「笑贊題詞」：「……爲之解頤，此孤居無悶之一助也。然亦可以談名理，可以通世故。」馮夢龍「笑府序」：「古今來莫非話也，話莫非笑也。……後之話今，亦猶今之話昔，話之而疑之，可笑也；話之而信之，尤可笑也。……或閱之而喜，請勿喜，或閱之而嗔，請勿嗔。古今世界一大笑府，我與若皆在其中供話柄。不話不成人，不笑不成話，不笑不話不成世界。」清陳臯謨「笑倒小引」：「大地一笑場也，裝鬼臉，跳猴圈，喬腔種種，醜狀般般。我欲大慟一番，既不欲浪擲此閒眼淚，我欲埋愁到底，又不忍鎖殺此瘦眉尖。客曰：聞有買笑征愁法，子曷效之？子曰：唯唯。然則笑倒乎？哭倒也，集笑倒。」清石成金「笑得好自序」：「……正言聞之欲睡，笑話聽之恐後，今人之恆情，夫既以正言訓之而不聽，曷若以笑話怵之之爲得乎。」（註二五）又如馮夢龍古今譚概分三十四部，每一部均有說明，如「性誕部」：「子猶曰：人情厭故而樂新，雖雅不欲怪，輒耳昵之。然究竟怪非美事：紂爲長夜之飲，通國之人皆失日，以問箕子，箕子不對，箕子非不能對也，以爲獨知，怪矣。……夫使人常所怪而怪所常，則怪反故而常反新矣。新故須臾，何人情之不遠猶也。昔富平孫冢宰在位日，諸進士謁選，齊往受教，孫曰：「做官無大難事，只莫作怪。」眞名臣之言乎！豈唯做官。（錄自中國笑話書，頁二六五—二六六）觀乎馮子之言，可謂有心人哉。故每一次閱及「做官莫作怪」之語，不知是該笑還是當哭。

明清笑話還有一大特色是猥褻笑話的流行，其流行的原因有二，一是俗文學的特色，一是明代中葉以後的社會風氣（註二六）。

俗文學與文士所寫的雅文學不同的地方，是俗文學不論取材和描寫都比較浪漫。詩經中的鄭衛之風，朱子判不少詩爲「淫奔之詩」，其風格與雅頌絕然不同。唐宋以來，在民間藝者的推波助瀾下，更形盛大。如董解元西廂記諸宮調寫崔張西廂之會有「（洞仙歌）……燈下偎香恣憐寵，拍惜了一頓，嗚咂了多時，緊抱著噷。那孩兒不動，更甚功夫脫衣裳，便得箇胸前把你兒摩弄。」又如「（梁州三台）鶯鶯色事尚兀自不慣，羅衣向人羞脫，抱來懷裏惜多時，貪歡處嗚損臉窩。辦得箇噷著、摸著、偎著、抱著。輕憐惜痛一和。恣恣地覷了可喜寃家，忍不得恣情嗚嘬。（尾）鶯鶯色膽些來大，不慣與張生做快活。那孩兒怕子箇，怯子箇，閃子箇。」都是極大膽的描寫。又如元代散曲中也不乏這類作品，如王和卿寫「胖夫妻」的曲子：「一個胖雙郎。就了箇胖蘇娘。兩口兒便似熊模樣。成就了風流喘豫章。綉幃中一對鴛鴦象。交肚皮厮撞。」更是令人無法想像作者的巧思和設想的汚穢。明清兩代的民歌有關色情的描寫更多，如明代掛枝兒詠「粽子」：「五月端午是我生辰到。身穿一領絲羅襖。小脚兒裹得尖尖趫。解開香羅帶，剝得赤條條。插上一根銷兒也，把奴渾身上下來咬。」更是匪夷所思。

其次是明代中葉後由於帝王荒淫，上行下效，整個社會瀰漫了色情的氣氛，房中術、春宮畫、色情小說都充滿了書肆，一般的話本集裏少不了色情的描寫，在戲劇中也加入了煽情的對話，如金雀記第四齣、十二齣，懷香記十七齣，八義記第三齣等等。以徐渭「漁陽三弄」主題的嚴肅，尚不免於「你那頹丞相瞭子朝南，我的瞭子朝北」的粗話，陳汝元「紅蓮債」中的「道姑尼姑」自然要話：「賣不去腰間淡菜，最愛吃腿裏泥鰍」了。

笑話中的猥褻描寫分為兩類，一是寫尿、屎、屁等排洩物，一般笑話書不刪。舉例如下：

群坐之中有放屁者，不知為誰，衆共疑一人，相與指而罵之。其人實未放屁，乃辯而笑。衆曰：「有何可笑？」其人曰：「我好笑那放屁的，也跟在裏頭罵我。」（笑得好「罵放屁」條）

一人方陪客，偶撒一屁，愧甚欲掩之，乃連以指磨椅子作聲。客曰：「還是第一聲像。」（笑府「椅響」條）

有造方便覓利者，遙見一人揭衣，知必小解，恐其往對鄰厠，乃僞為出恭者而先踞其上，小解者果赴己厠。久之其人不覺撒一屁，帶下少糞，乃大悔恨曰：「為小失大！」（笑府「造方便」條）

牆脚下恐人撒尿，畫一烏龜在上曰：「撒尿者此物也。」一人不知竟撒。其人罵曰：「眼睛不瞎，也不看看！」撒尿者曰：「不知老爹在這裡。」（笑倒「烏龜」條）

一家有糞一坑，招人貨買，索錢一千，買者還五百。主人怒曰：「有如此賤糞，難道是狗撒的！」買者曰：「又不曾吃了你的，何須這等發急？」（笑倒「賣糞」條）

一富翁患燥病，出大便乾結，登厠費力。旁一人曰：「老相公出恭如此費力，何不叫一人代你出恭，也省了自己許多力氣。」（笑得好「代出恭」條）

另外一類是屬於色情的描寫，即所謂葷笑話。金瓶梅二十一回中，潘金蓮嫌王姑子的笑話不好，說：「這個不好，俺耳朵內不好聽素，只好聽葷的。」可知「葷笑話」一詞由來已久。這類笑話在一般古笑話的選本都被删掉了，茲引一二以見一斑：

一矮子新婚，上床連親百餘嘴，婦問其故。答曰：「我下去了，還有半日不得上來。」（親嘴條）

一人命妻做鞋而小，怒曰：「你當小不小，偏小在鞋子上面。」妻亦怒曰：「你當大不大，偏大在這雙脚上。」（小卵條）

一婦臨產創甚，與夫誓曰：「以後不許近身，寧可一世無兒，再不幹那營生矣。」曰：「謹依遵命。」及生一女，夫妻相讓命名，妻曰：「喚做招弟罷。」（取名條）

或問和尚曰：「汝輩出家人，修煉參禪，夜間獨宿，此物還硬否？」和尚曰：「幸喜一月止硬三次。」曰：「若如此大好。」和尚曰：「只是一件不妙，一硬就是十日。」（陽硬條）

姑嫂二人紡織，偶見蘿蔔一籃。姑曰：「籃中蘿蔔變成男子陽物便好。」嫂曰：「軟的更好。」姑曰：「爲何倒要軟的。」嫂曰：「軟的硬起來，一籃便是兩籃。」（軟蘿蔔條）

以上數條笑話俱錄自「新鐫笑林廣記」，爲婁子匡編校之民俗叢書一一三號，聯亞版新編笑林廣記把這類笑話已全刪掉，另有大東書局出版的笑林廣記爲另一通行改編體，其中猥褻笑話也相當多，舉以上數例即能知其大概，也就不多舉了。

三、古代笑話的分類與其社會性

笑話的分類始於侯白啓顏錄（敦煌寫本）已如前述，自此之後，分類漸多，前人的分類中比較重要的有：

1. 馮夢龍笑府：分腐流、殊禀、刺俗、形體、謬誤、閨風、方術、雜語八類。

2. 馮夢龍廣笑府：分儒箴、官箴、九流、方外、口腹、風懷、貪吝、尚氣、偏執、嘲謔、諷諫、形體、雜記十三類。

3. 馮夢龍古今譚概：分迂腐、怪誕、痴絕、專愚、謬誤、無術、苦海、不韻、癖嗜、越情、佻達、矜嫚、貧儉、汰侈、貪穢、鷙忍、容悅、顏甲、閨誡、委蛻、譎知、儇弄、機警、酬嘲、塞語、雅浪、文戲、巧言、談資、微詞、口碑、荒唐、雜志三十三類。

按：馮氏三書分類不同，廣笑府承笑府而來，多以民間笑話為主，古今譚概則多取文士言行與史實以為諷刺，取類不同亦因兩者作用不同而有別。

4. 笑林廣記：分古艷、腐流、術業、形體、殊禀、閨風、世諱、僧道、貪客、貧窶、譏刺、謬誤十二類。

前人分類最大的缺點是以人物或事類的不同來分類，同時往往兩類之間的笑話為同一型式，如在笑林廣記中訂出「猥褻笑話」一型時，十二類中每類都有猥褻笑話。民國以後，齊如山氏分為：㈠隨便說的笑話，㈡關於詩詞的笑話，㈢成套的笑話（註二七）。齊氏的分類是從笑話的組織來分別的，同時也失之太簡。徐白先生也曾就笑話表現的方式歸納為八類：一、摹仿。二、合理。三、誤會。四、故意。五、誇張。六、譏諷。七、比較。八、意外（註二八）。若就笑話表現方式而言，古代笑話也不是這八類所能涵蓋的了。

至於民國以來俗文學研究者也曾經作過笑話型式研究的嘗試，婁子匡曾就「巧女和獃娘的故事」作過型式的研究，分析的型式爲：巧女系分㈠善處事型，㈡善說話型，㈢善理解型。獃娘系分㈠做錯事型，㈡講錯話型。每一型式再分目分類，分的極爲詳細（註二九）。日據時代台灣書坊間出了一本笑話書「趣味集奇譚」，完全以動物寓言爲主的笑話書，就動物故事而論分爲十五類，頗見新奇，但不能適用於其他笑話書（註三〇）。

婁子匡先生曾在「民俗叢書」㉗㉘兩號上刊有「笑話群」，分笑話爲：麝蘭之氣、夢裏風雲、壺裡乾坤、酒淡酒酸酒薄、懦夫怕妻、紅杏出牆、賭東道、匾上花樣、不識字不通文、死要錢、祇知一不知二、盲目的一群、請客、多少年紀、扯謊與圓謊、怪畫、家語、失言、十七字詩、揭穿騙局、姓氏相戲、口吃、近視眼、嘲破相的人、越出了情理、不識事物、鄉下人進城、拜金主義者、妒婦悍妻、鏡中影、善騙、嗜愛古物、性緩與性急、面長面濶面黑、懶惰人、高低與多少、虛妄、惡作劇、奉承與好譽、我今何在、髮鬚、錯聽了話、機智和乖巧、虱、獃僕人、躲債、字裡有刺、修面和理髮、昏頭的人們、呆女婿、不呆的女婿、忌諱、誇嘴的人們、愚弄饕餮者、見鬼、聰敏的女人、好佔便宜、賣弄與掩飾、智斷疑案、竊盜世界等六十類，分的可說是細極了。如果就古代笑話來看，第一類「麝蘭之氣」中把「屁」說成香的，而且和奉承人有關。但在古代笑話中「屁」未必是香，和奉承也沒有絕對關係，甚至屬於諷刺的，而「屎」「尿」却又不包括在內。懦夫怕婦和妒婦悍妻兩類可以合併，從諸如此類的情形看來，這個分類法也不是十分完美的。

我覺得笑話是俗文學中的一環，笑話本身會演變，同一類型的笑話未必都是一個模子，也許大同小異，也許小同大異，如果逐一分類則分不勝分了。同時俗文學和社會背景密不可分，從文學是反映社會的角度來看，笑話更能表現其社會性，因此，笑話既是反映社會而產生的，我們在分類時就不能不注意其社會性了。基於此，我嘗試從這個角度來分其大類，並引證笑話來說明其表現與反映的社會。

笑話的分類是一件極爲不易的事，有的笑話又像甲類，又像乙類，甚至還近乎丙類，類別的歸屬就有斟酌的必要，如笑林廣記「形體部」嘲笑鬍鬚的笑話，若據婁子匡「笑話群」的分類法是屬「髮、鬚」，但因笑話不同，是否能合爲一類是一個疑問。如：

(甲)一人鬚黃，每于妻前自誇黃鬚無弱漢，一生不受人欺。一日出外被毆而歸，妻引前言笑之。答曰：「那曉得那人的竟是通紅的。」（黃鬚）

(乙)一家宴客，坐中一大鬍子，酒僮畏縮不前，盃中空如也。主舉杯朝拱數次，鬍子慍曰：「安得有酒。」主罵僮爲何不斟，慍曰：「這位相公沒有嘴的。」鬍子忿極，揭鬍以示曰：「這不是嘴，還是你娘的屁不成。」（不斟酒）

(丙)一光臉自覺無鬚，非丈夫氣，持銀往醫肆求買出鬚藥。適醫生他出，醫妻忽傳一方云：「可將尿脬一打氣，每日放嘴邊滾撞，自然就長出來了。」醫歸問出何典，妻曰：「醫者，意也，我前日初嫁你時，一根也沒得，被你的脬撞過，不多時節，長出恁一臉鬍子來。」（出鬚藥）

這三條笑話雖然都用「鬍鬚」爲主體，如果仔細分析一下，「黃鬚」是「說大話」型的笑話，「不斟酒」是純粹諷刺鬍子的笑話，「出鬚藥」爲典型的「猥褻笑話」。又如「屁」的笑話也不是一個「麝蘭之氣」就可以涵蓋，如：

(甲)有奉承貴人者，貴人偶撒一屁，即曰：「那裡伽楠香。」貴人慚曰：「我聞屁乃俗氣，以臭爲正，今反香，恐非吉兆。」其人即以手招氣嗅之曰：「如今有點臭了。」（笑林廣記「形體部」屁香）

(乙)酒席間有人撒屁者，衆人互相推卸，內一人曰：「列位請各飮一杯，待小弟該了罷。」衆飮訖，其人曰：「此屁實是小弟撒的。」衆人不服曰：「爲何你撒了屁，倒要我們衆人吃。」（同上，吃屁）

(丙)一女善屁，新嫁隨嫁一媽一婢，囑以忍屁遮羞，臨拜堂，忽撒一屁，顧嫗曰：「這个老媽無體面。」少頃又撒一屁，顧婢曰：「這丫頭恁般可惡。」隨後又一屁，左右顧而嫗婢俱不在，無可說得，乃曰：「這屁股沒正經。」（同上，認屁）

(丁)昔有三人行令，要上山見一古人，下山又見一古人，半路見一物件，後句要總結前後二句。一人曰：「上山遇見狄青，下山遇見李白，拾得一瓶酒，不知是青酒？是白酒？」一人曰：「上山遇見樊噲，下山遇見趙盾，路上拾得一把劍，不知是噲（快）劍？是盾（鈍）劍？」一人云：「上山遇見林放，下山遇見賈島，路上拾得一個屁，不知是放的屁？是島（搗）的屁？」（

同上，路上屁）

㈣一婢偶于主人前撒了一屁，主怒欲撻，見及臀甚白，不覺動火，非但免責，且與之狎。明日，主在書房，忽聞叩門聲，啓戶視之，乃昨婢也。問來爲何，答曰：「我適才又撒一屁矣！」（同上，屁婢）

㈤一杭人有三婿，第三者甚獃。一日，丈人新買一馬，命三婿題贊，要形容馬之快疾，出口成文，不拘雅俗。長婿曰：「水面擱金針，丈人騎馬到山陰，騎去又騎來，金針還未沉。」岳丈贊好。次及二婿曰：「火上放鵝毛，丈人騎馬到餘姚，騎去又騎來，鵝毛尚未焦。」再次輪到三婿，獃子沉吟半響，苦無搜索，忽丈母撒一響屁，獃子曰：「有了，丈母撒個屁，丈人騎馬到會稽，騎去又騎來，屁門猶未閉。」（笑府，贊馬）

這幾個「屁」笑話中，「屁香」是奉承類，「吃屁」是嘲謔的笑話，「認屁」爲猥褻笑話的「屁」類，「路上屁」爲文戲（有趣的詩詞聯令等）類，「屁婢」爲猥褻笑話的色情類，「贊馬」雖有文戲的趣味，實際爲「呆女婿」的笑話，因此，分類不易是可以了解的。

中國古代笑話的來源有二：一爲源自民間的笑話，另一類是文士筆下的名人軼事。但就其性質而分，絕大部份是諷刺嘲謔，小部份是詼諧趣味，因此，分類的方法也就從其性質來分類，才能看出笑話的社會性。

甲、諷刺嘲謔

㈠**人物**：對各種特定人物的諷刺，可看出人類共同的心理，進而了解其社會與時代的情形。

⑴貪官

一官府生辰，吏曹聞其屬鼠，醵黃金鑄一鼠爲壽。官喜曰：「汝知奶奶生辰亦在日下乎？奶奶是屬牛的。」（笑府）

⑵官員無知

武官與文官同席看戲，演七擒孟獲，武官曰：「這孟獲如此蠻野，不服王化，七擒七縱，猶且不服。想不到孟子後代，竟會有這樣桀驁不馴之人。」衆皆掩口而笑，一文官曰：「吾兄所說極是，到底還是孔子後代孔明比孟獲強多了。」（嘻談續錄）

⑶道學

一道學先生在官時馬廄焚，童僮共救滅之回報。道學問之曰：「傷人乎？」對曰：「幸不傷，但馬尾燒却了些。」道學大怒，責治之。或請其罪，曰：「豈不聞孔子『不問馬』，如何輒以馬對。」（笑府）

⑷老師、東家、學生（不通文字）

一人喪妻母，託館師作祭文，乃按古文誤抄祭妻文與之。其人怪問，館師曰：「此文是刊本定的，如何得錯，只怕倒是他家錯死了人，這便不關我事。」（笑府）

⑸秀才、童生、監生（怕考、考不取）

童生拔鬚赴考，對鏡恨曰：「你一日不放我進去，我一日不放你出來。」（笑林廣記）

(6)醫生

樵夫擔柴誤觸醫生，醫怒欲揮拳，樵跪曰：「寧受脚踢。」旁人訝之，樵曰：「經他手定是難活。」（笑府）

(7)教官、廣文（窮秀才、窮老師附）

一教官辭朝，見象低迴，留之不忍去。人問其故。答曰：「我想祭丁的豬羊有這般肥大便好。」（笑林廣記）

(8)僧、道（尼與道姑、端公、女巫附）

有素不信佛者，死後坐罪甚重，乃傾其冥資延請僧鬼作功果，遍覓不得，問曰：「此間固無僧乎？」曰：「來是來得多，都發往酆都。」（笑林廣記）

(9)其他（中人、媒婆、廚子、裁縫、木匠、乞丐等等，笑話不算太多，不必細分）

有憂貧者，或教之曰：「只求媒人足矣！」其人曰：「媒安能療貧乎？」答曰：「隨你窮人家，經了媒人口，就發迹了。」（笑林廣記）

有廚子在家切肉，匿一塊於懷中。妻見之罵曰：「這是自家的肉，何爲如此？」答曰：「我忘了。」（笑府）

有叫賣糕者，聲甚啞。人問其故，曰：「我餓耳。」問既餓何不食糕？曰：「是餿的。」（笑

府）

以上的分類中，怕考、考不取的童生、秀才、窮秀才、窮教官等，今日隨社會變化而消失。僧道類在今日又多出神父、修女和牧師，歐美笑話諷刺宗教界的也相當多，可謂人同此心了。老師和東家的衝突現在已不可見，但不通無文的老師仍是笑話的好題材。而官員、醫生、道學不但是古代笑話的好題材，在今日仍是被譏諷最多的對象，歐美笑話中除了這些外，律師、警察、稅吏、建築師等也變成了諷刺的目標，都可看出其社會意義。其他一類是除了以上八類以外的各行各業的人，笑話的數量不及以上八類，因此歸併爲一類。

㈡**性格**：古人說：「人心之不同，各如其面。」除了各人因身份職業而產生不同的行爲外，性格的差異也導引了行爲的乖謬，諷刺這些性格與其延生的行爲，可說是對人類普遍性的醜作一針砭了。

⑴貪婪

有掘地得金羅漢一尊者，乃以手鑿其頭不已，問那十七尊何在？（笑府）

⑵死要錢

一人溺水，其子呼人急救，父於水中探頭曰：「是三分銀子便救，若要多莫來。」（笑府）

⑶吝嗇（包括小氣東主、請客小氣等）

一猴死見閻王，求轉人身。王曰：「既要做人，須將身上的毛拔去。」即喚小鬼拔毛，才拔一毛，猴叫痛極。王笑曰：「你一毛也不肯拔，如何也想要做人。」（笑得好）

一人請客無肴，一舉筯即完矣。客云：「有燈借一盞來。」主人曰：「要燈何用？」客曰：「我桌上的東西一些也看不見了。」（笑倒）

(4)佔便宜（說話、行爲、錢財等）

有人說話，好佔便宜，嘗曰：「我被蓋汝被，汝氈舖我氈。汝若有錢相共使，我若無錢使你錢。上山時汝扶我脚，下山時我扶汝肩。定知我死在汝後，多應汝死在我前。」（籍川笑林）

(5)好吃、貪酒

一酒客訝同席的飲啖太猛，問其年，以屬犬對。客曰：「幸是犬，若屬虎的，連我也都吃下肚了。」（笑府）

(6)騙人（說謊、假道學、亂講書、自以爲是等附於此類）

一乞丐從北京回來，自誇曾看見皇帝，或問：「皇帝如何妝束？」丐曰：「頭戴白玉雕成的帽子，身穿黃金打成的袍服。」人問：「金子打的袍服，穿了如何作揖？」丐啐曰：「你眞是個不知世事的，既做了皇帝，還同那個打揖。」（笑得好）

一人買門神，誤買道人畫，貼在門上，妻問曰：「門神原是持刀執斧，鬼才懼怕，這忠厚相貌，貼他何用？」夫曰：「再莫說起，如今外貌忠厚的，他行出事來，更毒更狠。」（笑的好）

(7)說大話

有破謎者曰：「上拄天，下拄地，塞得乾坤不透氣。」問人是甚東西？其人曰：「我也有個東西，頭朝西，尾朝東，塞的乾坤不透風。」破謎者曰：「不知。」其人曰：「就是你那個，我放倒了。」贊曰：「莊列許多大言，原來就是這個東西，倒橫直豎，却被此人說破。」（笑贊）

(8)性緩性急

馮道、和凝同在中書，一日，和問馮曰：「公鞋新買，其値幾何？」馮舉左足曰：「九百。」和性褊急，顧吏詬責曰：「吾靴何用一千八百。」馮舉右足曰：「此亦九百。」（群書通要人事門滑稽類）

(9)迂腐

張角作亂，向栩上便宜：「不須興兵，但遣將于河上，北向讀孝經，賊自消滅。」（古今譚概）

(10)痴絕偏拗

蘇人有二婿者，長秀才，次書手，每薄次婿之不文。次婿恨甚，請試，翁指庭前山茶爲題，詠曰：「據看庭前一樹茶，如何違限不開花。信牌即仰東風去，火速明朝便發芽。」翁曰：「詩非不通，但純是衙門氣。」再命咏月，咏曰：「領甚公文離海角，奉何信票到天涯。私渡關津猶可恕，不合夤夜入人家。」翁大笑，曰：「汝大姨夫亦有此詩，何不學他。」因請誦之，聞首句云「清光一片照姑蘇」，譁曰：「此句差了，月豈偏照姑蘇乎？須云照姑蘇等處。」（笑府）

(11)奉承與好譽

貴者不好譽，此非人情，一搢紳云：「惟我不爾。」其諛者曰：「如公言。」搢紳大喜。（笑笑錄）

⑿其他（包括揭人短、傲慢、輕薄、充面子、不自量等等）

有一王婆，家富而矜誇，欲題壽材，乃厚贈道士，須多著好字面，爲里增光。道士思想並無可稱，乃題曰：「翰林院侍講大學士國子監祭酒隔壁王婆婆之柩。」（笑得好）

有走東借牛於富翁者。富翁方對客，諱不識字，僞啓緘視之，對曰：「知道了，少停我自來也。」（笑倒）

盜劫一家，其家呼以大王、將軍、好漢等，皆不樂。請問欲呼何等。盜曰：「可叫我老先生。」其家問以何謂，曰：「我見做官的皆稱老先生也。」（精選雅笑）

以人類的性格來諷刺的笑話極多，有的一類可以找出幾十則笑話，有的一、二則，因此就性質相近的併爲一類，笑話不多，則合併爲「其他」一類。

㊂生活民俗

⑴避諱

五代時馮瀛王（道）門客講道德經首章，有「道可道，非常道。」門客見道字是馮名，乃曰：「不敢說可不敢說，非常不敢說。」（籍川笑林）

學徒有父名「良臣」者，凡讀「良臣」二字，皆讀爲「爺爺」，讀孟子曰：「今之所謂爺爺，

古之所謂民賊也。」（時尚笑談）

(2)風水（看相、卜卦附於此類）

一人將死，命子於棺傍釘大銅環四枚，問云何？曰：「你們日後，少不得要聽風水先生，將我搬來搬去。」（精選雅笑）

(3)忌諱與吉祥

一人有喪，偶食紅米飯，一腐儒以為非居喪者所宜，問其故，謂紅色乃喜色也。其人曰：「紅米飯有喪食不得，難道食白米飯的，都是有喪服麼？」（笑得好）

一人正月初一日出門賀節，云頭一日必得利市方妙，遂於桌上寫一「吉」字，不意連走數家，求一茶不得。及歸，將吉字倒看良久曰：「寫了口干二字，自然沒得吃了。早知如此，何不順看，竟有十一家替我潤口。」（笑倒）

生活民俗一類往往與前兩類有重疊者，故取其不重者分為三目。

四男女情慾

(1)少女懷春與出嫁

董永行孝，上帝命一仙女嫁之。衆仙女送行，皆囑附曰：「此去下方，若更有行孝者，千萬寄個信來。」（笑倒）

一新嫁者途中哭泣甚哀，轎夫不忍，曰：「小娘子，且抬你轉去何如？」女應曰：「如今不哭

了。」（笑府）

女初出閣，正哀哭，聞轎夫覓槓不得，乃帶哭曰：「我的娘，轎槓在門角裡。」（笑府）

⑵妻子好性

有客方飯，偶談及絲瓜萎陽，不如韮能壯陽。已而主人呼酒不至，以問兒，兒曰：「娘往園中去了。」問何爲？答曰：「要拔去絲瓜種韮菜。」（笑府）

⑶淫行（包括紅杏出牆）

有姑媳俱孀居。姑常謂媳曰：「做孤孀須是咬緊了牙關過日子。」未幾，姑與人私，媳以前言責之。姑張口示媳云：「你看，也得我有牙齒方好咬。」（笑府）

一婦有淫行，每嫁一夫輒有外遇，夫覺即被遣，三年之內，連更十夫。人問曰：「汝何故而偃蹇至此？」婦曰：「生來命不好，嫁著的就要做烏龜。」（笑林廣記）

⑷亂倫（扒灰、女婿岳母、叔嫂等）

一翁偷媳，媳不從而訴於姑，姑曰：「這個老烏龜，像極了他老子，都有這個毛病。」（笑林廣記）

一官到任，衆里老參見，官下令曰：「凡偷媳婦者站過西邊，不偷者站在東邊。」內有一老人慌忙走到西首，忽又跑過東來。官問曰：「這是何說？」老人跪告曰：「未曾蒙老爺分付，不知偷弟媳婦的立在何處？」（笑林廣記）

(5)妻妾爭風

一家娶妾，年紀過長於妻。有賣婆見禮，問那位是大，妾應曰：「大是他大，大是我大。」（笑林廣記）

(6)妻子悍妬（包括怕老婆）

丈夫欲娶妾，妻曰：「一夫配一婦耳，娶妾見於何書？」夫曰：「孟子云：齊人有一妻一妾，又曰妾婦之道。妾自古有之矣。」妻曰：「若這等說，我亦另招一夫。」夫曰：「何故？」妻曰：「豈不聞大學云：上河南程氏兩夫，孟子中亦有大丈夫小丈夫。」（笑林廣記）

一人被妻打，無奈鑽在床下。妻呼曰：「快快出來。」答曰：「男子漢大丈夫，說不出來，定不出來。」（笑府）

一怕婆者，婆既死，見婆像懸於柩前，因理舊恨，以拳擬之。忽風吹軸動，大驚，忙縮手曰：「我是取笑。」（笑府）

在這一類笑話中，多為諷刺女性，至於男子好色或老者娶老婦等等，皆為色情味極濃，因此當屬之於猥褻笑話中。

乙、詼諧嘲謔

(一)嘲謔調侃

(1)太監

(1)南京守備太監高隆，人有獻名畫者，上有空方，隆曰：「好好，更須添畫一個三戰呂布。」（古今譚概）

嘉靖間一御史，蜀人也，有口才。中貴某，欲譏御史，乃縛一鼠，曰：「此鼠咬毀余衣服，請御史判罪。」御史判曰：「此鼠若問苔杖徒流太輕，問凌遲絞斬太重，下他腐刑。」中貴知其譏己，然亦服其判斷之妙。（雪濤諧史）

(2)彼此嘲弄（姓名、身份、官職等）

包山寺僧天靈者，博學通文。有一秀才嘲之曰：「禿驢禿字如何寫？」僧應聲曰：「把秀才的秀字，屁股略灣灣掉轉就是。」（雅謔）

劉定之升洗馬，朝遇少司馬王偉，戲之曰：「太僕馬多，洗馬須一一洗之。」劉笑曰：「何止太僕，諸司馬不潔，我亦當洗。」（雅謔）

狄仁杰戲郎官盧獻曰：「足下配馬乃作驢。」獻曰：「中劈明公，乃成二犬。」杰曰：「狄字乃犬旁火耳。」獻曰：「犬邊有火，乃是煮熟狗。」（雅謔）

(3)地域嘲弄（包括嘲弄鄉下人）

漢人適吳，吳人設筍，問所煮何物？曰：「竹也。」歸煮其簀，不熟，謂其妻曰：「吳人欺我如此。」（陸氏笑林）

甲乙二鄉人入城，聞聲，乙曰：「何物叫？」甲曰：「鐘也。」乙曰：「鐘肉可好吃麼？」甲

曰：「泥做的，怎吃？」（笑府）

(4)形體（包括形體殘缺、高矮肥瘦、鬍鬚等等）

焦閣老芳，面黑而長，如驢，嘗謂西涯曰：「君善相，煩一看。」李久之，乃曰：「左像馬尙書，右像盧侍郎，必至此地位。」馬與盧合，乃一驢字，如知其戲。（古今譚概）

有近視者拾火爆一枚，就燈認之，觸火而響。傍有聾子拊其背問曰：「汝方才拾甚麼東西，在手就散了。」（笑府）

(5)酒淡酒酸

酒店煩人寫賣酒的招牌，其人寫完，乃于牌頭畫刀一把。酒店驚問：「畫此何用？」答曰：「我要這刀來殺殺水氣。」（笑得好）

有上酒店而嫌其酒酸者，店人怒，弔之於梁。客過問其故，訴曰：「小店酒極佳，此人說酸，可是該弔。」客曰：「借一杯我嘗之。」既嘗畢，攢眉謂店主曰：「可放此人，弔了我罷。」（笑府）

(6)呆子

有呆子者，父出門令其守居，忽有買貨者至，問尊翁有麼？曰：「無。」尊堂有麼？亦曰：「無。」父歸知之，謂子曰：「尊翁我也，尊堂汝母也，何得言無。」子懊怒曰：「誰知你夫婦兩人都是要賣的。」（笑林廣記）

⑺善忘

一人問翁何姓，曰：「姓張。」少焉再問，翁復告之。至第三問，翁慍曰：「已說姓張，如何屢問？」其人便云：「這位李老官人值得就慍？」（笑林廣記）

⑻不會說話，說失志話

衆至一家祝壽，飲酒間行令各說壽字一句，一人喊云：「壽夭莫非命」，衆譁曰：「是何言也？」以大鐘罰之，即曰：「該死，該死。」（笑府）

這一類笑話中，太監近於人物諷刺，但以嘲謔爲多，故歸於此。以姓名等嘲弄多爲文人戲謔，地域性的嘲弄在先秦笑話中就有了，如嘲宋人即爲一例，與嘲鄉下人皆爲古今中外最常見的笑話，形體也是最常見的，有很多此類笑話在笑林廣記中爲猥褻的描寫。酒的笑話多，可見古代社會的一面，呆子與善忘也是普遍性的。不會說話和說失志話與忌諱相近，但不能混淆。

㈡詼諧趣味

⑴詩文趣味（包括酒令、十七字詩等）

郭朏有才學而輕脫，夜出，爲醉人所誣，太守詰問，朏笑曰：「『張公吃酒李公醉』者朏是也。」太守令作「張公吃酒李公醉賦」，朏云：「事有不可測，人當防未然。何張公之飲也，乃李公之醉焉。清河丈人方肆杯盤之樂，隴西公子俄遭酩酊之愆。」守笑而釋之。（遯齋閑覽）

宣和間王將明賜第，既而以梁生芝草爲奏者，車駕臨幸，適久雨梅潤芝落地，京師無名有爲十

七字者曰：「相公賜新第，粱上生芝草，爲甚落下來，膠少。」（諧叢）

(2)呆僕人

一僕人隨主人應試，巾箱偶墜，呼曰：「頭巾落地矣。」主人曰：「落地（第）非佳話，宜呼爲及地（第）。」僕應之。旣拴好，因復曰：「今後不再及地了。」（新編笑林廣記）

(3)不通的詩文對聯酒令

一人出令曰：「春雨如膏」，或疑爲糕也，曰：「夏雨如饅頭」，或疑爲夏禹也，曰：「周文王像塔餅。」（笑府）

唐人有張打油，作雪詩云：「江山一籠統，井上黑窟窿。黃狗身上白，白狗身上腫。」（諧浪）

雍熙中，一詩伯作宿山房即事詩曰：「一個孤僧獨自歸，關門閉戶掩柴扉。半夜三更子時分，杜鵑謝豹子規啼。」又咏老儒詩：「秀才學伯是生員，好睡貪鼾只愛眠；淺陋荒疏無學術，龍鍾衰朽駐高年。」（古今譚概）

(4)暴發戶

蘇州有王和尚，富而還俗。赴優酌，適扮起課先生破衣上。人問曰：「起課甚靈，何以一貧如此？」曰：「被古人說絕了：王和尚有成親日，起課人無得運時。」王竟逃席去。（雅謔）

昔有一巡按，到任未久，限獵戶要捕一麒麟，遍覓無得回話，只得把水牛來將銅錢遍身披挂，假作麒麟，獻于巡按。巡按大怒曰：「這畜生身上若無幾個錢，明明是個村牛。」（廣笑府）

(5)呆女婿

一婿有呆名，舅指門首楊竿問曰：「此物何用？」婿曰：「這樹大起來，車輪也做得。」舅喜曰：「人言婿呆，妄也。」及至廚下，見碾醬擂盆曰：「這盆大起來，石臼也做得。」適岳母撒一屁，曰：「這屁大起來，霹靂也做得。」（笑府）

(6)箭垛人物

昔漢武帝與東方朔同在上林苑，忽見群雁飛來。初排成天字，又轉成下字。未幾又轉成一字，又成人字。飛來漸近，武帝取弓射之。一雁應弦，自落而落。取而視之，乃有蘇武自北地寄書，繫在脚上。東方朔笑曰：「此鳥會寄書，所以曉得寫字。」（新編笑林廣記）

熙寧初，有人自常調上書，迎合宰相意，遂擢御史。蘇長公戲之曰：「有甚意頭求富貴，沒些巴鼻便奸邪。」有甚意頭，沒些巴鼻，皆俗語也。（調謔編）

(7)好表現的不通文人

一先生最愛放屁，將椅子挖一窟窿，爲放屁出氣之所。東家見而問之，先生因述其所以然。東家曰：「放屁只管放屁，何必刻板？」（新編笑林廣記）

一人最愛與人寫字，而書法極壞。一日見有人手搖白紙扇一柄，意欲爲之寫字。其人乃長跪不起。寫字者曰：「不過扇上幾個字耳，何必下此大禮？」某人曰：「我不是求你寫，我是求你不要寫。」（新編笑林廣記）

(8)猥褻笑話

已見前文，不再贅引。

在這一類笑話中，詩文對聯和酒令的趣味和不通，和文人的關係極密切，文人一方面欣賞有趣作品，一方面也笑話那些不通粗俗的文字，因此，古代笑話中這類佔了不少。呆僕人和呆女婿兩類與嘲弄呆子的笑話稍有不同，呆僕人是古代文人自視甚高，對於僕人既怕他們太狡黠，又嘲弄他們不夠聰明，只好另闢一目。呆女婿的笑話在邯鄲淳的笑林中就有了紀錄，後世轉而加多，而且演變爲呆的女婿都是三女婿，同時在民間也演爲不少民間故事，成爲三女兒最美最聰明，也許是「巧婦常伴拙夫眠」罷。由於巧女多爲民間故事（呆女兒也一樣），在古代笑話中只錄下了呆女婿的笑話，巧女和呆女也就不分目了。暴發戶在文人眼中最不足取，尤其是一些文人眼中的低賤人物，一旦暴發之後，處處要和縉紳之士同席，或是富而驕無禮，文人只好藉機捉弄了。

四、結　論

這篇稿子本想從古代笑話的諷刺性來看，總覺得份量不足，同時諷刺既廣，不能不酌加分類，而且古代笑話的歷史相當久，笑話的演進與分期不可不論。因此，篇幅就增加了不少，要研究笑話，引證笑話是必不可缺的，於是又添了不少的字數。在猥褻笑話中，歷史背景的考證和笑話的引錄，如果說的太過詳細，似乎也不是「大學」之道和「教育」的方法。分類雖多，子目之中不少是合併的，一則是性質相近而歸納在一起，一則是笑話太少而歸併的。前者如笨老師、笨學生和家長常在一個笑話之中，細分固可，不分也是應該的，後者如卜人、匠人等，如果分目則每目的笑話並不多，用一「其他」則可概括了。另外，分類也有很多困擾，如放屁的笑話很多，歸併爲一類固然可以，但其諷刺嘲弄的分別很大，又如形體一類之中，有關鬍鬚的笑話十之八九都是猥褻笑話。即使是猥褻笑話，有不少與色情無關，只是借猥褻來諷刺，如：

一人有一妻二妾，死後妻妾繞屍而哭，妻撫其首曰：「我的郎頭呀！」次捏其足曰：「我的郎脚呀！」又次者無可哭得，只得握其陽物曰：「我的郎中呀！」（笑林廣記）

這則笑話是帶猥褻的，仔細分析一下，却是諷刺醫生的。不但猥褻笑話如此，一則笑話有時不限一類，甚至可隸屬二類或三類，因此，分類不易，舉例未必適當，在所難免。至於從笑話中來分析諷刺與及社會性，却因爲字數太多而力求簡略，這篇文章的重點也就遜色多了。總之，這篇文字絕不可看成是學術的論文，只是裡面引了不少的笑話，倒可以用看笑話的態度看看笑話罷了。

【附註】

註一　見朱劍心選註「晚明小品選注」冊一，「屠田叔笑詞序」，頁七四，商務，萬有文庫薈要。

註二　見「齊如山全集」六，國劇藝術彙考，頁一三七—一四二，重光文藝社。

註三　見姚一葦「詩學箋註」第五章「箋」，頁六三—六四，中華書局。

註　四　引自婁子匡、朱介凡「五十年來的中國俗文學」，頁九九，正中書局。

註　五　見「中國笑話書」，頁一一二三，世界書局。

註　六　如紅樓夢第五十四回賈母說「十個媳婦」的笑話，金瓶梅詞話中的應伯爵也是笑話能手，如二十一回：「一個螃蟹與田鷄結爲兄弟，賭跳過水溝兒去便是大哥；田鷄幾跳，跳過去了。螃蟹方欲跳，撞遇兩個女子來汲水，用草繩兒把他拴住，要打了水，帶回家去。臨行忘記了，不將去。田鷄見他不來，過來看他，說到：『你怎的就不過去了？』蟹云：「我過的去，倒不吃兩個小淫婦捩的恁樣了！』」這個笑話是在取笑李桂姐和李桂卿兩個妓女。

註　七　見楊家駱「中國笑話書七十七種書錄」，同註五，頁一。

註　八　嘲笑宋人的如「揠苗助長」「守株待兎」人所盡知，其他如列子中「宋人得人遺契而待富」、「宋人之田夫獻曝」等。

註　九　左襄四年魯人俳臧紇：「臧之狐裘，敗我於狐駘。我君小子，朱儒是使。朱儒朱儒，使我敗於邾。」

註一〇　令叟編「新編笑林廣記」說：「傳統的書籍分類法，將笑話劃歸爲小說的一種。「編者的話」……書名叫齊諧。大概是寫些燕齊一帶滑稽有趣的事吧。」頁一一二，聯亞出版社。

註一一　楊家駱「中國笑話書七十七種書錄」：「笑話之見於文字，與重言寓言同始。如孟子、莊子、列子、韓非子之載宋人事即其例。其所以皆舉宋人者，殆因民間流傳先有宋人故事，遂被引用而致。據漢書藝文志，先秦已有小說專書，笑話爲小說內容之一部份，先秦諸子書中既已有笑話之記載，則先秦小說書中亦必有笑話之記載。駱頗疑漢書藝文志小說家宋子十八編，卽孟、莊、列、韓等所記宋人事之彙集，如後世艾子雜說然。世以屬之宋鈃，鈃書應列道家或名墨中，今見於小說家者，或非鉼書。倘所度不遠，則此宋子應爲笑話專集之祖。文獻無徵，疑不能定也。」同註五，頁一。

註一二　此段資料見王國維「優語錄」，宋元戲曲考等八種，頁二四九—二六六，僶勉出版社。

註一三　周振甫注「文心雕龍注釋」，頁二八〇，里仁書局。

註一四　中副趣譚結集出版後，收錄了不少名人軼事之類的笑話，如：黃朝琴先生擔任省議會議長時，有一次爲女方主婚，他代表主婚人致詞說：「我們的小姐沒有經驗，請新郎多多原諒。」見「趣譚」第二輯，頁八七，中央日報社。「民國名流趣談」爲林明峪編，聯亞出版社出版。

註一五　見中國笑話書卷首下，頁二二—二三。

註一六　「箭垜型人物」爲胡適所創，參見胡適「三俠五義序」，胡適「中國章回小說考證」，頁三九三，盤庚出版社。注志勇「度柳翠翠鄉夢與紅蓮債三劇的比較硏究」頁一二—一五，「㈣傳奇人物的箭垜式造型」，學生書局。

註一七　見魯迅「中國古小說鈎沉」，今改爲「古小說搜殘」，頁九九，長歌出版社。

註一八　見楊家駱「中國笑話書佚書待訪書四十六種書錄」，中國笑話書卷首下，頁二三—二五。

註一九　同註一八。另參見胡士瑩「話本小說概論」，頁八二—八四「使砌」條，頁一一二—一一三「諢經」「諢話」兩條，丹青圖書公司。新編笑林廣記頁八，聯經出版社。

註二〇　見齊如山全集㈧下「談整理笑話」，頁二五五，重光文藝出版社。

註二一　趙旭初「中國笑話提要」，特別注意到笑話的重複收錄和改編，見中國笑話書，頁四七八—五二〇。

註二二　艾子後語、艾子外語、權子俱引自「中國文學大系」第二册，學海出版社。

註二三　笑贊錄自「明清笑語四種」，華正書局。

註二四　參見楊家駱「中國笑話書七十七種書錄」，中國笑話書卷首上，頁九—一三。「馮夢龍與三言」一書中的「馮夢龍其他著作簡介」，頁九三—二六二，木鐸出版社。胡萬川「從智囊、智囊補看馮夢龍」，見「中國古典小說研究專集1.」，頁一三七—一五〇，聯經出版事業公司。

註二五　錄自「明清笑話四種」，華正書局。

註二六　新編笑林廣記「編者的話」「三、笑林廣記是淫書嗎？」亦有同樣看法。頁一五—一九，聯亞出版社。

註二七　同註二〇，頁二二七—二七〇。

註二八　見徐白「笑話的類別」，徐著「傾聋叢談」，頁一五九—一六二，傳記文學社。

註二九　同註四，頁一〇六—一〇八。

註三〇　同註四，頁一〇八—一〇九。

古代笑話的社會性

一、前　言

我過去在師院國文系教師論文發表會上，曾經宣讀過「古代笑話研究」的論文，約有兩萬多字。由於受到論文發表會的形式與字數的限制，「古代笑話研究」只是初步的對笑話分期與分類作過探討。今天要跟各位演講的「古代笑話的社會性」，着重在笑話的產生背景和諷刺背景的說明，希望就古代笑話這個專題的研究上，能有一個完整的認識，換句話說，兩篇論文合起來看，才是有頭有尾的完整的探討。爲了要讓諸位了解全豹，先從古代笑話的認識說起，然後再分析其社會性，這是第一件要向諸位說明的事。

其次，今天是高雄師院國文研究所舉辦的一系列「文學與人生」演講會的一場，諸位也許會問一個問題，在「文學與人生」這個嚴肅的題目下，談古代笑話是否合宜？「笑話」是不是「文學」呢？這個問題很容易解答，一般談到文學就以今天受到西洋理論影響下的詩歌、散文、小說和戲劇爲文學，根據這個標準，把「笑話」放在那一類都不合適，這樣說來，笑話不能看成文學了。不過從其他角度來看，却又不然。中國古代把笑話列入小說類，而古人對小說的定義是「街談巷議，道聽塗說」的小道，從這個定義來看，笑話屬於小說類是非常合理。再者，文學的領域很廣，流行民間的俗文學能不重視嗎？笑話正是俗文學中很重要的體裁。因此，無論就中國古代小說的發展上來看，或者從俗文學的角度觀察，笑話都跟文學有關。因此，今天和諸位談「古代笑話的社會性」這個題目，應該是符合「文學與人生」講座的旨意，這是第二件要向諸位說明的事。

任何一篇文學作品，都和它所處的時代和社會息息相關，因此，文學作品是反映人生，批評人生的。作者透過作品來反映，批評他所處的時代與社會，即使是童謠、兒歌都可以聞到其時空背景的氣息，也儘管有的作品受商業化庸俗化的影響，也有的是作者才情不足，只要是文學作品，一定是反映了時代，反映了社會環境，是不容置疑的事。流行民間的俗文學和大衆生活息息相關，更能直接表達出庶民的心聲，而笑話在俗文學作品中，雖然篇章短小，但其反映與批評却是最直接的，也是辛辣的，現代笑話如此，古代笑話亦然，因此，我選上這個題目，完全是配合「文學與人生」的主題，並非故意好異求新，這是第三件要說明的事。

二、從笑話分期看笑話的社會性

其次要談到主題，我先從我自己研究的中國笑話的分期來看笑話的社會性。由於每一個時期對笑話的看法不同，記錄笑話的目的也不一樣，因此，從笑話分期的角度看笑話的社會性，有其特別明晰的特點。我在「古代笑話研究」一文中，把中國古代笑話分成三個時期：第一是先秦兩漢的寓言期，第二是魏晉六朝唐宋的發展期，第三是明清兩代的鼎盛期。現在就每一個時期的特色分析如下：

(一)先秦兩漢的寓言期

這個時期的特色，從「寓言」兩字中就可知其大概了，在先秦時代以前，古人就喜歡笑話，因此也保存了不少笑話，然而這些笑話在先秦兩漢的古籍中得以記錄的原因，全以笑話有諷諫的意義，而把笑話當成寓言。同時在先秦兩漢的笑話中，可以看出兩個特點：一是民間流傳的笑話，而且是呆子型的笑話；一是優人的滑稽戲謔的言辭。呆子的笑話是笑話中最原始也是流傳最普遍的笑話，希臘的喜劇源於慶祝豐收的村莊之歌，以模仿身體或性格有缺陷的人以爲笑樂，其中就有呆子的笑話。一直到今天，電視上受歡迎的黃金五寶，大饅頭等，還是呆子的笑話。因此，民間笑話中的呆子型笑話起源於先秦，而且貫串到現在，其普遍受到歡迎的社會性可知。不過，先秦呆子型的笑話中的呆子，大多數指的都是「宋人」，如「揠苗助長」和「守株待兔」的都是宋人，其餘還有「得失契以待富」、「野人獻曝」等笑話中的呆子，都是宋人。雖然顧頡剛先生「宋鈃書入小說家」一文中，把「宋子」當成小說家，也是最早收集民間笑話的人，而且所收集的大部份是宋人的笑話，因而廣被諸子引用，才有宋人比較呆的形象。然而從另外一個角度來看，宋國爲戰敗的殷人之後，宋襄公之仁也是春秋時代大笑話，因此，先秦民間笑話的呆子多爲宋人，豈不是當時的社會背景所造成的現象嗎？

從優人的角度來看，根據「國語」「周語」上的「召公諫厲王止謗」的記載，中國古代就有使樂工等人勸諫的傳統，而優人也是從機智滑稽的科白表演中，不但有娛樂的效果，也有諷諫的目的，而且也形成一個良好的傳統。錄鬼簿稱讚關漢卿爲「大金優諫關卿在」就是一個例子。元代的王曄曾輯了一本「優諫錄」，雖然原書已佚，然而王國維輯有「優語錄」，而且世界書局的「中國笑話書」中也錄了不少優人的以笑話諷諫的故事。在先秦的優人故事中，最有名的莫過於「優孟衣冠」的故事，從這斷簡零篇的記載中，可以看出優人以笑話諷諫的社會背景了。

㈡魏晉六朝唐宋的發展期

從先秦時代的諸子利用笑話爲寓言以後，笑話就逐漸受到重視，也逐漸的發展而逐趨成熟，這個階段就是魏晉六朝到唐宋這個時期。這個時期的笑話有以下幾個特點：1.笑話書的出現，2.名人趣事的記載，3.笑話的分類，4.笑話人物的箭垜型開始出現。從這四個特點中，我們分項來看笑話的社會性。

首先從笑話書的出現談起，雖然先秦時代宋銒的「宋子」入小說家，而楊家駱先生也主張「宋子」是中國最古的笑話書，其實並不正確。戰國諸子承辯士說客的遊說諸侯的風氣，喜歡以小笑話和小故事爲寓言，因而宋銒書多笑話，猶如韓非子的「儲說」和「說林」，並不是笑話專書。自漢以來貴遊文學的發達，使純文學有了滋長的機會，文人的文集也開始多了。魏文帝曹丕的「典論論文」說：「文章者，經國之大業，不朽之盛事。」只有在文學觀念這樣明晰之後，才可能產生笑話專書。因此，從建安以來的文學環境和社會環境，才能促使第一本笑話書——魏人邯鄲淳的「笑林」的產生。有了開始之後，笑話書一天比一天多，自然也就成林了。

其次從名人趣事的記載來看，中國最古的史書是記言體的「尚書」，然後進步到編年體，如「竹書紀年」和「春秋」；再進一步是對史事詳盡的描述，如「左傳」和「國語」；到了漢代太史公司馬遷寫「史記」，東漢班固寫「漢書」，以本紀、世家和列傳爲主的記傳體裁的產生，就注意到了「人物」對歷史的重要性。何況「史記」中特別列有「滑稽列傳」，而且褚先生補「滑稽列傳」時，對東方朔的滑稽言行描寫的非常成功，自然而然的對笑話書中的名人趣事的描寫，有一定的催化的效果。同時在東漢時代，清議和品評成爲當時特有的風氣，喜歡品評月旦人物，如果漢末年時，士人相互標榜而有「三君」、「八俊」、「八顧」、「八及」和「八廚」的稱呼。又如郭泰和許邵都以善人倫品鑒著稱，而自許郭之後，品鑒人物的風氣漸盛，降及魏晉，不但流風未泯，而且還有品鑒理論的專書出現，如劉邵的「人物志」即是顯例。同時除了品鑒人物的才性品德之外，如書法家、畫家、棋士和詩人，都可以從品鑒中別其品第，因而有「書品」、「畫品」、「棋品」和「詩品」等書。在這種社會風氣影響下，專門志人的小說就出現了，如裴啓的「語林」，劉義慶的「世說新語」，沈約的「俗說」和殷芸的「小說」，都是這一類的志人小說。自唐以後，這一類的書仍然不斷，如「唐語林」、「續世說」、「何氏語林」、「女世說」、「僧世說」、「今世說」等，猶如今日的「泰西名人軼事」、「民國名流趣談」等書，都是這一系列的衍變。因此，在這段時期的這種社會風氣的影響下，產生專記名人趣事的笑話，也是再自然不過了。

再談到笑話書的分類，由於在這個時期的志人書已經有了分類，亡佚的我們不去論它，現存的「世說新語」自德行、言語、政事、文學到尤悔、紕漏、惑溺、仇隙共分了三十六類，同時自唐宋以來的類書也是詳細分類的，即以輯錄小說有名的「太平廣記」而言，全書按題材分為九十二大類，又分一百五十餘細目，也是分得極為詳細。同時唐代人彼此嘲謔而有「唱題目」，宋代的「合生」和「題目院本」等，都是跟「小說」有關的近乎笑話的嘲諷，因而有「打砌」和「雜纂」，同樣的都以「俚俗常談鄙事，可資戲笑」而分門別類。因此，笑話既有專書，又大量收錄民間笑話和文人軼事，自然就注意到性質的不同，不能不分類了。從敦煌寫本的侯白「啓顏錄」就開始有簡單的分類，自此之後，笑話書很少有不分類的，完全是受到這個時期志人小說和類書等分類的影響，其社會背景是非常明顯的。

這個時期特色的最後一項是「箭垜型人物」的產生。箭垜型人物是胡適提出來的，他在「三俠五義序」一文中談到包公的傳說，認為他是一個有福之人，如同小說裡孔明借箭所紮的草人一樣，雖然成了箭靶子，不但不傷皮肉，反而成就大名。不過箭垜型人物一定是有福的嗎？那倒不一定。諸位讀「論語」時，子貢曾說過：「紂之不善不如其甚也，是以君子惡居下流，而衆毀歸之。」顧頡剛先生在「紂惡七十事發生之次第」的文章裡，就說明了紂是一個「衆毀歸之」的箭垜型人物。自古以來，有民間的傳說就會產生某些箭垜型人物，原是不足為奇的。但是笑話中的箭垜型人物，也要等到笑話在民間普及以後，以及笑話專書出現之後，才可能產生某些笑話界的傳奇人物，才會成為箭垜。而笑話的箭垛型人物的第一個是漢代的東方朔，「漢書」「東方朔傳贊」說：「朔之詼諧逢占射覆，其事浮淺，行於衆庶，童兒牧豎，莫不眩耀。而後世好事者，因取奇言怪語，附著於朔，故詳錄焉。」班固是史家，故有此種說法，而六朝以來的小說也好，笑話也好，仍然談到東方朔，甚至唐代女巫禱告也說：「東有東方朔，西有西方朔，南有南方朔，北有北方朔。」在這種社會背景之下，笑話的箭垛型人物如東方朔、石動篇、侯白和蘇東坡等人的出現，也就不會意外了。

㈢明清兩代的鼎盛期

到了明清兩代，笑話書大量出現，因此我們說是笑話的鼎盛期。明清兩代的笑話有以下幾個特點：1.重視民間笑話，2.改作與創作極多，3.重視笑話的功能，4.猥褻笑話的流行。現在逐項來作分析。

首先是民間笑話的重視，本來在先秦諸子中，就以民間笑話爲寓言，到了漢魏六朝時期，文人寫的笑話專書出現以後，文人逸事的比例漸重。至明清兩代，民間笑話又得以抬頭的原因，最主要的是明代中葉以後，民間文學逐漸受到文人的重視和肯定，戲曲、小說和民歌俗曲的發展迅速，在這種社會風氣的導向下，民間笑話大量的被編集成書，是再自然也不過的。同時從宋元以來的民間藝人的插科打諢的表演，就大量的創造笑話，這個傳統後來就由相聲藝者所承襲。因此，既然民間創造出大量的笑話，文人又重視民間文學，對民間笑話的收錄也就增加了不少。

再說，由於民間藝人大量的創作，笑話不但多了，而且民國文學的彼此抄襲和影響也是常態，因而同一笑話，大家說的不同，不但長短不一樣，趣味也有區分。趙旭初在「中國笑話提要」裡引了不少明清笑話改編的例子，我也在「古代笑話研究」中舉出最古的例子是「韓非子」「內儲說下」的「燕人浴狗矢」。如果把自先秦以來的笑話一再出現於後世的笑話書中的例子，一一的拿出來分析，都可以看出改編的痕跡。然而一方面是明清兩代對笑話的重視，和笑話書大量的編輯出來，例子更多更顯著罷了。另一方面也是出於文人重視笑話，因而有意的改編和精簡文字與增加趣味性有關。

說到明清兩代文人重視笑話，主要原因是重視笑話的諷諫功能，和先秦諸子的想法一樣。不同的是先秦諸小引小故事和小笑話是用爲寓言，來引申他們思想中的大道理。如孟子以「挾泰山以超北海」比喻不能，以「爲長者折枝」比喻不爲，是小故事大道理；以「揠苗助長」和韓非子「守株待兔」的宋國呆子的笑話作比喻，是小笑話大道理。然而明清笑話書的編撰者却不然，承襲了自明代中葉以來的浪漫思潮，在思想上極端自由，因而他們不但喜愛笑話，更認識了笑話是最好的諷刺利器，也是勸世良方。何況自元代的散曲盛行以來，文人諷刺的內容也加深了，有了笑話這種更通俗，更普遍而又更深入的諷刺武器，文人就很容易的運作起來。因而在笑話書的前面寫篇序文，在序文中點出笑話的功能，甚至如馮夢龍的「古今譚概」分三十四部，每一部的前面都有小序，說明諷刺的旨意，又如趙南星的「笑贊」，在每一條笑話的後面，加一條贊語，學的是史書筆法，雖然有些贊語嫌它太迂腐嘮叨，但是他諷世的苦心可知。又如潘游龍的「笑禪錄」，用「舉」、「說」、「頌」三段文字，首段的「舉」是舉一段舉宗公案，次段的「說」是引一條笑話，末段的「頌」是寫一首通俗的偈句來點破喻意，以禪釋笑，以笑釋禪，用頌爲結，兼指喻意，除了設想奇妙，結構有趣之外，更重要的是形式，重視笑話功能的風氣。

明清笑話中最後一個特色是猥褻笑話的流行，也就是我們平常說的「葷笑話」，也是黃色笑話。葷笑話這個名詞也是頗有歷史的，在萬曆本「金瓶梅詞話」二十一回中，潘金蓮嫌王姑子說的笑話不好聽，因此潘金蓮對王姑子說：「這個笑話不好，俺耳朵內不好聽素，只好聽葷的。」至於明代以來的笑話中爲什麼葷笑話那麼流行呢？我的推斷是三個原因：第一個原因是民間文學的特點，由於民間文學和文人所寫的雅文學不同，在取材和描寫兩方面都比較浪漫，詩經雅頌和國風的不同，就是一例。而且男女愛情更是民間文學最愛寫的題材，自宋以後在民間藝者的推波助瀾之下，諸宮調也好，話本小說也好，元明的散曲和民歌、笑話，都逐漸的增加了色慾的描寫。第二個原因是對「道學」的反感。中國古代對「性」的觀念是健康的，古人說：「飲食男女，人之大慾存焉。」告子也說：「食色，性也。」這裡我說一句題外話，「孔子主張食色性也。」都是不讀書的人。諸位可以想想，我們古人的思想多開通，和大學校長常說：「食色，性也。」是出自「孟子」一書，是告子的主張。現在有些博士佛洛依德認爲人類的兩大需求，又稱兩大本能，也是生存的食和生殖的色，我們老祖宗雖然沒有精闢的分析和理論，可是一語道破的說出「性」對人類的重要。同時「易經」六十四卦，上經三十四卦以「乾」、「坤」居首，乾坤代表的是陰陽男女，下經以「咸」、「恒」居首，咸卦指少男少女的情慾初動，恒卦代表男女結婚之後感情恒久，是多麼有意義。而詩經也以結婚詩「關雎」爲首，都代表著古人正常健康的心理。漢代張衡的「周聲歌」也說「列圖陳施張」和「素女爲我師」，是古代的性教育。而古代的素女經、素女方、玉房秘訣、洞玄子和陳希夷「房術玄機」等書，雖然有些理論荒唐神秘不合理，都是古代性教育、性醫學的書。自從宋代理學興，那些道學先生把「性」看成汚穢，要嚴男女之防，壓抑太甚，性醫學的書籍被禁掉了，春畫和色情小說却大行其道，完全是針對道學的反動。第三個原因是明代中葉以後上自帝王的荒淫好色成性，達官貴人以至庶民百姓，無不瀰漫了貪淫好色的風氣。不但房中術和春畫流行，話本小說少不了色情的描寫，戲劇中加入了煽情的對話，而色情小說如綉榻野史、株林野史、杏花天、痴婆子傳、如意君傳等，也從晚明初期以後盛行書肆。社會風氣如此，葷笑話不流行才是怪事。

以上是從歷代笑話的演變與分期的特點上，可以看出每一時期的社會環境不同，都影響了那個時期的笑話，而每一時期的笑話，也充份的把那一時期的時空背景、文化習慣、文學思潮和社會現象反映出來。

三、從笑話分類看笑話的社會性

接下來要談的是從笑話的分類上來看笑話的社會性，這一部份無法全講。因爲笑話的分類本身就是一個問題，雖然最早的分類是始於侯白的「啓顏錄」，後人的分類有簡有繁，分類不一。同時笑話的分類也極爲不容易，有的笑話歸類就要大費斟酌，如有關「屁」的笑話，如果簡單的來看，凡是說「屁」的笑話應該都是猥褻笑話，因爲猥褻文學分兩大類，一類是有關「屁」、「屎」和「尿」的，另一類是有關「性」的色情笑話。然而說「屁」的笑話中，有的是奉承，有的是嘲謔，有的是文字遊戲，有的是呆女婿，不一而定，因此，笑話的分類極不容易。

再者，笑話的分類如果綱舉目張，可以細分不少條目，然後就每一條目的類別來分析其社會性，內容就太多了，不是短時間的演講能說的完，也無法講的深入。因此，現在我僅就其中若干類目舉例說明，以見一斑。其中可從兩方面來看，一是具有普遍性的性質，一是有其時空的侷限，都可以看出笑話反映人生的眞相。

首先從普遍性來看，古人說：「人同此心，心同此理。」陸象山說過：「東海有聖人焉，其心同，其理同；西海有聖人焉，其心同，其理同。」中外古今心同理同的情形太多，因而產生了普遍性的諷刺笑話。

談起普遍性的笑話，我們先看諷刺人物的笑話，先從諷刺老師的笑話談起。古代所謂「天地君親師」，老師是受到尊重的，「禮記」的「學記」篇說：「師嚴然後道尊」，近日有位學教育的大學校長解釋這句話是：「老師教學嚴格，教學評量嚴格，學術才會受到尊重。」有這樣的教育專家，才會製造一籮筐的教育問題。不但國君尊師，學生更要尊師。但是老師是否一定會受到尊重呢？那就不一定了。有不少老師既無人品，又無學識，怎能被學生尊重。這種現象是自古而然，於今尤烈。古代的老師最苦的是教童蒙教育的私塾老師，有學館才有收入，而大多數的「孩子王」的待遇並不好，自然就降低了老師的水準。唐宋以來科舉受到重視，書讀好了就「學而優則仕」，讀不好則一事無成，種田嘛，「吾不如老農」，種菜嘛，「吾不如老圃」。更何況是「讀聖賢書，所學何事」，不是賣文就是賣嘴。其中比較有才情的還可以當書會先生，做說話人，比較差的，往往是哄哄孩子的塾師。宋代周煇的「清波雜志」談到私塾，就指出有些家長誤以爲「童稚發蒙老師，不必妙選。」因而有不少濫竽充數的塾師了。又如「道山清話」也記載作者曾在鄉間遇到「村學究」，言語無倫次。又如因汝成的「西湖遊覽志餘」引曹元寵的「題村學堂詩」中有「都都平丈我」一句，因汝成的附注說：「杭諺言：社師讀論語：『郁郁乎文哉』，訛爲：『都都平丈我』。委巷之童，習而不悟。一日，宿儒到社中，爲正其說，學童皆駭散。時人爲之語云：『都都平丈我，學生滿堂座；郁郁乎文哉，學生都不來。』曹詩蓋取於此也。」聽了這一段故事，難怪笑話中有不少是諷刺老師的。現在一般來論，師資的水準都提高了，已經不會有「都都平丈我」的老師了。然而一些教育專家的怪論，如說到「批判性思考就是你不必了解批評的對象，你可以不知道文學理論，可以不知道文學流派，也可以不知道作家背景，你可以透過你本身的思考加以批判，就是不受任何影響而最客觀的批判性思考。」諸位聽聽，這豈不是和「都都平丈我」相互輝映的笑話嗎？

其次說到的是醫生，我在高雄醫學院醫科兼國文的時候，學生的刊物鼓勵高醫學生效法史懷哲精神，我對他們講，史懷哲的偉大就是別人學不來，人人都是史懷哲，那麼史懷哲也不偉大了。我只希望他們將來開業的時候，有點醫德就「阿彌陀佛」了，不要開不必要的刀，使得台中以北二分之一的男人沒有胃，台中以南三分之一的女人少了子宮。因此，現在無論國內或國外的笑話裡，醫生都是主要的角色。在古代也一樣，稍有不同的是古人醫德普遍比今日醫生好，而庸醫就比現在多，所以古代笑話都是諷刺庸醫的。陸游的「老學庵筆記」卷九引杭州的諺語是「宣醫納命」，眞可說是藥到命除了。於是宋代的話本有不少庸醫談人的故事，說話人引詩爲證說：「醫人未必盡知醫，却是將機便就機。無病妄猜云有病，却敎司戶折便宜。」又如「醒世恆言」裡的「吳衙內鄰舟赴約」的小說裡，賀小姐把吳衙內私藏在船艙裡，飯量倍增，父母以爲她得了病，請了不少醫生治病，每位醫生都是胡說亂投藥，那曉得賀小姐把醫生開的藥，都丟到馬桶裡，背地冷笑不已。把庸醫挖苦透了。不但小說諷刺醫生，而且宋代官本雜劇和金院本都有諷刺醫生的短劇，最有名的是現存的「雙鬥醫」院本，挖苦兩個藥到必定命除的庸醫，彼此自誇醫術高明。齊如山先生的「齊如山全集」裡的「醫之舊話」裡，提到北京舊有的諺語諷刺一般江湖醫生的六字眞訣是：「架」、「唬」、「罵」、「吹」、「堆」、「推」。「架」指擺架子，架子擺足了才去看病，才能顯出自己是名醫；「唬」是把病情儘量說的嚴重；「罵」是罵其他醫生是庸醫，延誤病情；「吹」是吹牛；「堆」是堆湊，多開幾味藥，而且加上一味藥性平和的當歸，醫界諺語也有「十個先生九當歸」的話；「推」是推却，去了幾次病人的病情沒有減輕，只好借故推却了。這樣看來，笑話中諷刺醫生是天經地義的事了。

再說古代笑話也喜歡諷刺僧道，和現代西洋笑話諷刺神父牧師是相同的。任何一行只要人多，必有敗類，俗話說：「人上一百，形形色色」，一點也不錯。別的不說，就像今天大學裡有許多擁有博士學位的教授，還不是有整天「吹牛拍馬打小報告」的「青年才俊」。古代的僧道固然清修有道行的不少，難免有敗類，三姑六婆中的三姑就有「尼姑」和「道姑」。諸位看「金瓶梅」中的姑子，有幾個是六根清淨的。唐代的尼姑和女道士是以風流出名的，詞牌中的「女冠子」專門歌詠私會情人的女道士。清代無名氏的「梵門綺語錄」也專記爲妓的女尼，王書奴的「中國娼妓史」也引了不少例子。龐德新的「從笑本及擬話本所見之宋代兩京市民生活」的論文中，特別在第六章「宗教信仰及其他」中列有「僧道的天行」一節，單以和尙爲例，不但嫖妓娶妻，引周密「癸辛雜志別集」卷上說：「臨平明因尼寺，大刹也。往來僧官，每至，必呼尼之少艾者供寢。寺尼苦之，于是專作一寮，貯尼之嘗有違濫者，供不時之需，名曰『尼站』。更是駭人聽聞。因而話本小說有不少專寫害人的花和尙，戲劇裡也有不少這些戲，甚至還有「僧尼孽海」一書，專門記載淫行穢亂的故事。知乎此，就不難了解古代笑話中諷刺僧道的笑話相當的多，而且大多數又跟猥褻笑話有關，絕不是奇怪的事。

又如民俗中的看相、風水、忌諱等事，不但是古代社會的普遍信仰，直到現在，社會上迷信風水、看相、算命、信紫微斗數，姓名學，書局裡面除了參考書外，最熱門的書就是這一類「五術」的書。從報紙上我們常看到新官上任請風水先生搬位子。中船不賺錢，連大門都改了方位，後門也封了，結果還是大賠特賠。加上近來大家樂、六合彩風行，鬧得神鬼不安，到處祈求明牌，因此，古代笑話中有不少以這些迷信作爲諷刺的對象，也是理所當然的現象。

其餘如官員貪汚、官員的無知、好佔便宜的各行各業人士，以及貪婪、吝嗇、吹牛說大話等，都是人類社會的普遍現象，古代笑話中包含這些，也是應該反映批評的。

至於是有時空侷限的社會現象，古代社會有的，古代笑話當然要諷刺。首先要講到的是太監，古代笑話中諷刺調侃太監的並不算多，而諷刺太監的笑話都是明代笑話，其原因何在？從歷史上看，唐代太監之禍雖然很深，但只控制了宮廷，危害皇室。宋代、清代沒有太監之禍，明代太監的氣焰之盛，在歷史是少有的。對宮廷的危害雖不如唐代，然而太監監軍、監礦外，又掌握了東廠、西廠和錦衣衛等特務機關，橫行天下也危害天下，天下之人恨之入骨，因而只有明代的笑話嘲謔調侃太監，也是理所必然的現象。

又如古代讀書人如果沒有功名，生活非常貧困，好不容易考上了秀才，也只能當個私塾老師。雖然有時謀個家館，然而主人不好伺候，薪水也很微薄。有了這樣的社會背景，笑話不能不反映出來。古代笑話就有刻薄的東主，窮困的老師和窮秀才一類的笑話。同時在明清兩代省有「學政」之官，負責掌理各省秀才課業的進修，三年一任，到任第一年有歲考，第二年有科考，科考列等級，列於一、二等及第三等的前三名，才准參加鄉試，考第四等的要受處分。因此明清的笑話裡童生考秀才和秀才怕科考的笑話特別多。

又如古代釀酒取其新釀的酒，因爲沒有經過熱處理，酒放久了或釀造過程出了差錯，酒味就會變酸。而且遇到職業道德差的酒店主人，往往在酒中摻水，獲取不正當的暴利。因而在古代笑話裡面諷刺酒店主人摻水和賣酸酒的笑話也特別多。

古代文人以詩見長，作的好的固然不少，不通的文人也很多。加上文人詼諧成趣，往往喜歡玩玩文字遊戲，而有酒令、聯語之類，又有縮脚詩，如十六字詩，十七字詩，十八字詩等有趣的文字遊戲。因此，在古代笑話中這一類也相當不少，不是以有趣的詩人聯語和酒令博得一笑，就是以不通的詩文聯語來取笑，而有打油詩，重複詩之類，都是古代社會環境下的產物。

四、結　論

古代笑話的社會性這個題目極大，而且我也不是研究社會學的，也不是從社會學的研究方法來作研究，更不是以古代笑話爲素材來研究古代社會。薩孟武先生喜歡用小說來探討古代社會現象，寫了「西遊記與中國古代政治」、「水滸傳與中國社會」和「紅樓夢與中國舊家庭」三本書，都是我喜歡看的，陳寅恪先生研究唐史，也大量的採用唐代文學爲材料，也是我佩服的。而且從陳、薩二氏的研究中，更可以證明文學與人生的關係，尤其是旣通俗又普遍受歡迎的笑話，特別可以反映批評其所處的社會背景。如果單就某個時代或某一類的笑話來分析，應該能研究的深入一點。由於國人治學偏重的是實用性、正面性的居多，以文史研究的學者而言，正經正史和小學考據都是顯學研究笑話嘛，在某些學者眼中就是大笑話。因而這方面的研究不多，談不到有什麼基礎，因此今天爲諸位談這個題目，就古代笑話的各種角度談談與古代社會的關係性，雖然只是淺嚐，只是希望做個能引玉的拋門磚，引起大家對古代笑話的重視，進一步的對中國古代社會能多了解一點，對中國文化能多認識一些，就是我今天在「文學與人生」的演講會講這個題目的目的。

元散曲中的帶過曲研究

一、前言

在政大讀書的期間，雅好詞曲，從先師　盧聲伯先生學詞曲，非常喜歡塡塡詞，作作曲，信筆塗一番，現今翻閱舊作，也鬧了不少的笑話。如讀研究所時要點書，於是作了一首「帶過曲」，全文如下：

黃鶯兒帶垂絲釣（戲題點書）

無法無法。常言道未有積材，何來大廈。耐著性斷句分章，把圈圈圈下。頭昏眼花。手倦腰酸不假。更觸目艱難古賦，何從分準差。密密麻麻。全無空罅。（么）非惟我誇。疑惑處且向書眉寫下。倘遇著圈分偶誤，忙將藍筆加。這也算研究生涯。點書佳話。

當時塡寫這首帶過曲的背景，是誤以爲帶過曲爲「作者塡寫一調完了，尙感意有未盡，就續拈他調足成之，至多以三調爲限。」於是我既不顧調與調間的宮調管色是否相同，也不管黃鶯兒與垂絲釣俱爲商角調的套數曲，只能聯成套曲，絕不可作小令，因而有此膽大妄爲之作。

雖然不久之後，就知道了自己的謬誤，但是對帶過曲是否就認識清楚呢？我在「詞曲概論」中對帶過曲的介紹如下：

作者塡一調畢，意猶未盡，可取同宮調同管色之曲補足之，以三調爲限，過此則不如作套曲了。初僅於北曲中用之，後來南曲及南北兼帶，皆偶而仿用，不如北曲之多。帶過曲值得注意的是首尾仍須一韻到底，所用曲牌則爲小令曲牌，註明帶過兩字，或任用其一，或用兼字，或稱兼帶。任中敏「散曲叢刊」所錄之帶過曲有三十四調，前人常用者只不過五六調而已，可知帶過曲有其限制，不可隨意以二三曲聯綴即稱帶過曲。（註一）

其次在論散套無尾聲的情形時，曾說：「以帶過曲作結者」可以省却尾聲。（註二）這兩個論點，也是兩個大謬誤。究其實，完全是受任中敏的影響。同時由於任氏影響其大，因而一誤就是幾十年。

任中敏在「作詞十法疏證」中定格四十首「十二月堯民歌」下注云：

按北曲中同一宮調內，音律又適銜接者，兩調三調，連合而作一調，謂之某調帶過某調。帶過二字，或任用一字，或稱某調兼某調，或全略去，祇連寫二調之名，如此處之式。帶過曲調爲前人已用者，共不過三十餘種，其不能任意配合可知。（註三）

任氏又於「散曲概論」論「體段」云：

帶過曲初僅北曲小令中有之，後來南曲內與南北合套內亦偶爾仿用。即作者塡一調畢，意猶未盡，再續拈一他調，而此兩調之間，音律又適能銜接也。倘兩調尤嫌不足，可以三之。但到三調爲止，不能再增，若再欲有增，則進而改作套曲可。（如明康海邊東樂府內有四曲兼帶者，殊非元人之制矣，此體前人竟有不了解者。）以九宮大成譜之博，而編者亦不知散曲中有此一體。（見該譜六十五卷雁兒落帶得勝令注文中）怪矣！

帶過二字，或連用，或任用其一，或用兼字，或稱兼帶，有此帶過北者，有南帶過者，有南北兼帶者，其調皆詳見下文用調一節中。

又北曲中如劉伯亨散套，有雙調沙子兒攤破清江引，農樂歌兼破雁兒落，二犯白苧歌等，（勇按：分析於後，此處不贅。）祇取材於二三調中，但非二三全調之相聯，仿佛南曲中之集曲，是帶過曲之類似集曲者，又一種也。（註四）

因任氏解說詳盡，自茲以後，論曲者皆以任氏爲圭臬，近人如羅錦堂「中國散曲史」（頁二八，文化大學出版部），張正體、張婷婷合著的「曲學」（頁六四—六六，商務），曾永義「元人散曲選詳註」（頁四，學海），王熙元、陳滿銘、陳弘治、黃麗貞、賴橋本編著的「詞曲選注」（頁一八八、九，學生）無不承襲任氏說法。先師　盧聲伯先生的「曲學」除了沿承任氏之說外，又引伸云：

帶過曲組成的規定，前已說過，本來帶過曲是可以自由組設的，只要這兩曲或三曲既是同宮調，又是同管色，便可組設起來。無奈我們今天只能知道這兩曲或三曲的宮調是否相同，至其管色是否相同，便無由知道了。因此帶過曲現今便不能自由組設，而要做帶過曲，只有依照前人已組成之局寫作，方合繩墨。（註五）

這段話的前段是引伸任氏的說法，然而論點是不對的。其餘如「中國文學欣賞全集」的「曲篇」說：

用兩三支同一宮調、音律和諧可以相接的小令串在一起，像「雁兒落帶得勝令」、「罵玉郎感皇恩採茶歌」等，特稱帶過曲，也是小令的一體。（註六）

這段話中的「用兩三支同一宮調、音律和諧可以相接的小令串在一起」也是明顯的錯誤。羅錦堂「南北小令新論」裡說：

所謂帶過曲，一稱合調，又稱複調，本是散曲中的一體，前人往往把它歸入小令之內，似嫌不妥。因爲帶過曲，是介乎小令與套數中間的一種體裁。由于小令過於簡短，不能發揮更多的意思，于是有所謂帶過曲，便應運而生。……依照以上事實，帶過曲的不能歸入小令範圍，情節已很顯然，所以我在撰寫「散曲小令譜」時，北曲小令不收帶過曲，南曲小令不收集曲，就是這個理由。（註七）

羅氏又在「論帶過曲與集曲」中說：

至於帶過曲，是由作者塡完一調，但覺意猶未盡，於是再繼續用另外一調，而在這兩調之間，它們的音律又要能相互銜接，不然便不能用。……假如兩調猶嫌不足，可以再用一調，但到三調爲止，不能再增，若想再增，只好去做套曲了。……這首曲（勇按：引「曾瑞：罵玉郎帶感皇恩採茶歌閨中聞杜宇」爲例）是由罵玉郎、感皇恩、採茶歌三調的全調組成，與唐詩中的排律，詞中的引近相似。這種由簡趨繁的現象，在文學體裁演進的體例上，是非常自然而合理的。

因爲簡短的小令，字數過少，不容易包含較長的敍述和描寫，於是出現了這種帶過曲。（註八）

從羅錦堂這兩段文字看來，雖然對帶過曲的看法有了懷疑，畢竟還沒有完全除掉任中敏權威意見的陰影。

由於帶過曲是北曲爲多，而北曲又以元人作品守律嚴格，因此本文之作，訂名爲「元散曲中的帶過曲研究」，而取材也以隋樹森「全元散曲」爲本，以作全面的探討與研究。

二、帶過曲的眞相

在教學過程中，十年前就對帶過曲的說法有了懷疑，引起懷疑的原因有以下幾點：

1.由於我喜歡塗鴉，總覺得無論作詩、塡詞或作曲，一定心中先有個譜兒，既不可能塡個五言八句的醉公子，不能盡興，乾脆改塡三疊的蘭陵王。因此，我對「塡完一調，意猶未盡，就續拈他調足成之」的說法，有點兒大惑不解，何況是兩調不足，就用三調。我想只要是喜歡塡詞作曲的人，都不會如此自找痲煩。

2.小令中有極短的如凭欄人，山丹花之類，從來沒有曲家續成帶過曲的。

3.小令中有重頭，如果眞是意猶未盡，用重頭的方式也許更好，也更容易，不必大費週章寫帶過曲。

4.爲什麼帶過曲常見的只是那幾個曲牌，而不是普遍的現象。

5.帶過曲的曲牌有不少是套數曲牌，不能單獨作小令用。

6.我自己寫「戲題點書」的作品，完全是爲寫帶過曲而寫帶過曲，絕非意猶未竟而足成的。

雖然對帶過曲有了懷疑，但大家的看法都承襲了任中敏的說法，也不好沒有根據的去否定它。這些年來翻翻資料，仔細的把全元散曲的曲子比對一下，才發現任中敏的說法的確有問題。

任中敏的「散曲概論」分析帶過曲調式有三十四調，而常用者六調，列之於下：

正宮：脫布衫帶小涼州（※）　小涼州帶風入松

仙呂：後庭花帶青哥兒　那吒令帶鵲踏枝寄生草

南呂：罵玉郎帶採茶歌　罵玉郎帶感皇恩採茶歌（※）

中呂：十二月帶堯民歌　醉高歌帶喜春來　醉高歌帶攤破喜春來　醉高歌帶紅繡鞋　快活三帶朝天子　快活三帶朝天子四換頭　快活三帶朝天子四邊靜　齊天樂帶紅衫兒

越調：黃薔薇帶慶元貞

雙調：水仙子帶折桂令（※）　雁兒落帶得勝令（※）　雁兒落帶清江引　雁兒落帶清江引碧玉簫　一錠銀帶大德樂　沽美酒帶太平令（※）　沽美酒帶快活年　對玉環帶清江引（※）　楚天遙帶清江引　梅花酒帶七弟兒　竹枝歌帶側磚兒　江兒水帶碧玉簫　錦上花帶清江引碧玉簫

中呂帶雙調　醉高歌帶殿前歡　滿庭芳帶清江引

正宮帶雙調　叨叨令帶折桂令
南帶過曲　朝元歌帶朝元令
南北兼帶　南楚江情帶北金字經　南紅綉鞋帶北紅綉鞋
（按：註明※記號者，爲任氏所云常用者）（註九）

以上除了南帶過曲與南北兼帶外，北曲帶過曲計有三十一調，由於自明以後，北曲格律漸壞，因而我以「全元散曲」中的小令來調查北曲的帶過曲，結果稍有不同。任氏所列而「全元散曲」闕如的有以下諸式：

正宮：小涼州帶風入松
仙呂：後庭花帶青哥兒
南呂：罵玉郎帶採茶歌
雙調：梅花酒帶七弟兄　竹枝歌帶側磚兒　江兒水帶碧玉簫　錦上花帶清江引碧玉簫
中呂帶雙調：醉高歌帶殿前歡　滿庭芳帶清江引

我的調查有而爲任氏所無的計有四調：

南宮：玉嬌枝帶四塊玉
中呂：喜春來帶普天樂　山坡羊帶青哥兒
雙調：殿前喜帶播海令大喜人心

現就正宮開始，就二人所列分析如下：

㈠正宮

1. 脫布衫帶小涼州　小涼州應作小梁州

全元散曲共六首，張明善一首，湯式四首，無名氏一首。脫布衫爲套曲曲牌，小梁州爲摘調，脫布衫只有在帶過曲中可爲小令，無單用情形。在套曲中，脫布衫後常帶用小梁州。（註一〇）

2. 小梁州帶風入松　任氏有，全元散曲闕如

小梁州爲正宮曲牌，風入松爲雙調中的摘調，應屬借宮性質，不知有幾首，亦不知何人所作，當爲明人作品，不太合北曲格律。惟汪經昌氏列有小梁州帶過南風入松，疑爲南北兼帶。（註一一）

㈡仙呂

1. 後庭花帶青哥兒　任氏有，全元散曲闕如

後庭花爲摘調，青哥兒有小令與套曲兩體，小令體五句，僅見馬致遠作十二首，入套則必須增句，增句在第三句下。（註一二）仙呂套曲中，後庭花後常接用青哥兒或柳葉兒，或三曲接連使用。不知首數，不知何人作。

2. 那吒令帶鵲踏枝寄生草

全元散曲僅無名氏一首。那吒令與鵲踏枝俱爲套數曲牌，寄生草爲摘調。仙呂套曲中以「點絳脣、混江龍、油葫蘆、天下樂、那吒　、鵲踏枝、寄生草」七曲連用者，鄭騫統計劇套有六十二，散套有

八，共七十例。（註一三）可知三曲在套曲中是經常連用的。

㈢南呂

1. 罵玉郎帶採茶歌　任氏有，全元散曲闕如　（附後）

2. 罵玉郎帶感皇恩採茶歌

全元散曲共四十八首，其中曾瑞九首，張可久三首，孫周卿兩首，顧德潤三首，鍾嗣成二十首，蘭楚芳一首，無名氏十首。罵玉郎等三支曲牌都是套曲曲牌，不能單獨一支用作小令，套曲中三曲均連用，用作小令時惟以帶過曲形式出現。鄭騫以此三曲「在套數中無論散劇均須連用，破例者只有伍員吹簫獨用罵玉郎，遇上皇缺罵玉郎，無名氏鬢環梳綠雲套亦缺罵玉郎。此三曲缺一即失去其音節美，上述破例，不可學也。」（註一四）因此任氏所舉「罵玉郎帶採茶歌」則缺感皇恩，不合北曲格律，疑爲明人妄作。

3. 玉嬌枝帶四塊玉　全元散曲有，任氏闕如

全元散曲共五首，喬吉四首，無名氏一首。玉嬌枝又作玉交枝，與四塊玉俱爲摘調。玉嬌枝爲罕用曲牌。喬吉「文湖州集詞」有四首「玉交枝」，鄭騫以此四首爲「玉交枝帶四塊玉」。（註一五）

㈣中呂

1. 喜春來帶普天樂　全元散曲有，任氏無

全元散曲僅趙巖一首，兩曲俱爲摘調。套曲中兩曲連用劇套惟有狄君厚「介子推」第三折，散套

僅曾瑞「七國謀臣諂」套，爲罕見連用的組合，鄭騫先生認爲套式特殊之例。（註一六）

2.十二月帶堯民歌

全元散曲共八首，王德信一首，張養浩四首，無名氏三首。十二月與堯民歌俱爲套曲曲牌，小令不可單用，只可連用爲帶過曲，在套曲中十二月後連用堯民歌。

3.醉高歌帶紅綉鞋

全元散曲共六首，貫雲石一首，顧德潤一首，賈固一首，湯式三首。醉高歌和紅綉鞋俱爲摘調，套曲中醉高歌可在紅綉鞋前，亦可在紅綉鞋後連用，可知兩曲音樂上關係密切。

4.醉高歌帶喜春來

全元散曲共二首，貫雲石一首，顧德潤一首。兩曲俱爲摘調，喜春來常用爲小令隻曲，入套情形不多，套曲中與醉高歌連用僅見曾瑞「七國謀臣諂」特殊套式。

5.醉高歌帶攤破喜春來

全元散曲共三首，張養浩兩首，顧德潤一首。攤破喜春來爲喜春來第三句的七字句攤破爲三個三字句，每句再加三字，成爲三個折腰句的六字句。攤破喜春來只有三首，張作兩曲，顧作一曲，皆醉高歌後帶用，未見單用者。（註一七）

6.快活三帶朝天子

全元散曲共十三首，胡祇遹一首，曾瑞六首，張可久二首，無名氏四首。快活三爲套曲曲牌，朝天子爲摘調，套曲中快活三之後必接用朝天子或鮑老兒。

7. 快活三帶朝天子四邊靜

全元散曲共四首，俱爲馬謙齊作。四邊靜爲套曲，然套曲中罕用，小令亦僅作帶過曲，不可單用。元代套曲中快活三朝天子四邊靜連用者僅三劇，散套未見。

8. 快活三帶朝天子四換頭

全元散曲僅見無名氏三首。四換頭爲小令曲牌，與四邊靜句法平仄俱同。鄭騫云：「（四換頭）此章句法平仄與四邊靜全同。第五句亦可照四邊靜辦法破爲兩句，如正音、廣正所收西園杖屨曲。所不同者：㈠四換頭第二句無破爲兩個四字者。㈡四換頭第四句無作五字者；但可減爲三字，如雍熙（卷二十）無名氏小令因咱閒暇曲。㈢四邊靜令套通用，四換頭只限小令；四邊靜入小令須用快活三朝天子兼帶，四換頭獨用或兼帶均可。㈣四邊靜可入正宮，四換頭只入中呂。」（註一八）

9. 齊天樂帶紅衫兒

全元散曲共十一首，張可久五首，無名氏六首。兩曲俱爲套曲曲牌，無單用作小令者，只能作帶過曲。汪經昌云：「二曲在套內，本相聯用，作爲兼帶小令時，則本調主腔全在上隻，下隻僅暢盡其諸而已。」（註一九）

10. 山坡羊帶青哥兒　　全元散曲有，任氏闕如

全元散曲兩首俱曾瑞作。山坡羊爲摘調，青哥兒爲仙呂調，介紹見前「後庭花帶青哥兒」條內。

汪經昌云：「二調爲異宮相帶，青哥兒本隸仙呂，但與中呂笛色，可同用小工，故互通假。」（註二〇）

㈤越調

黃薔薇帶慶元貞

全元散曲共四首，顧德潤二首，高克禮二首。兩曲都是套曲曲牌，套曲中必須連用，小令不可單用，只能作帶過曲。（註二一）

㈥雙調

1. 雁兒落帶得勝令　一名鴻門奏凱歌，一名平沙奏凱歌

全元散曲共六十九首，計杜仁傑一首，庾天錫五首，鄧玉賓子三首，張養浩六首，喬吉四首，劉時中三首，趙善慶一首，高克禮二首，吳西逸四首，楊朝英一首，宋方壺一首，汪元亨二十首，劉庭信二首，湯式一首，蘭楚芳一首，無名氏十四首。雁兒落爲套曲曲牌，得勝令爲摘調，在套曲中恒以連用爲常，作小令時偶可獨用得勝令。

2. 雁兒落帶過清江引

全元散曲惟張養浩一首。清江引爲摘調。汪經昌云：「此應視同北帶南式，清江引在此處作南調論。」又於對玉環帶清江引、楚天遙帶清江引下注，皆以清江引作南調，而雁兒落帶清江引碧玉簫條下又云：「清江引在此，作北論。凡三曲相帶，末隻如係北曲，則通體純北，不能襍南音也。」（註二二）鄭騫「北曲新譜」清江引條註云：「此章入小令可獨用，亦可作帶過曲用：雁兒落帶清江引，

雁兒落帶清江引碧玉簫，楚江遙帶清江引，對玉環帶清江引皆是也。大成云：『清江引與南詞句法無異。』按：南曲中並無此章，其仙呂入雙調之江兒水則與此章句法不同。大成云云，蓋因此章可作南曲唱也。吳氏簡譜云：『此調南北合套中往往用代尾聲，又輒去一凡兩腔作南詞歌者，但不可施諸北套中也。』觀此可明大成之意。」（註二三）由是可知清江引的南詞歌法當是崑腔盛行後的情形，絕非元代眞相，汪氏所云大謬。

3.雁兒落帶清江引碧玉簫

全元散曲僅見趙禹圭兩首。碧玉簫爲摘調，惟小令與套曲格式不同，（註二四）而帶過曲中的碧玉簫爲小令格式。

4.楚天遙帶清江引

全元散曲僅見薛昂夫三首。鄭騫云：「（楚天遙）此章僅見薛作小令三首皆帶清江引，未見單用者。」且以楚天遙爲小令曲牌，（註二五）其爲罕用曲牌可知。

5.對玉環帶清江引

全元散曲錄湯式八首。對玉環爲摘調。鄭騫云：「簡譜云：『元人小令中，往往以此曲與清江引相合，名玉環清江引。明清間至有用入舞劇者，南曲中如玉合記、鈞天樂，皆有此曲作舞態歌者，不必定入套數也。』按：謂此章似碧玉簫者爲大成譜，玉環清江引之名亦見於大成。此章無論作小令入套數，皆須帶清江引，未見獨用者。但入套則兩調分題，小令則可名爲玉環清江引耳。」（註二六）

6.水仙子帶折桂令　別名湘妃遊月宮

全元散曲共九首，湯式五首，無名氏四首。水仙子與折桂令兩調俱爲摘調，作小令俱可獨用，亦可爲帶過曲。水仙子若帶折桂令，則末句四字須改爲七字句上三下四句或六字句，與折桂令首句重疊。（註二七）

7.沽美酒帶太平令

全元散曲共六首，張養浩一首，無名氏五首。沽美酒爲套曲曲牌，小令不獨用，須帶太平令或快活年。太平令亦爲套曲曲牌。套曲中沽美酒與太平令運用，偶有獨用太平令者，未見獨用沽美酒者。

8.沽美酒帶快活年

全元散曲收無名氏二首。快活年爲摘調，惟套曲中甚少用到。

9.一錠銀帶大德樂

全元散曲收無名氏三首。一錠銀爲摘調，大德樂爲罕用小令曲牌。

10.殿前喜帶播海令大喜人心　　全元散曲有，任氏闕如

全元散曲僅收無名氏一首。殿前喜爲罕用曲牌，元代除此帶過曲外，僅見元曲選本張國賓「合汗衫」第四折，然而元刊三十種本及脈望館鈔本「合汗衫」俱無殿前喜，故鄭騫認爲殿前喜爲元末後起牌調，元人無用之者。（註二八）播海令僅見此首，故爲小令或套曲牌調，諸譜之見不一，汪鄭兩氏均作小令。（註二九）大喜人心亦僅見此首，諸譜均作套曲曲牌。隋樹森「全元散曲」注云：「太和

正音譜三首俱注無名氏小令。今案三首同用一韵，詞意亦復相屬，似爲一曲。正音譜既注小令，則或爲帶過之曲。惟小令中又未見有殿前喜過播海令大喜人心者，北詞廣正譜據正音譜徵引此三首，於殿前喜一首注小令，於他二首改注套數，九宮大成亦徵引此三首，於殿前喜一首後有附注，謂此曲無原套可查，則亦認爲亦套數，玆姑據正音譜列於小令。」（註三〇）勇按：據此可知極爲罕見之例。

11.梅花酒帶七弟兄　　任氏有，全元散曲闕如，任氏之謬

汪經昌「南北曲小令譜」收張養浩一首，斠律云：「七弟兄在套內緊連梅花酒後，作小唱乃題作帶過。」（註三一）應即任氏所本。此當爲張養浩雙調新水令辭官散套，全套六曲爲新水令、川撥棹、七弟兄、梅花酒、收江南、離亭宴煞。隋樹森註云：「雲莊樂府原有梅花酒兼七弟兄一首，在小令帶過沽美酒兼太平令後，而實屬新水令套。」（註三二）鄭騫亦云：「張作此曲，諸本歧異甚多，今從明本雲莊樂府（飲虹簃覆刻）。此係急流勇退不爭多套中之一曲，見太平樂府及雍熙十一。雲莊樂府於此套僅有川撥棹、七弟兄、梅花酒、收江南四曲，而誤合爲一首，題爲梅花酒兼七弟兄；雍熙卷二十分爲二首仍用前題。……元明曲中從無用梅花酒七弟兄作小令者；且如雲莊樂府及雍熙所題，川撥棹收江南均成梅花酒七弟兄之一部分，不亦太可笑乎。」（註三三）據此，任汪二氏之謬可知。

12.竹枝歌帶側磚兒　　任氏有，全元散曲闕如，任氏誤收

兩曲俱爲套曲曲牌，套曲中側磚兒（又名荊山玉）、竹枝歌兩曲須連用，不入小令。汪經昌「南北曲小令譜」收之，斠律云：「（側磚兒帶過竹枝歌）此本鄭德輝倩女離魂第四折中曲文，二調在套

內原係緊接聯用，聲調流美，一時遂被樂家子弟摘唱，轉忘其本，故詞林摘艷亦徇俗列作無名氏兼帶小令，又將二曲牌名，顛倒誤置。」（註三四）據此可知既非帶過曲，曲牌又誤置，任氏誤收於前，汪氏既知其誤而仍收錄，亦復可笑。

13.江兒水帶碧玉簫　任氏有，全元散曲闕如

江兒水即清江引，與碧玉簫可連用。

14.錦上花帶清江引碧玉簫　任氏有，全元散曲闕如

錦上花爲套曲曲牌，與清江引可連用。

(七)中呂帶雙調

1.醉高歌帶殿前歡　任氏有，全元散曲闕如

殿前歡爲雙調摘調，全元散曲未見此種帶過方式，應爲明人所爲借宮之法。

2.滿庭芳帶清江引　任氏有，全元散曲闕如

滿庭芳爲中呂摘調，全元散曲未見此種帶過方式。汪經昌「南北曲小令譜」所收之滿庭芳帶過清江引曲文，採自雍熙小令，爲明人之曲。

(八)正宮帶雙調

叨叨令帶折桂令

全元散曲收無名氏一首。叨叨令爲正宮摘調。

此外汪經昌的「南北曲小令譜」尚有中呂宮的上小樓帶過滿庭芳及南呂宮的四塊玉帶過罵玉郎感皇恩採茶歌兩首帶過曲，前者引的例爲康海之甥張鍊「雙溪樂府」的作品，後者出自康海的沜東梁府，均爲明人，不足作爲圭臬，不在分析之列。（註三五）

由於任中敏論「尋常無尾聲之套」云：「用帶過曲作結者則省尾。如喬吉南呂雜情套，一枝花梁州之後，用罵玉郎感皇恩採茶歌之帶過曲，則不用尾；張酷貧汗衫記劇，雙調新水令套之末，用雁兒落得勝令之帶過曲，則亦不用尾。」（註三六）任氏此說亦大有商榷之處，喬吉南呂一枝花雜情套中，罵玉郎感皇恩採茶歌爲連用之曲，非帶過曲，諸本皆然，任氏「散曲叢刊」第一册的「夢符散曲」摭遺所引，也是三曲連用，不是帶過曲。（註三七）不知任氏此處何以認作帶過曲。而鄭騫「北曲套式彙錄詳解」云：「此套無尾聲，散套中僅見之作。」（註三八）且列爲特殊之例。可知散套無尾聲只是特例，且與帶過作尾無涉。而張酷貧汗衫記之例爲雜劇，鄭騫「北曲套式彙錄詳解」云：「劇套無尾聲者皆在第四折，其他宮調亦然，此是元雜劇體製，散套未有不用尾聲者。」又云：「劇套不用尾聲而以他曲者甚多，是爲雙調之特色。雙調用於雜劇，大多數在第四折，見前概說所列統計。雜劇高潮，多在第三折，至第四折，因一人獨唱之故，唱者已感疲乏，聽者亦已倦怠，故此折不過收拾情節，結束全局，其曲文遂多爲短套，且無論長短套甚多不用尾聲。」而張酷貧汗衫記之雙調套曲正是第四折，（註三九）且雁兒落與得勝令在劇中爲連用曲，非帶過曲。於此二例可知任氏所言不確。

由任氏之說，全元散曲中的散套也曾仔細看過，其中有帶過曲的如下：

1.方伯成正宮端正好憶別套，爲南北合套，北曲中有「伴讀書帶過笑和尚」，此兩曲俱爲套曲曲牌，在套中須連用。

2.湯式正宮賽鴻秋南北合套有「脫布衫帶過小梁州」，另外無名氏正宮汲沙尾四景南北合套內有「脫布衫帶過小梁州」。此類帶過曲已見於前，於此不贅。

3.無名氏雙調新水令套有兩支套曲內有「雁兒落帶得勝令」。此類帶過曲已見於前，於此不贅。

4.劉伯亨雙調朝元樂套內有「沙子兒攤破清江引」，「農樂歌攤破雁兒落」和「沽美酒帶太平令」三支帶過曲。鄭騫云：「此套極似南曲，中多元人從來未曾用過之牌調，劉伯亨其人不見經傳，疑是明初人。摘艷、雍熙均載此套，姑據以收入本編。」（註四〇）據此可知此套爲特例。

從以上小令和散套中帶過曲的分析中可知以下幾種現象：

1.無論小令與散套帶過曲的數目都不算多，除去誤收、非元代作品和數目少於三首以上的帶過曲，其餘如下：正宮。脫布衫帶小梁州，南呂罵玉郎帶感皇恩採茶歌，玉嬌枝帶四塊玉，中呂十二月帶堯民歌，醉高歌帶紅綉鞋，快活三帶朝天子，快活三帶朝天子四邊靜，齊天樂帶紅衫兒，越調黃薔薇帶慶元貞，雙調雁兒落帶得勝令，對玉環帶清江引，水仙子帶折桂令，沽美酒帶太平令等十三個調式。如果提高爲十首以上，僅剩南呂罵玉郎帶感皇恩採茶歌，中呂快活三帶朝天子，齊天樂帶紅衫兒，雙調雁兒落帶得勝令等四個調式而已。

2.除無名氏以外，一首帶過曲有三人以上作過的有：南呂罵玉郎帶感皇恩採茶歌，中呂醉高歌帶紅綉鞋，快活三帶朝天子，雙調雁兒落帶得勝令四個調式而已。

3.元代曲家作帶過曲超過五首的有張養浩、曾瑞、張可久、湯式、汪元亨和顧德潤六人而已。

4.元代曲家作帶過曲的調式超過三種的有張養浩、曾瑞、張可久、湯式和顧德潤五人而已。

5.帶過曲所用的曲牌中純爲小令曲牌的只有四換頭，而楚天遙、大德樂、殿前喜、播海令及大喜人心雖爲小令，俱爲極罕用的曲牌。套曲曲牌有脫布衫、那吒令、鵲踏枝、十二月、堯民歌、快活三、四邊靜、齊天樂、紅衫兒、黃薔薇、慶元貞、雁兒落、沽美酒、太平令、竹枝歌、側磚兒、梅花酒、七弟兄、錦上花、伴讀書和笑和尙。（勇按：凡入套之曲不能單獨一支用爲小令，僅以帶過曲方式出現者，不能算摘調，只能算是套曲曲牌。）餘爲摘調。

6.在套曲中必須連用或常連用的曲牌爲：脫布衫小梁州、那吒令鵲踏枝寄生草、罵玉郎感皇恩採茶歌、十二月堯民歌、快活三朝天子、齊天樂紅衫兒、黃薔薇慶元貞、後庭花青歌兒、七弟兄梅花酒、側磚兒竹枝歌、錦上花清江引碧玉簫、伴讀書笑和尙、雁兒落得勝令、沽美酒太平令。套曲中不明顯而小令不單用而必連用者有：醉高歌攤破喜春來、楚天遙清江引、對玉環清江引、水仙子折桂令。再加上罕用曲牌，則佔帶過曲半數以上。

從以上探討中，我們發現帶過曲應爲介於套曲與小令的中間方式的格式，因此羅錦堂認爲帶過曲前人往往把它歸入小令，似嫌不妥，因爲帶過曲是介乎小令與套數中間的一種體裁。（註四一）

從南曲的發展來看，南戲約在北宋末年就濫觴了，因此劇曲應早於散曲；同理，北曲的劇曲也應早於散曲，而且早期曲家劇作甚多，散曲作家也是套曲多於小令，小令所用的調子也以摘調爲多。以現存曲調來看，純爲小令曲牌非常少，也是一證。因此楊蔭瀏認爲散曲是劇曲的蛻化變質，同時也看出元代早期散曲作家比例不高，到了後期爲早期的兩倍（早期三四·一%，後期爲七三·八%），可以看出受雜劇的影響。（註四二）而我們從這更可引伸一個道理，劇曲的清唱和演出的受歡迎影響了散套，散套的音樂受歡迎而有摘調，眞正的小令曲牌並不很多，因而小令是受到散套的影響。同樣的，王力看出了套曲中有不少曲牌兩三連用成組的情形，他說：「因此，在小令裡，有帶過的辦法（或簡稱帶或兼）。」（註四三）也可以證明帶過曲和套曲關係的密切了。

三、結　論

九宮大成譜卷六十五「沽美酒帶太平令」下註云：「（沽美酒帶太平令）係兩全闋，南北合套中，則有是名，故爲備列。」（註四四）任中敏以「九宮大成」之博而不知帶過曲爲怪事，任氏本身所言帶過曲，謬誤亦復不少。雖然「散曲叢刊」爲經典之作，然學問之道，開創爲難，疵病固所不免。故以全元散曲爲本以探帶過曲究竟，愚人千慮，或有一得，計有以下諸項：

1. 帶過曲絕非「作者塡完一調，但覺意猶未盡，於是再續一或二調補足之」的體裁。
2. 散套在北曲中以有尾聲爲常例，無尾者僅一二特例，絕無「以帶過曲作結者省尾」之例。
3. 除極少數調式爲作曲家常用爲帶過曲外，其餘多在三首以下，可看成特例。

4.任氏所舉有非元人之作，格律不嚴，不可作爲圭臬；亦有誤謬之處，理當摒除。

5.元代曲家除少數五六人所作帶過曲較多外，其餘皆偶一嘗試。

6.帶過曲所用牌調十之八九均爲套曲曲牌與摘調，和套曲關係密切，故絕大多數在套曲及小令中爲連用情形，不能單獨用爲小令。

7.元代散曲中純小令不多，故自套曲中摘其美聽者以爲小令者，則爲摘調；摘自套曲中連用之兩三支曲牌者，則爲帶過曲，故帶過曲近似摘調，與套曲關係密切。

8.元代後期散曲作家漸多，故帶過曲亦增多，變化亦大，入明則格律漸壞，帶過曲有套曲小令者，有南北兼帶者，有南曲帶過北曲者。要之，其原應摘自套曲爲是。

9.套曲與小令之中間體製爲帶過曲，故言小令之體製，帶過曲與集曲另有單獨分類的必要。

【附註】

註一　見汪志勇詞曲概論，頁六一，華正。

註二　同註一，頁六八。

註三　見任中敏「散曲叢刊」第四冊，「作詞十法疏證」頁六〇陰面，中華聚珍版。

註四　同註三。「散曲概論」頁一八。

註五　見盧元駿「曲學」，頁一三一—一三三，黎明。

註　六　中國叢書註二五，曲篇㈠，頁四，莊嚴。

註　七　見羅錦堂「錦堂論曲」，頁四六九—四七〇，聯經。

註　八　同註七，頁四七九—四八〇。

註　九　同註三，「散曲概論」頁三五陰面至三六陰面。

註一〇　凡分析帶過曲的曲牌，參考任中敏「散曲概論」與鄭騫「北曲新譜」（藝文），凡分析套曲聯套中的相關性者，參考「北曲新譜」與鄭騫「北曲套式彙錄詳解」（藝文），除必要引用時加註之外，餘不贅註。

註一一　見汪經昌「南北曲小令譜」卷上北正宮，頁四，中華。

註一二　見鄭騫「北曲新譜」，頁九三—九五。

註一三　見鄭騫「北曲套式彙錄詳解」，頁四〇。

註一四　同註一三，頁七一。

註一五　同註一二，頁一三三—一三四。

註一六　同註一三，頁一一五。

註一七　同註一二，頁一六四—一六五。

註一八　同註一二，頁一五〇—一五一。

註一九　見汪經昌「南北曲小令譜」上卷北中呂宮，頁一六陰面，中華。

註二〇　同註一九，上卷北中呂，頁一七陰面。

註二一　同註一二，頁二六七。

註二二　同註一九，上卷北雙調頁六、頁六陰面、頁二五陰面、頁二七陰面。

註二三　同註一二，頁二九七—二九八

註二四　同註一二，頁二九二—二九三。並參見隋樹森「全元散曲」，頁五七〇，中華。

註二五　同註一二，頁三七五。

註二六　同註一二，頁三四九。

註二七　同註一二，頁三〇一。

註二八　同註一二，頁三五二—三五三，又同註一三，頁一七七。

註二九　同註一二，頁三七五，又同註一九，上卷北雙調，頁二七。

註三〇　見隋樹森「全元散曲」，頁一七七六，中華。

註三一　同註一九，上卷北雙調，頁一七陰面。

註三二　同註三〇，頁四四三。

註三三　同註一二，頁三一二—三一三。

註三四　同註一九，上卷北雙調，頁一四陰面—一五。

註三五　同註一九，上卷北中呂宮，頁六陰面，又北南呂宮，頁三；並參見盧前「飲虹簃所刻曲」下冊「沜東樂府」卷二，頁八，又「雙溪樂府」卷上，頁二九，世界。

註三六　同註三，「散曲概論」，頁三一。

註三七　「散曲叢刊」一冊，「夢符散曲」摭遺，頁七—八。

註三八　同註一三，頁八五。

註三九　同註一三，頁一三、頁一五五及頁一七七。

註四〇　同註一三，頁一八七。

註四一　同註七。

註四二　楊蔭瀏「中國古代音樂史稿」第三冊，頁一七五—一七七，丹青。

註四三　王力「中國詩律研究」（本名「漢語詩律學」），頁七一二，文津。

註四四　王秋桂主編「善本戲曲叢刊」第一百冊「九宮大成南北詞宮譜」第十四，頁五四三〇，學生。

「邯鄲記的喜劇意識」讀後

陳芳英先生此篇論文，重點在於從湯顯祖的臨川四夢中，取其最後一部劇曲來探討湯氏劇中的喜劇曲意識，也是就湯氏全部劇作探索的一部份。以管未必能窺豹，以蠡未可以測海，但就陳先生這一小節文字來看，可以看出其對湯氏劇作的嫻熟和熱愛，其取捨與立論也是極爲嚴謹的。基於各人認識與立場有異，茲就此論文提出一些個人的淺見以就正於作者與專家學者：

㈠不同的文化產生不同的文學，尤以中西文化差異之大，極難做比較的工作。如「悲劇」的定義是否以希臘式爲標準，中國有無西方文學的「悲劇」就是一個很値得深思的問題。若就「喜劇」來論，以西方的模式論中國戲曲也許不十分精當，但比「悲劇」的模子可能適合些。因此，這篇論文在結構上雖然套用了一些西方的模子，而又以中國戲曲常用的手法來詮釋，大體上是相當成功的。

㈡在楔子中，作者以「俠、情、幻、覺」來解釋四夢，也引了湯氏「夢中之情，何必非眞，天下豈少夢中之人耶？」和「夢了爲覺，情了爲佛。」（南柯記題詞），揭露「邯鄲記」中喜劇之流露及其獨特的人生觀照，也是本篇論文的一個好破題。由於中國的哲人才子一向對「夢」有很大的興趣，如能從周禮談六夢及早期記夢的故事，如莊周夢蝶、蕉鹿之夢、尹周氏之夢等來引證闡述，可能更可加強楔子中的論點，或許也可以由此立下一個中國式文學題材中「夢之解析」的模子。

㈢作者在論「邯鄲記」一劇的關目情節時，下了很大的工夫，尤其分析第一齣「標引」、第六齣「贈試」、十一齣「鑿郟」的開河、十二齣「望幸」、十六齣「大捷」、十七齣「勒功」、二十齣「死竄」、二十七齣「極欲」等處，都能看出作者用心勾勒劇中的喜劇成份。不過此節有些小問題是値得商榷的，文中提到「湯顯祖筆下的『生』角，往往帶有『丑』角的意味」，就本劇而言是極爲正確的，衡之還魂記的「柳夢梅」、紫釵記的「李益」和南柯記的「淳于棼」，則無法看出有多少「丑」的成份。另外有些關目不盡合理，在劇情發展上轉接得太快，本篇論文認爲是喜感，如論盧生入夢與崔氏甫一覿面，便論婚嫁；「死竄」中盧生逃過一死等處，從劇本上看，與其說是喜劇的成份，不如說是關目的疏漏。元代雜劇中關目非常粗略，和現在一些地方戲裏爲了劇場上的簡便和避免冷場，往往場上角色的表演失之輕易馬虎的情形相似。明代文人劇中，關目和組場都能小心注意，但謬誤仍然不免。因此，「邯鄲記」在這些小節上有疎失是無法避免的，不能當成喜劇的技巧。

㈣作者在論「人物」時，對劇中主要角色的盧生、崔氏、宇文融和八仙，都有適切的分析。論八仙著墨不算多，却如初寫黃庭，恰到好處。惟將「邯鄲記」爲繼承度脫劇一脈，稍嫌過簡，未能將「度脫劇」自元入明的一些變化和此劇有意的混合嚴肅與滑稽，作一簡明的分析來說明湯顯祖的喜劇手法。然而在劇中的一些次要人物如五齣「招賢」中的裴光庭，十三齣「望幸」的新河驛丞，二十二齣

「備苦」的呆打孩，雖然有的是副角，有的出場一次，但都能看出湯顯祖寓於其中的揶揄與諷刺，如能稍加分析，更能使本篇論文生色。

㈤文字的詼諧活潑是曲的特色之一，更是喜劇中最常使用的技巧，然而一部份「曲中俳體」如回文、離合，當屬文人的遊戲，是否能看成滑稽則不能無疑。如本篇論文「曲文賓白」中引的盧生上場「菩薩蠻」倒句，和崔氏的「菩薩蠻」的錦字迴文，只能看成文人「炫才」之作，並無多大的喜感。至如牡丹亭十七齣「道覡」的老道姑用千字文串成一大段賓白，除了炫才外還帶有滑稽，是因爲劇情安排如此，並非一成不變。至於文中的「集唐」，更是文人炫己的手法，湯顯祖四夢中比比皆是，看不出有什麼滑稽。不但湯顯祖如此，在明清文人劇作中也是常見的，如阮大鋮燕子箋的上場詩有集唐，洪昇長生殿每一齣的下場詩都是集唐，都不能看作喜劇的方式。

㈥陳芳英先生在「尾聲」中，特別強調「喜劇調節的運用在我國戲劇中經常出現，而具有強烈自覺的喜劇意識的劇作家，恐怕只有湯顯祖。」這一點也是値得商榷的，明代文人有意借戲曲以諷世的相當多，其中用喜劇表達的亦復不少，短劇暫且不論，傳奇中如孫仁孺的「東郭記」，其嬉笑怒罵、冷嘲熱諷，完全用詼諧之筆寫出，而且非僅關目情節、人物和賓白曲文充滿了滑稽，連其齣目也套用孟子中的成辭務求詼諧，其「強烈自覺」高出湯顯祖很多，湯顯祖固爲喜劇大家，但絕不是唯一的，也不能專美。

以上所提出的幾點淺見，只是個人不同的看法，對陳芳英先生的宏文來說，並無太大的牴觸，也談不上什麼補充，在私衷上希望能藉著與陳先生討論的機會以就教於專家學者。

編按：陳芳英先生所著「『邯鄲記』的喜劇情調」（於第八屆全國比較文學會議中提出時，原題爲「『邯鄲記』的喜劇意識）刊於中外文學，第十三卷·第一期（七十三年六月號），頁四八—六九。

略論中國戲曲的題材

中國戲曲自宋金雜劇院本到現在的各種地方戲，時有古今不同，劇種也紛然雜陳，如果推究其原，戲曲不但是起於民間，也深受民間影響。因此，論民間文學的題材就其基型而論，是受到了生活、環境和情感三個要素所支配，要討論中國戲曲的題材，這是不可忽略的一環。

前賢對古典戲曲題材的分析也有不少的宏論，如元代夏伯和青樓集記述元代歌妓所擅長的雜劇有：1.駕頭，2.花旦，3.軟末尼，4.閨怨，5.綠林等五類（註一）。其中駕頭指飾演帝王后妃故事的雜劇，花旦爲飾演妓女的雜劇，軟末泥爲文靜小生戲，閨怨爲良家婦女的愛情戲，綠林是屬於朴刀桿棒的武生、武旦戲。由其名稱來看，大致是就劇中主要人物的身份來分類，其不盡理想是必然的事。

明初寧獻王朱權在太和正音譜中，分雜劇爲十二科：1.神仙道化，2.隱居樂道（又曰林泉丘壑），3.披袍秉笏（即君臣雜劇），4.忠臣烈士，5.孝義廉節，6.叱奸罵讒，7.逐臣孤子，8.鏺刀趕棒（即脫膊雜劇），9.風花雪月，10.悲歡離合，11.烟花粉黛（即花旦雜劇），12.神頭鬼面（即神佛雜劇）。不但對戲劇有明確的分類（註二），也注意到戲劇的內容。不過在十二類中，就劇中內容性質分的，如1.2.5.6.8.9.10.等類，其餘如3.4.7.11.12.五類係就劇中主要人物而分的，同時系統不純，而且4.5.6.7.之間，9.10.兩類，以及1.12.兩種，沒有實例說明，可說是界線不明，容易產生混淆不清的現象。（註三）

近人紀庸「元雜劇之題材」一文（註四），已經注意到元雜劇的取材偏向於通俗，因而將元劇題材分爲㈠取自通俗讀物，如「蒙求」、「列女傳」、「群書類編故事」、「書言故事大全」、「筆記小說」等。㈡具有先導作用的，分爲1.講釋，即「說話」，2.諸宮調，3.院本，4.南戲。內容取材豐富，析論甚辯，而所論間有未妥。如諸宮調、院本、南戲三類，和講釋的關係密切，又如第一類取材列女傳的「秋胡戲妻」，早就是民間盛傳的故事了（註五），分在第二類也許更適合，諸如此例尚多，說明了紀氏分兩大類是不夠的。

齊如山在「國劇要略」中談到「劇本的特點」（註六），分爲良善的、惡劣的和平常事跡三大類，其子目爲良善的有忠臣孝子、義夫節婦、忠義俠烈、扶危濟困、受恩圖報、平反冤獄、懷才不遇、勗勵朋友；惡劣的有奸臣逆子、姦夫淫婦、貪官汚吏、惡霸土豪、忘恩負義、嫌貧愛富、倚勢凌人、諂媚小人、欺詐傾陷、圖財害命；平常事跡有骨肉團圓、釋道神化、演述史跡、頌揚帝德、循環果報、僧道醫卜。然而齊氏此文只是閒談性質，分類既不周全也不十分適當，自然減輕了此文的價值。

今人羅錦堂的博士論文「現存元人雜劇本事考」分元雜劇爲八類十六種：㈠歷史劇（分以歷史事跡爲主者，和以個人事迹爲主而其事與史事相關聯者二目），㈡社會劇（又分朋友、公案二目，公案中再分決疑平反、壓抑豪強、綠林三種），㈢家庭劇，㈣戀愛劇（又分良家男女之戀愛，良賤之戀愛二目），㈤風情劇，㈥仕隱劇（分發迹變態、遷謫放逐、隱居樂道三目），㈦道釋劇（分道敎劇、釋敎劇二目，釋敎劇又分弘法度世和因果輪迴兩種），㈧神怪劇。（註七）此外，羅錦堂「現存元人雜劇的題材」一文中，把元雜劇題材的來源定爲：㈠宋官本雜劇，㈡金人院本，㈢諸官調，㈣宋人話本，㈤南宋戲文，㈥筆記小說，㈦歷史傳記，㈧民間傳聞，㈨當時情事。（註八）羅氏分類很詳細，談元雜劇題材的來源也很正確，是目前研究元雜劇題材最好的參考資料。然而自明代以來迄於平劇及地方戲曲的題材，就缺少精當的敍述和考證了。

中國戲曲所包括的範圍極廣，從唐戲弄、宋代官本雜劇、金院本、元雜劇、宋元南戲、明淸傳奇、短劇、皮黃以及各地地方戲，尤其是地方戲的總數在三百種以上（註九），包括如此之廣，要了解其題材的來源和分類自是不易，然而中國戲曲都是起源於民間，受到了民間感情的影響，而由最初的基型逐漸發展爲繁複的種類，就大類而言，可分爲：㈠民衆所熟悉的故事，㈡民衆所關心的事，㈢一般社會現象，㈣忠孝節義的傳統倫理，㈤文人劇，㈥娛樂小戲。現逐一簡介於後：

一、民衆所熟悉的故事

民衆看戲，故事越熟悉其興趣越高。民衆所了解的故事，其來源有歷史的、通俗讀物的、講唱文學及一些傳說故事。歷史包含了正史和野史傳說，尤以後者爲多，通常這類戲劇多爲文人所編，在地方戲中則爲改編吸收其他劇種而成，前者如汪笑儂元祐黨人碑的史事改編爲平劇黨人碑，後者如台灣歌仔戲在較早時演林投姐、安安趕雞、水蛙記等民間故事，後來從平劇和北管中，改編不少戲如狸貓換太子、唐伯虎點秋香、劉秀復國等。通俗讀物以話本、章回小說爲主，如元人熟知三國、水滸、楊家將等故事，這類戲曲就很多；明清時說唐、征東、征西、彭公案等故事興起，皮黃和地方戲就編了不少這些故事的戲曲；紅樓夢、鏡花緣小說盛行，於是黛玉葬花、廉錦楓的劇目就產生了。講唱文學和戲曲更不可分，如耐得翁都城紀勝瓦舍衆技條（註一〇）說：「凡傀儡敷演煙粉靈怪故事、鐵騎公案之類，其話本或如雜劇。……影戲，凡影戲乃京師人初以素紙雕鏃，後用彩色裝皮爲之，其話本與講史書者頗同，大抵眞假相半。」因此胡士瑩話本小說概論中特別列一節來說明說話對戲曲的影響了（註一一）。又如彈詞有再生緣和玉蜻蜓，金華戲和紹興戲就編了這些戲。又如河南曲子、蘇州灘黃等地方戲，原先都是說唱，後來才演變爲代言體的戲曲，因此演出的劇目有些本是講唱故事改編的（註一二）。至於一些傳說故事尤以地方性爲主，如歌仔戲演周成過台灣、甘國寶過台灣、廖添丁等故事，閩粵地方戲演陳三五娘等都是如此。

二、民衆所關心的事

在民間文學的基型中，生活是一項重要因素，尤其是民衆所關心的事，爲戲劇最大的題材來源，倒眞能做到「民之所好好之，民之所惡惡之」了，民衆在生活的體驗中，最受到民衆關心的有司法公正、男女愛情的順利、善有善報惡有惡報、迎神報賽和年節慶祝等幾項。就司法公正言，保護百姓的清官受到頌揚，因此在元代雜劇就有不少公案劇，其中包公形象突出，不但成爲箭垛人物，更是各種地方戲最喜歡的題材（註一三），而後世的海瑞和彭公案的戲也是同一心理的劇作。在愛情戲方面，更是戲曲中最喜歡描寫的題材，不論是才子佳人、文人歌妓、小市民的愛情；也不論是如紅鸞禧的喜劇、梁祝的悲劇或拾玉鐲的風情，小放牛的玩笑，都受到民衆的喜愛，像清初魏長生的滾樓，即是最好的例子（註一四）。民間善惡有報的觀念極重，雖然在現實生活中，善未必有善報，惡未必有惡報，太史公尚且嘆說：「儻所謂天道，是邪！非邪！」不過到了戲中，作惡之人必定不得善終，好人不能冤死，因此大團圓的結局就成了一個最通俗的題材了。同時民間重視迎神報賽和年節慶祝，因此一些神話性的戲和吉慶戲就產生了，內容多以武打、做工爲主，不重視故事情節，如掃蕩群魔（五花洞）、天官賜福、跳加冠、跳魁官等。

三、一般的社會現象

人們的生活不能脫離社會環境的影響，戲曲既來自民間，社會上的現象自然就充份的反映到戲曲題材裡，如自宋以後，科舉盛行，中狀元就成爲劇中文人必然的結果，社會上重視狀元，戲曲怎能不寫呢？平劇連陞店就是一個最明顯的例子。又如後母的形象不好，嫌貧愛富的普遍，因果報應的心理，都使戲曲的題材趨向於多面化。現代一些洋化的學者常常詬病中國戲曲中的因果輪迴太多，却不知道因果報應是過去社會裡最普遍的信仰，大家都相信，因此，戲曲中沒有因果報應，才是令人奇怪的。又如元代讀書人的地位低，商人不但活躍而且有錢，於是就出現了不少以士人、商人和妓女的三角戀愛劇（註一五）。科舉盛行後，不少士人中舉後貪戀富貴，拋棄糟糠另娶高門，因此南戲中有負心類的戲，如王魁、崔君瑞、負心陳叔文、趙貞女蔡二郎、李勉負心、張瓊蓮等（註一六），平劇及地方戲中的秦香蓮、臨江驛等都是同一負心的情節。

四、忠孝節義的傳統倫理

談到國劇，多數人都說國劇表彰忠孝節義，由此可知忠孝節義在中國戲曲中所佔的份量。究其原因，一方面是傳統的倫理道德和善有善報的觀念，是中華民族長期孕育的集體感情和倫理道德意識。另一方面是帝王和儒士爲了要把戲曲的社教功能強化，有意使戲曲的題材走向忠孝節義。如大明律講解卷二十六刑律雜犯云：「凡樂人搬做雜劇戲文，不許粧扮歷代帝王后妃忠臣烈士先聖先賢神像，違者杖一百；官民之家，容令粧扮者同罪；其神仙道扮及義夫節婦孝子順孫勸人爲善者，不在禁限。」（註一七）同樣的條文也出現在雍正三年禁止搬做雜劇律例，另外再加按語云「……其神仙道扮及義夫節婦孝子順孫，事關風化，可以興起激勸人爲善之念者，聽其粧扮，不在應禁之限。」（註一八）又如清楊恩壽詞餘叢話卷三云：「嘗見感應篇注：『有入冥者，見湯若士身荷鐵枷，人間演牡丹亭一日，則答二十。』雖甚其辭以警世，亦談風雅者不敢不勉也。」由於這兩方面的影響，忠孝節義就成了戲曲最好的題材。如楊家將、岳家將的戲曲，都在表揚效忠國家，而梨園界素敬關羽，不稱淨而稱紅生，稱爲關老爺，關公的戲稱老爺戲，其原因即在於關羽的忠義。表揚節義感人的如雙官誥、武家坡、趙五娘；而琵琶記中蔡邕身中狀元，父母竟遭荒年餓死，毛聲山却許爲「全忠全孝」（註一九）。因此，不忠如風波亭的秦檜夫婦，不孝如天雷報的張繼寶，不節如大劈棺的田氏、翠屏山的潘巧雲，不義如一捧雪的湯勤，都得到了惡報。

五、文人劇

戲曲雖起於民間，經文人之手而潤飾其文字，往往不是走向案頭化來表現士大夫的一些庸俗思想，就是藉著戲曲來借古諷今。前者以明代傳奇和短劇爲甚，因爲明代創作家的社會地位高於元劇作家甚多，有藩王，有狀元，有榜眼，以進士及第者至少有三十人，可說不是顯宦就是高級知識份子居多（註二〇）。再加上明初法律禁戲的嚴格，如明成祖永樂九年禁詞曲，顧起元客座贅語卷十國初榜文條云：「永樂九年七月初一日，該刑科署都給事中曹潤等奏乞敕下法司，今後人民倡優裝扮雜劇，除依律神仙道扮義夫節婦孝子順孫，勸人爲善及歡樂太平者不禁外，但有褻瀆帝王聖賢之詞曲駕頭雜劇，非律該載者，敢有收藏傳誦印賣，一時拿送法司究治。奉聖旨，但這等詞曲，出榜後，限他五日都要乾淨將赴官燒燬了，敢有收藏的，全家殺了。」（註二一）在這樣嚴格的法令下，劇本的創作當然偏向神仙、喜慶和才子佳人的通俗題材裡，加上文辭典雅，重音律，形成了只適在紅氍毹上雅賞和案頭把玩的劇本了。另一方面，元明以來也有不少文人運用戲曲來諷世，以宣洩自己的牢騷，如馬致遠仕途不得意，寫任風子、岳陽樓、邯鄲夢等度脫劇來諷刺現實世界的虛幻。又如王昭君的故事雖然不斷的演變，一直到變文中的明妃傳和宋人王安石、歐陽修的歌詠，王昭君都是嫁了匈奴單于。但到了馬致遠的漢宮秋裡，王昭君寧投黑水而死也不嫁到匈奴，可見東籬老的諷刺精神了。（註二三）明清傳奇短劇中，如鳴鳳記、東郭記、四聲猿、續四聲猿、齊東絕倒、泥神廟、中山狼、眞傀儡等，皮黃中的黨人碑、罵閻羅等，都是文人諷世的創作。

六、娛樂小戲

戲曲由古代娛神的巫舞演變為娛人的優人表演，其娛樂的性質就十分明顯了。優人的戲謔詼諧在王國維的優語錄中記載的多而詳細，在宋金雜劇院本中，插科打諢的情節很多，現存的如元劇降桑椹中的雙鬥醫（註二三）等，仍然可看出其詼諧性。至於丑角，更是中國戲曲中不可缺少的甘草。而唐宋以來，人們喜愛戰爭的故事，話本少不了朴刀桿棒和長槍大馬的鐵騎兒，變文裡穿插不少戰爭的情節，戲曲中的武戲自然就受到觀衆的喜愛了。至於一般的地方戲甚至包括崑曲、皮黃，都少不了以一般百姓的生活作模仿的對象，以小生、小丑、小旦輕鬆活潑的風格演出，洋溢著喜劇氣氛的「玩笑戲」，即所謂兩小戲、三小戲，都是為了娛樂的目的。例如山東呂戲的王小趕船、光棍哭妻、大閨女要婆家；評戲（落子）中的老媽開嗙、馬寡婦開店；四川燈戲中的裁縫偷布、駝子回門；台灣車鼓戲的桃花過渡、補甕；揚州戲的種大麥、磨豆腐、張古董借妻等，而小上墳、小放牛、打麵缸、花子拾金、瞎子逛燈等，不但平劇有，不少的地方戲都有這些劇目，可知娛樂小戲是戲曲中很重要的一環，絕不可忽視（註二四）。

這個題目很大，值得詳細說明的還很多，如能就各大類詳細列出子目，每一子目多做說明，再列出自宋金雜劇院本至各地方戲的戲目，才算得上是一篇像樣的論文，限於學力、時間和字數，無法多做說明，只好拋磚引玉的稱爲略論了。

【附註】

註一　如青樓集論珠簾秀云「姓朱氏，行第四。雜劇當今獨步；駕頭、花旦、軟末泥等，悉造其妙。」又天然秀云：「姓高氏，行第二，人以小二姐呼之。……閨怨雜劇，爲當時第一手。花旦、駕頭，亦臻其妙。」而善綠林雜劇者，有天錫秀、國玉第、平陽奴等人。見鼎文版歷代詩史長編二輯第二冊。

註二　曾永義以爲青樓集分類並未明擧，故雜劇分類之始爲太和正音譜。見曾著說戲曲中「太和正音譜的曲論」，頁一〇六（聯經版）。

註三　同註二，頁一〇六－一〇七。

註四　紀氏原文見國文月刊合訂本下卷，頁一〇一一－一〇二〇（泰順版）。

註五　見汪志勇度柳翠翠鄉夢與紅蓮債三劇的比較硏究，已經說明秋胡故事的流傳與演變，頁五－六（學生版）。世界書局敦煌變文亦收秋胡變文。

註　六　見重光文藝出版社「齊如山全集」第三册，頁一六一—一七。

註　七　見羅錦堂「現存元人雜劇本事考」，頁四一九—四五二（中華版）。

註　八　見聯經版羅錦堂「錦堂論曲」，頁九九。

註　九　見邱坤良主編中國傳統戲曲音樂，頁二四一—二三五附錄一：中國各地方劇種分佈表（遠流版）。

註一〇　見大立版東京夢華錄外四種，頁九七—九八。

註一一　見丹青版胡士瑩話本小說概論，頁八五—九四。

註一二　同註九。

註一三　公案劇研究有鄭振鐸「元代公案劇產生的原因及其特質」，見明倫版文基原著中國文學研究新編，頁五一一—五三四。文學評論第四集齊曉楓「元代公案劇的基型結構」及顏天佑「元雜劇所反映之元代社會」，頁六七—一二五。包公形象見胡適中國章回小說考證中，頁三九三—四三六的三俠五義考證（盤庚版）；汪志勇度柳翠翠鄉夢與紅蓮債三劇的比較研究，頁九—一〇。又顏著頁一五—一二四有「以包公爲典型的清官形象」述之甚詳。

註一四　見學生版清代燕都梨園史料第一册，頁一二四—一二六，燕蘭小譜卷魏三條。

註一五　明倫版文基原著中國文學研究新編，頁五三五—五五八，有鄭振鐸「論元人所寫商人、士子、妓女間的三角戀愛劇」。

註一六　見木鐸版錢南揚戲文概論「內容第四」，頁一二三—一二四。

註一七　見河洛版元明清三代禁毀小說戲曲史料，頁一〇中央法令。

註一八　同註一七，頁三一。

註一九　見文光版毛評本琵琶記，頁一三總論。

註二〇　見中新版八本澤元著明代劇作家研究第一章總論，頁三一－三六。

註二一　同註一七，頁一三。

註二二　王昭君故事演變見聯經版中國民間傳說論集，頁四九－八六，有張壽林「王昭君故事演變之點點滴滴」。大陸雜誌語文叢書第一輯第一冊梁容若「關於王昭君之歷史與文學」一文。

註二三　見明倫版孤本元明雜劇第一冊，頁四四六－四四九。

註二四　玩笑戲劇目參考遠流版中國傳統戲曲音樂與里仁版戲考。

談中國古代戲曲和話劇的關係

由於我研究的對象是中國古代戲曲，同時對話劇也有一份喜愛，在本院話劇社歷次的公演中，也常爲座上之客，因此邵老師和社長給我這個題目，希望我談談兩者之間的關係。然而我本人才疏學淺，而且古代戲曲和話劇之間的來源不同，結構也有差異，彼此間扯不上什麼關係。所以我只能就所知分㈠中國戲曲的來源和特色，㈡話劇的傳入中國，㈢兩者之間的比較，㈣對大專院校話劇社的期望等四項，提出一點淺見與大家一同研究，作爲對本院建校十週年的獻禮。

一、中國戲曲的來源和特色

中國戲曲的成熟約在南宋時的南戲和元代的雜劇（註一），在此之前，只有表演故事的歌舞，敍述故事的詩歌，以嘲諷戲弄爲主的參軍戲、滑稽戲和以傀儡、皮影表演的傀儡戲和影戲，以此就是各種武技和雜耍了。其中表演故事的歌舞可以追溯到西周初年的武舞和戰國時的楚辭九歌（註二），漢代的巴諭舞、公莫舞、東海黃公，六朝的代面、踏搖娘、撥頭，唐代的樊噲排君難都是有故事情節的歌舞，宋代的大曲、曲破、法曲、轉踏、賺詞均注重歌舞以表演故事（註三）。敍述故事的詩歌以唱爲主，有鼓子詞和諸宮調（註四），諸宮調雖無科介及代言體，然而其聯套方式和故事情節敍述詳細入微，影響戲曲非常大。參軍戲和滑稽戲的表演以優人爲主，而優人也可上溯到東周（註五），優人純以機智的語言和滑稽的動作以模仿表演，後世戲曲中淨丑的打諢插科完全受其影響（註六）。雖然有人認爲參軍戲和滑稽戲是最早的話劇，但是我却不敢苟同（註七）。傀儡戲和影戲在宋代很發達，其取材又爲宋代話本的故事（註八），由傀儡、皮影而成爲眞人扮演，是很容易的事，因此有人認爲平劇中的某些動作是描仿傀儡戲而來的（註九），應當是十分可能。以上這些雖非戲劇，但都對戲劇的催生產生了很大的作用，而且都保存在中國戲劇之內。如武技非戲劇，而武戲的動作完全脫胎於武技，即是一證。

由以上所述，可知中國戲劇構成的要素至少要包括以下幾點：㈠以演員扮演劇中人而爲代言體的演出。㈡有對話，即爲賓白。㈢有歌唱，在雜劇、傳奇和短劇中，歌唱爲南北曲的曲牌音樂，爲不整言的曲文所構成；在平劇和一般地方戲曲中，常爲整言的詩體所形成，其分別一是詞曲化的，一是詩化的（註一〇）。㈣動作，戲曲的動作，元雜劇稱科，明清傳奇稱介，以舞蹈化表現之。

中國戲曲的特色，大體可分三點論之：㈠歌舞合一的藝術。㈡象徵性。㈢人物個性公式化。茲分述如下：

㈠歌舞合一的藝術

國劇大師齊如山曾以「有聲有歌，無動不舞」八字來形容平劇的特點，實際上中國戲曲從元雜劇到各種地方戲，都源於表演故事的歌舞，自然不脫歌舞的範圍，其中尤以崑曲爲最，以歌而論，齊如山分爲四級，凡隨音樂而唱的爲第一級，念引子、念詩、叫板、念對聯和數乾板爲第二級，一般說白爲第三級，笑、哭、懼、悔以至咳嗽所發出的聲音爲第四級（註一一）。以笑而論，角色不同，情節不同、笑的方式因之而異。又如啐人，旦脚用啐字或呀啐，生脚用呀呸，即是一證。

就舞蹈而論，即身段，不但一切動作要配合鑼鼓點，而且不同角色有不同身段，何種情節用何種，絕不能錯。即以手式蘭花指而言，就有數十種之多，非舞蹈爲何（註一二）。以我國戲曲而論，平劇已接近寫實，其身段尚如此複雜，其他可想而知。如崑曲唱唸時身段多爲成片的舞蹈，如遊園中的杜麗娘唱「遍青山啼紅了杜鵑」，即於舞蹈中用扇子比劃一座山形表示青山，思凡中小尼姑見了許多羅漢，不但要唱，而且還有模仿每一羅漢的形象和神態。因此齊如山曾就戲曲中成片的舞蹈分成形容音樂、形容心事、形容作事和形容詞句四種（註一三）。

㈡象徵性

中國戲曲因受歌舞影響，寫實的成份很少，不但動作如開門、跑馬等以舞蹈方式表演，其餘如大小宴會均以最簡單的道具和動作象徵。舞台空間也是象徵性中，擺張椅子既可代表山，也可代表司令台，一會是屋內，一會兒就成了湖面。甚至是分割式的。如主人在屋中坐著，客人要先扣環，家院應門請進之後，要七拐八彎才和主人相見，則同一舞台即有室內，庭院，大門外三部份。群英會中曹操帶領八十三萬人馬，在舞台上只要八將起霸上即可代表。夜行探莊只用走邊的身段來象徵即可。

㈢人物個性公式化

中國戲曲受傀儡和影戲影響，上面已說過了，傀儡和影戲的人物造型很重視忠奸分明，所謂「公忠者雕以正貌，姦邪者與之醜形。」（都城紀勝）。而且戲曲情節受話本影響也很大，話本中人物一出場，必先詳細的敍述身世、體態、相貌、服飾和個性。因此，中國戲曲中的人物個性自然而然走向公式化了。其方式有二：

1. 上場時由唱唸中說明人物個性。如元雜劇「包待制智斬魯齋郎」一劇，魯齋郎一上場就說：「花花太歲爲第一，浪子喪門世無雙。街市小民聞吾怕，則我是權豪勢要魯齋郎」，觀衆一聽就知道這傢伙不是好東西。

2. 臉譜。臉譜可說是直接受「雕正貌，與醜形」的影響，不但表示人物的個性，甚至面貌、姓名、職業身份等均可由臉譜得知，如神佛勾金臉，青面虎勾青虎，黑風力、武城黑和烏禮黑都勾黑臉，包拯額上勾月形表示他「日斷陽，夜斷陰」，太監則勾柳葉眉，烏眼窩，小嘴，表示近於婦人。鶴童勾鶴形，關羽勾臥蠶眉，張飛勾環眉等均是。（註一四）

二、話劇的傳入中國

談到話劇，純粹是舶來品，孟瑤認爲參軍戲、滑稽戲、院本和過錦戲是中國早期的話劇（見註七），實際上這些都是優人或爲了笑樂，或爲了嘲諷而表演的即興科白戲，嚴格的說，既無鮮明的情節，也無嚴整的結構，只是類似相聲和雙簧之類的表演。

在中國戲曲中倒有些類似話劇型式的戲，在明代傳奇裏，有不少齣戲全用對話演出，沒有一句唱詞，如荊釵記「疑會」、香囊記「拾囊」、南西廂「警傳閨寓」、明珠記「鴻逸」、琴心記「臨邛夜追」、「卓老覓女」、「片帆追送」、白兎記「分娩」和曇花記七齣、十三齣、二十四齣、三十齣、三十一齣、三十三齣、三十四齣、三十八齣等（註一五）。然而這些都是全本戲劇中的一些小過場，用最簡單的型式作起承連絡用，也不能當做話劇的起源。平劇中也有不少只有對話沒有唱辭的過場戲，如西施一劇分三十七場戲，其中第一場、十二場、十四場、二十二場、二十三場、二十五場、二十七場、三十場、三十一場、三十二場、三十四場、三十五場、三十六場等全是對話，我們總不能稱之爲話劇（註一六）。因此清末名伶響九霄田際雲演「紅樓夢」鳳姐遇賈瑞一段全劇用說白，實在算不上什麼新鮮事（註一七）。

在話劇傳入中國之前，一部份有識之士已經着手戲劇改革了，如梁啓超的刧灰夢、新羅馬和俠情記三種傳奇，留日學生寫的愛國女兒傳奇，林紓的蜀鵑啼傳奇，都是利用傳奇的題材來寫時事（註一八）。汪笑儂新編的皮黃如黨人碑、哭祖廟、六軍怒等也是對當時時局不滿的反抗。在上海有夏月潤、夏月珊、潘月樵等受日本劇場的影響，用新式旋轉舞台演新茶花女，黑奴籲天錄和黑籍冤魂等戲，然而還保留皮黃的場面，用胡琴伴奏，有時還可以看到穿西裝的劇中人，橫著馬唱一段西皮。另外天律

女伶金月梅也大量編出新戲，然而舊瓶變來變去，仍變不出新酒來，話劇的產生還是非由橫的移植過來不可。（註一九）

中國話劇大體上公認源於光緒三十三年（一九〇九）李息霜（即弘一法師李叔同）、歐陽予倩等人組織春柳社，在日本演「茶花女」和「黑奴籲天錄」（註二〇）。雖然孟瑤以爲在光緒十五年（一八八九）上海聖約翰大學便曾上演「官場醜史」，光緒二十六年（一九〇〇）南洋公學演「六君子」「義和團」，育材學堂演「張汶祥刺馬」「英兵擄去葉名琛」，光緒三十一年汪仲賢汪優遊兄弟的「文友會」演「捉拿安德海」「江西教案」等都早於春柳社（註二一）。然而孟瑤並沒有說出資料的來源，我們不知道這些戲到底是眞正的話劇呢，還是唱段皮黃的改良新戲。同時，這些戲是上海洋學堂和伶人所演，其受西方戲劇影響是必然的。爲了愼重起見，仍不得不推春柳社是中國話劇的濫觴。

春柳社的成立是由於一些留日的學生，在日本看到川上音二郎與川上貞如夫婦演出的「浪人戲」，又得到了籐澤淺二郎的幫助而成立的，在光緒三十三年（一九〇七）二月，因徐淮告災，因此舉行一次賑災義演，演出了小仲馬的茶花女。第二年任天知和王鍾聲回國組織春陽社。民國三年由於上海的文明戲正是黃金時代，歐陽予倩等的春柳劇場是這時期「文明戲」的巓峯（註二二）。

在五四前後，新青年雜誌第四期爲「戲劇改良專號」，第六期爲「易卜生專號」，同時北京的新潮，晨報副刊等都在提倡易卜生的戲劇，潘家洵並且翻譯了易卜生全集，胡適又寫出了第一本中國人的創作劇本「終身大事」，使話劇的發展又向前邁進了一大步。跟著陳大悲在北京提倡愛美劇（Amateur，即業餘之意，據說是宋春舫所譯的），和蒲伯英合組中華戲劇協社（共有四十八個團體社員），公演陳大悲自編自導的幽蘭女士、良心、孔雀東南飛，演員大都爲清華大學、北京高師、北京女高師的學生。同時熊佛西領導燕大劇團，演出熊氏自編的新聞記者、車夫的婚姻等，使話劇在學校學生之間生根（註二三）。

民國十年熊佛西、陳大悲、歐陽予倩等十三人創民衆劇社，業餘演出，並出版「戲劇」月刊，十一年又有戲劇協社的成立，同時由於洪深由美返國加入，注意演出理論，尊重劇本對白，注意平日排練，實行男女合演，才使話劇走上正軌。此後由於戲劇團體越來越多，各大學話劇社團的相繼成立，戲劇學校和戲劇系也漸漸出現了，因此愛好話劇的人也由各大都市擴展到小城鎮而遍及全國，話劇的成長可說是快速的。（註二四）

由上所述，我們可以知道話劇是由上海和北平發展成功的，在內容上以反映社會爲主，在形式上是歐化的。因此，我們絕不可以拿古典戲劇中的一些科白戲當成戲劇的前身，在以對白爲主體的同點上，兩者看來類似，然而在嚴肅的學術研究上，兩者不可混爲一談，也是一件再清楚不過的事。

三、中國戲曲和話劇的比較

中國戲曲和話劇因來源不同，文化背景因之而異，結構組織也有別，兩者之間自然有很大的差異，茲分別列之如下：

1.話劇由西方傳入的，受西方戲劇影響極大。西方一般可分成戲劇、歌劇和舞劇（芭蕾）三種，戲劇著重對話和寫實的動作，歌劇則以歌唱藝術爲主，舞劇從動作語言（舞蹈）中敍述故事，而話劇是直接繼承了戲劇的對白和寫實的精神（註二五）。中國戲曲由歌舞演變而成，歌唱、舞蹈和對話合爲一體，已使某些西方人大感驚異，而利用身體四肢表現出來的身段，和突破時空的舞台處理，完全是寫意的，而非寫實的，不但是中國戲曲的特色，同時也影響了西方現代戲劇和舞台處理（註二六）。

2.西方戲劇遠承希臘戲劇，戲劇理論也見於亞里斯多德的詩學，可說是淵遠流長。因此西方戲劇從最早希臘悲劇的探討人類命運和喜劇的諷刺性開始，一直受到文學家的重視，而戲劇的精神即在闡釋人生，爲了達到「發散」（或譯淨化，希臘文Katharsis，英文Catharsis）（註二七）的效果，其衝突化和戲劇性很強。而中國戲曲從開始就淪入以娛樂爲目的的窠臼，又受到了儒家思想的影響，除了一部份之雜劇、明清短劇和清末有識之士的創作外，大部份的戲曲不外表演忠孝節義的故事，而流爲「善有善報，惡有惡報」之固定型構（註二八）。因此，話劇受西方的影響，戲劇性很強，中國戲曲則是抒情的。由於中國戲劇中人的身份性格，而造成忠奸分明的性格單純化，也使得中國戲曲缺少嚴肅剛毅的悲劇型式，而多大團圓式的結局。在喜劇方面，除了元明雜劇外，也缺乏諷刺性，而有不少如荷珠配，送親演禮等玩笑劇。

3.西方戲劇因受文學家的重視，一直是劇作家比演員受重視，劇本的好壞對此劇成敗影響很大。中國戲曲因歌舞對話合一，演員的技藝非經長久訓練，不能表演的好，因之，演員的好壞往往是觀衆觀劇的選擇要件，這種現象，在平劇和地方戲中尤爲明顯，倒是在元明清三代文人創作雜劇、傳奇和短劇的時代，演員雖然重要，劇本也受人注目。話劇受西方影響，劇本的好壞自然是受重視的。

4.西方戲劇在希臘時代即爲集中形式的時空處理，雖然在中世紀基督教戲劇由於取材於聖經，形式非常散漫，一般而論，時間、場地和動作一致的「三一律」，支配著西方戲劇，在結構上就顯得非常嚴謹，話劇的分幕分景即受此影響。中國戲劇在元雜劇和明清劇中，就以結構緊密的方式演出。到了明代傳奇產生之後，一本戲少則二十多齣，多的甚至上百齣，在結構上就表現出細膩的欠緊湊，在分齣上就有過場、短場、正場、大場的不同，有的戲是高潮，有些戲只是交待而過，因此造成了兩種現象：一是促成了短劇的產生，一是點戲的流行，有些劇本除了少數幾齣戲外，其餘的因絕少人演而佚失，如全本孽海記到現在只剩思凡與下山兩齣。而觀衆只要看這一兩齣精彩的戲就滿足了，甚至不管他有無頭尾，如辛安驛一劇，全劇情節已無法詳知，觀衆只要看一齣「投宿」就可以了。因此，時間長可以演全本四郎探母，時間短演一齣坐宮也未嘗不可，這種現象在西方戲劇和話劇中，簡直是荒謬而不可思議的事。

由以上的幾點說明，我們了解各種戲劇都有其特點，中國戲曲的缺點固然也有，然而其優點亦復不少。話劇雖然是舶來品，除了在演出的形式上受歐美影響較大外，其內容是民族性的，因此，在今日話劇的發展上，如何的吸收中國戲曲的特點，使之融入話劇中，未嘗不是一條可行之道。在西方，白列克採用中國戲曲的象徵而創立了疏離效果的劇場，重視中國戲曲中的教誨功能和道德意識，即是非常明顯的例子（註二九）。

四、對大專院校話劇社的期望

在民國十年前後，隨著話劇的成長，當時的大學就開始有話劇演出，演變到今天，就成爲各大專院校的話劇社。話劇社是課外活動的一環，參加話劇社不但要有興趣，更要有團隊精神，同時要研究，要發展，使大專院校的話劇社成爲推展劇運的主力，因此提出一些淺見列之如下：

1. 參加話劇社要爲了興趣而參加，爲了要學習而參加。絕不可爲了要出風頭，容易交女朋友而參加。

2. 社團活動最重團隊精神，尤以話劇社爲最。有的當男女主角在台上亮相，有的只是搬佈景、管燈光。因此，有些人參加話劇社的目的就是要上台演出，請他管燈光，做點雜務事就不高興，這是最要不得的心理。

3. 話劇的演出要面面顧到，在何種劇情，劇中人表情如何，站什麼位置，不能有絲毫錯亂。有的人一上了台就忘記了他是劇中人，一輪到他開口，巴不得立刻站在舞台正中央面對全場觀衆演講，整本戲的演出和全體演員的實力都被他一人弄得一團糟。

4. 上台演出自然是旣光采又高興的事，談到排練，有些人就怕吃不了苦，還演什麼戲，戲又怎能演好。

5.一個健全的話劇社，編劇、導演、雜務都要分組，不但要訓練社員上台演出，更要培養社員對編劇、導演的興趣和能力，也要使社員了解如何籌備演出，事先有計劃，就不會臨時抱佛脚了。

6.要多研究、多觀摩，不但對戲劇的理論要多看多討論，更要多觀摩其他劇社、劇團的話劇演出。甚至相關的如平劇、舞劇、詩劇、電影、電視都要注意。

7.大專院校的話劇社不但是業餘性的，更是高級知識份子的結合。因此，話劇社不妨自認爲實驗劇場，不但要演出名家的劇作，不妨社員自己也多寫劇本，由社員自己來導來演。不但對新的劇場和舞台設計要嘗試，更要創新，不計成敗得失，不計有無觀衆。

高師院成立之初，雖無話劇社，然而在每年的康樂競賽中都有簡單的話劇演出，由於當時有些人對於話劇不甚了解，對某些班上的演出非常不滿。自從薛院長來了之後，不但成立了話劇社，而且在邵老師的推動和熱心指導下，有過盛大的演出，實爲可喜可賀。然而在每次演出時，不但社會上的反應不夠熱烈，即使本校同學捧場的也不多，而濫情、暴力的電影，電視中靡靡之音的綜藝節目，一些無聊枯燥的連續劇，甚至歌廳中加了色素的鬧劇（美其名爲喜劇），都擁有大批的觀衆，這不能說不是工商社會的反文化的現象。今天不但是中國古典戲曲不受重視，話劇也漸漸變成了曲高和寡，因此如何來提高一般人的欣賞能力，如何來革新話劇，似乎是話劇社責無旁貸的事，雖然是要求過高，然而，「取法乎上，僅得乎中」，目標不能不遠大。

我本人是研究中國戲曲的，對話劇的了解算不上深入，同時，不論是中國戲曲也好，話劇也好，從不曾親自登台過，有的只是紙上談兵罷了。而中國戲曲和話劇完全不同，談不上密切的關係，只好約略的東拉拉，西扯扯，最後寫點對話劇社的期望，算是獻給話劇社的一點諍言，也有與話劇社共期共勉的意思。

【附註】

註一　過去總以元雜劇爲中國戲曲的成熟期，然而近幾十年中南戲資料大量的出現，可知南宋時期即有成熟戲曲。任半塘更推前至唐代，因「唐戲弄」一書未睹，不敢置可否，以現有資料論之，當不可能。

註二　武舞見禮記樂記，九歌近人公認爲祭祀神祇的宗教歌舞。

註三　見劉宏度「宋歌舞劇考」。

註四　劉著「宋歌舞劇考」以鼓子詞與諸宮調爲歌舞劇，實屬非是。

註五　春秋優人的記載見於左傳的不少，而楚國「優孟衣冠」的故事最爲著名。

註六　唐宋優人的表演和情節，見王國維「優語錄」。

註七　幼獅月刊「中國古典戲曲專號」孟瑤「閒話我國傳統的歌舞劇與話劇」，即主張參軍戲、滑稽戲和院本是話劇。

註八　吳自牧「夢粱錄」：「凡傀儡敷演烟粉靈性，鐵騎公案，史書歷代君臣將相故事。」耐得翁「都城紀勝」：「凡影戲乃京師人初以素紙雕鏃，後用彩色裝皮爲之，其話本與講史書者頗同，大抵眞假相半，公忠者雕以正貌，姦邪者與之醜形，蓋示寓褒貶於市俗之眼也。」

註　九　齊如山全集八冊下（國劇藝術彙考），頁三一：「據戲界老輩人云，戲劇與提線戲有極大的關係，比如演員上場，念完引子或詩聯之後，歸坐時，如係外場椅（椅在桌前曰外場椅，椅在桌後曰內場椅），則身體須先向左轉，走至椅子前，再往右轉，方坐。如係內場椅，則先往右轉，走至桌後，再往左轉再坐，倘都向右轉，或都向左轉，那提線就擰成繩了。……尤其演員的步法，如武將之抬腿，落足，確與提線人子之步法、姿式，都大致相同。」

註一〇　見幼獅月刊「中國戲曲專號」李殿魁「談講唱文學與地方戲曲」。

註一一　見齊如山全集八冊下「國劇藝術彙考」第五章歌唱。

註一二　同註一一，第四章動作。

註一三　同註一二，另見齊如山全集第五冊「國舞漫談」。

註一四　同註一二，第七章臉譜。

註一五　見汪志勇「明傳奇聯套研究」，頁五八。

註一六　見張伯謹「國劇大成」第一冊，頁三六三—三九四。

註一七　同註七。

註一八　見曹著「文壇五十年」十一新戲曲。

註一九　此段參見「文壇五十年」及徐慕雲「中國戲劇史」卷二，第十一章話劇。

註二〇　見「文壇五十年」二八話劇之成長，徐慕雲「中國戲劇史」及李著「中國現代文學史」，頁一一四新劇（話劇）的出現。

註二一　同註七。

註二二　同註二〇。

註二三　同註二〇。

註二四　同註二〇。

註二五　近年來中國話劇受西方新劇場影響，也有雛形寫意的表演和歌唱，如張曉風第五牆、瑤台仙夢等劇。

註二六　見齊如山全集第二冊「梅蘭芳遊美記」，第二卷第五章「美國人士對於中劇和梅君歡迎之點」，及第四卷第二章「劇界的贊助」。又施叔青「西方人看中國戲劇」中也談到了西方劇作家受中國戲曲影響的情形。

註二七　發散指觀衆藉觀劇以使心靈中潛在的鬱積之情緒得以解脫，從而產生愉悅。見姚一葦「詩學箋註」，頁七〇—七四。

註二八　元代因讀書人受壓迫而產生了很多諷刺劇，明清短劇此風更盛，如齊東絕倒，眞傀儡、一文錢等。清末劇作見本文「話劇的傳入中國」中所引梁任公、汪笑儂等人的劇本。

註二九　見施叔青「西方人看中國戲劇」，頁六一—六五。

東郭記研究

一、概　說

東郭記是明代傳奇中最富有諷刺性的喜劇之一，東郭記的作者一向有不同的說法，有人認爲是汪道昆作（註一），有的認爲是陽初子（註二），有的就標明無名氏（註三），而作者實爲孫鍾齡。雖然近人姚華、吳梅二氏先後考訂爲孫氏作（註四），而明人祁彪佳的遠山堂曲品中，記載孫鍾齡撰傳奇兩本：東郭記和醉鄉記，而且列於「逸品」（註五），是最早記載孫仁孺作東郭記的第一手資料。孫鍾齡，字仁孺，號峨眉子，別署白雪樓主人，白雪道人。籍里不詳，生平事蹟不可考。所撰傳奇，有白雨二種曲：東郭記、醉鄉記（註六）。從時代上看，遠山堂曲品的作者祁彪佳生於明萬曆三十年（西元一六〇二年），死於清順治二年（一六四五年）。姚華菉猗室曲話卷二記其於廠肆中得到東郭記上卷，卷首有孫仁孺寫的「東郭記引」，署款曰：「峨嵋子書於白雪樓」，末有小印二，一曰孫氏仁孺，一曰白雪樓。卷中又題爲白雪樓主人編次。同時「東郭記引」編末署年爲萬曆戊午，爲神宗萬曆四十六年（一六一八年），因而姚氏以孫仁孺爲隆萬（穆宗隆慶和神宗萬曆，一五六七—一六一九）間人（註七）。吳梅霜厓曲跋卷二記載東郭記版本刊於崇禎三年庚午（一六三〇年），因而斷爲光熹（光宗泰昌熹宗天啓，一六二〇—一六二七年）間人（註八）。兩相比較，姚氏之說比吳氏正確，可以斷定孫仁孺比祁彪佳稍長的前輩，遠山堂曲話列東郭記、醉鄉記爲孫仁孺作，應該是最早也最可靠的資料了。

同時，明代中葉以來，朝政都把持在宦官和權奸手上，由於皇帝本身的昏庸和懶惰，朝政不是委之首輔，就是委之宦官，甚至所謂「朱批諭旨」也往往由宦官中的司禮太監秉筆。自然造成賄賂公行、廉恥喪盡的現象。姚華菉猗室曲話云：

末世苟安，人多穢德，本傳譏彈，原非無謂，論世知人，可以觀矣。（註九）

戊午是明神宗萬曆四十六年，當清太祖天命三年。後年即明光宗泰昌元年，再二十六年而明亡。而吳梅霜厓曲跋也說：

書刊於崇禎三年庚午，是仁孺爲光熹間人。其時茄花委鬼，義子奄兒，簪紱厚結貂璫，衣冠等於妾婦，士大夫幾不知廉恥爲何物，宜其嬉笑怒罵，一吐胸中之抑鬱也。（註一〇）

都看出了孫仁孺的東郭記爲客觀剖析明末士風，把士人營求富貴利達的醜態都寫盡了。

再者，明初法律嚴苛，對於戲曲的內容尤其注意。如大明律講解卷二十六刑律雜犯云：

凡樂人搬做雜劇戲文，不許粧扮歷代帝王后妃忠臣烈士先聖先賢神像，違者杖一百；官民之家，

容令粧扮者同罪；其神仙道扮及義夫節婦孝子順孫勸人爲善者，不在禁限。（註一一）

又如明成祖永樂九年禁詞曲，顧起元客座贅語卷十「國初榜文」條云：

永樂九年七月初一日，該刑科署都給事中曹潤等奏乞勑下法司，今後人民倡優裝扮雜劇，除依律神仙道扮義夫節婦孝子順孫，勸人爲善及歡樂太平者不禁外，但有褻瀆聖賢之詞曲駕頭雜劇，非律該載者，敢有收藏傳誦印賣，一時拿送法司究治。奉聖旨，但這等詞曲，出榜後，限他五日都要乾淨將赴官燒燬了，敢有收藏的，全家殺了。（註一二）

因此，明初的戲曲不是如五倫全備和香囊記一類敎忠敎孝的八股劇，就是如朱權、朱有燉等藩王寫的神仙道化、隱居樂道和披袍秉笏的戲曲。到了明代中葉以後，一方面文網不像初期那麼嚴密，而且社會情況也有了變化，加上思想界也出現了富有批評性、叛逆性的王陽明學派和李卓吾等人，而朝政的黑暗紊亂，更使得戲劇作家有了多方面的題材。因而產生了如徐渭的四聲猿、王衡的鬱輪袍、康海的中山狼等雜劇，而傳奇中的鳴鳳記更是諷刺現實政治和當代朝政的戲曲，無怪乎後人視爲明嘉靖時代的「現代劇」，因而才有產生東郭記的背景。（註一三）

孫仁孺作東郭記的緣由，也見於其自作的「東郭記引」一文中，其文如下：

峨嵋子曰：樂府之傳，其間節義廉恥，不過十之一耳，盡爲富貴利達者傳耳。既盡爲富貴利達者傳，則齊人老先生又安可不傳乎？況其二夫人更超超賢甚者乎？以予傳之，而中庭訕泣，以後多增益之者何也？皆鄒夫子意也。蓋乞墦者必登壟，而妻妾之奉，宮室之美，所識窮乏者得我，總皆大人所必至者耳。然而卒托之附於以終者何也？則以齊人文固猶可附于於陵也。蓋乞矣而尚欲蓋之，爲之妻妾者知矣而尚復羞之，如齊人生者，反可謂之陳仲子；而其妻其妾，亦貴婦中之辟纑人矣，又安可以不傳乎？嗟夫！假令吾孟老觀之，又不知歎息如何矣。萬曆戊午重九越三日，峨嵋子書於白雪樓。（註一四）

不但把明代士人廉恥喪失殆盡的情況，全部用諷刺語道盡，更是一篇罵世之作，把東郭記的寓意點的極爲清楚。

此外，孫仁孺還有一本傳奇是醉鄉記，遠山堂曲品中作睡鄉記，列爲逸品，評曰：

孫君聊出戲筆，以廣齊諧。設爲烏有生，無是公一輩人，啼笑紙上，字字解頤。詞極爽，而守韻亦嚴。（註一五）

雖然此本已佚，但從祁彪佳的評語中，我們可以了解到孫仁孺的白雨二種曲都是諷世之作，不僅東郭記一本而已。孫仁孺的東郭記是一部諷世劇，也是一本喜劇。一般談到喜劇，多從亞里士多德的詩學談起，把喜劇的笑與醜相結合，把普遍性的醜當成笑料，因而構成了喜劇。而喜劇的笑既是一種表現出來的滑稽，也有高低級之分，高級的滑稽是給人會心的笑，有匡時正俗的笑，而絕對的滑稽應該是謔而不虐，從超然的態度上表現出對人生悲憫而慈祥的笑。絕不是以結局完滿或表現災禍以逗人發笑的爲喜劇，因此，一個幽默滑稽的高級喜劇，應當是以嚴肅的態度，純淨的眼光，把圓融和諧的人生表現出來，因而眞正的喜劇是既能洞察人生的荒謬，但能超越人世和擁抱人生。至於喜劇的人物，比一般人爲「醜」，所謂表現劣於常人的人生的喜劇，其塑造的角色自然是劣於常人，因此，悲劇是特殊個性人物爲主角，而喜劇的主角也往往是典型的、類型化的。至於劇情的進行，則喜劇用的是誇張、錯認、嘲諷、滑稽的言詞等各種技巧來製造笑料。（註一六）

西方把喜劇分成若干類，最基本的是情境的喜劇、人物的喜劇和思想的喜劇，更可細分如鬧劇、浪漫喜劇、儀態喜劇、社會喜劇等不同類型（註一七）。從西方對喜劇的理論和分類的研究中，已經成爲我國古典劇曲中喜劇研究的方法了。如陳芳英「邯鄲記的喜劇意識」、張淑香「西廂記的喜劇成分」等，都有很好的成績，都證明了這新方法與新途徑是受歡迎和成功的方向。

不過，中西文化有其差異，尤其是古代文學作品的研究，純粹從西方觀點來觀察分析，是否能把古典作品詮釋得正確，是一件見仁見智而值得商榷的事了。就中國戲曲發展的過程來看，古代的「優」無疑是戲曲發展過程中最重要的因素，「優」的作用就是以滑稽的動作，機智詼諧的語言和具有諷諫作用的表演，提供觀衆最大的娛樂。從先秦時代的「優孟衣冠」，秦二世的「優旃」以下，莫不如此（註一八），也難怪關漢卿被尊爲「大金優諫」（註一九）。而優人的傳統在劇曲中由丑、淨傳下來，開始時丑與淨不分，明代以後丑角逐漸加重其插科打諢的表演（註二〇），因此，丑角在舞臺上可以臨時抓詞，可以詼諧諷刺。如清末名丑劉趕三在宮中供奉演「十八扯」，見光緒侍立慈禧身邊，故串演「梅龍鎮」時，便加新詞云：「別瞧我是唱戲作皇帝，是個假皇帝，可是我還有個座兒呢！」慈禧並不加罪，命左右：「給皇上搬個座兒來！」（註二一）即是體認了丑角的諷諫作用。

同時中國戲曲一開始即以娛人爲目的，基本上全是娛樂性的，尤其是流行於民間的小戲，由小丑、小旦所扮的兩小戲，即以滑稽的歌舞身段來表現風情（註二二）。不但如此，早期的戲曲也是如此，任半塘唐戲弄中引謝家群「福建南部的民間小戲」中有很多戲目曰「弄」，引說文：「佮，弄也。」而引伸曰：

從名稱看來，「弄」戲幾乎佔一半以上。「弄」是一種帶舞蹈比較多的調情小戲。如砍柴弄是劉海砍柴在山上，被狐狸戲弄的一段，搭渡弄是桃花搭渡時，被渡翁嬉弄。……「弄」是民間戲的一種體裁。

因而任半塘認爲禮失而求諸野，許多古代戲曲的遺蹤，可以從地方民間小戲裡探索到，這也是研究古代戲曲和戲曲史的新途徑（註二三）。不止唐代如此，宋金雜劇院本的表演經李嘯倉、胡忌、洪讚等人研究，可知其中的「艷段」和「散段」，都是娛樂性爲主的滑稽小戲，正如夢粱錄所云：「雜劇全用故事，務在滑稽。」（註二四）

近人有的已經注意到中西戲劇產生的文化有很大的差異，如姚一葦先生認爲我國「不僅不可能產生希臘式的悲劇，亦不可能產生有若文藝復興時代的英國悲劇；如果悲劇一詞是指特定歷史條件下的藝術形式，則中國是沒有悲劇的。」但他又認爲自更廣泛的基礎來看，「認爲凡能展現『人生的悲劇感』的，便是所謂的悲劇。」故云：

假若悲劇建立在此一廣泛的，甚至可以說一種普通常識基礎上的話，則中國的歷史自亦產生過

「悲劇」，或一種「人生的悲劇感」。此種自中國獨特文化層面所產生的「悲劇」或一種「人生的悲劇感」，當然具有其獨特的性質與意義。（註二五）

除了姚一葦有此認識外，蘇國龍也寫了「中國古典悲劇的民族特徵」特別強調說：

但由於各國悲劇形成的歷史不同、民族風尚不同、美學趣味不同，而形成了各自不同的民族特徵。我國的悲劇，無論是悲劇的成分、悲劇的結局、悲劇的人物等方面，都與西洋悲劇不同，說明它的理論也不一樣，打上了鮮明的民族烙印。（註二六）

不但悲劇如此，喜劇也一樣，王季思和黃秉澤合編的中國十大古典喜劇集「前言」（註二七）也就中國古典戲曲的喜劇特質，作了一些分析與介紹，說明不能純從西方的理論來評介中國戲曲，這個論點是完全正確的。

二、從東郭記的劇本結構分析其喜劇的特質

甲、開場與末齣

傳奇首齣例爲「開場」，或稱「家門」、「副末開場」或「家門始末」、「家門大意」。而末齣爲大團圓結局，也是傳奇常例。

東郭記首齣也是「開場」，然而齣目却寫成「離婁章句下」，固然孟子齊人章是「離婁下」的末章，是讀書人盡知之事。但把大家習用的齣目改爲「離婁章句下」，本身就是透過有意的反錯造成詼

諧效果，而在未讀未演全劇之前，就達成了喜感的效果。

再者，首齣的「家門」除了一首介紹劇情的「西江月」詞外，另附四句韵文，全文如下：

（西江月）（末笑上）莫怪吾家孟老，也知徧國皆公。些兒不脫利名中。盡是乞墦登壠。長袖妻孥易與，高巾仲子難逢。而今不貴首陽風。索把齊人尊捧。

走東郭的齊人英雄本色，

訕中庭的妻妾兒女深情。

隱於陵的仲子清廉腐漢，

爭壟斷的王驩勢利先生。

首先在「西江月」詞中，把劇情點明，而上下兩片的結句「些兒不脫利名中，盡是乞墦登壠。」和「而今不貴首陽風，索把齊人尊捧。」更把作東郭記的緣由也說清了，如果對照「東郭記引」來看，則是更清楚不過。在「西江月」詞後的四句韻文，有如薛仁貴白袍記開場，在「西江月」、「沁園春」兩詞之後的附詩，據錢南揚的考證是副末收場所用（註二八）。此記的四句韻文的作用也相同，一方面是副末用來收場，同時也是對東郭記中最重要的人物作一總評，也寓有諷刺之意。其中尤以齊人爲「英雄本色」和以陳仲子爲「清廉腐漢」是從反面諷嘲，特饒趣味。同時四句韻文本身就是喜感十足的詼諧語，如徐渭作的喜劇「歌代嘯」的正名：「沒處泄憤的，是冬瓜走去，拿瓠子出氣；有心嫁禍的，是丈母牙痛，炙女婿脚跟。眼迷曲直的，是張禿帽子，叫李禿去戴；胸横人我的，是州官放火，禁百姓點燈。」完全是「寓莊於諧，有理取鬧」的嘻笑怒駡，因而造成喜感。東郭記的四句韻與此相同。

末齣的齣目爲「由君子觀之」，既是一本傳奇之末，同時從齣目看來，有意學史傳之後的「傳贊」，有如左傳的「君子曰」，史記的「太史公曰」，資治通鑑的「臣光曰」。同時齣目取自孟子，本身就饒有喜感。就末齣的劇情曲文來看，淳于髡在齊人壽誕之日，衆人來賀之際，他帶來齊王的聖旨，封齊人爲上大夫，賜號東郭君，妻妾爲齊東郡夫人。其餘各人加官晉祿，皆大歡喜。而且末了的曲文如下：

（山花子）（生、二旦、公子）如今撇下墦和壟。讓諸君富貴之中。小齊人休如乃翁。都欽他陳仲高風。（合）論人間榮華有窮。歸來小山歌桂叢。想二十載松風舊夢堪再從。竟附於陵丘壑言終。

（前腔）（生、淳、田、二小）吾儕不免還相哄。鎮終朝俗狀塵容。仕宦裡穿踰舊跡，士夫每妾婦餘風。（合前）

（舞霓裳）（合）鎡基數語煞名通。煞名通。及時乘勢是豪雄。是豪雄。微時舊事何深諷，總不礙齊人今日這恩榮。都則是英賢作用。這花面覺道冠裳頗爲衆。

（紅綉鞋）也知徧國皆公。皆公。高巾仲子難逢。難逢。而今不貴首陽風。因此上譜齊東。與孟老，意思同。

（尾）音曲傳東郭非嘲諷。則索把齊人尊捧。君不見盡處熙攘名利中。

仲子先生有好妻　淳于夫子善滑稽

吾家孟老呵呵笑　壟上墦間那止齊

（共鼓吹大笑下）

在末齣最後幾支曲子及收煞時，値得注意的有幾點：

(1)用的曲牌是「山花子」、「舞霓裳」和「紅綉鞋」，固然在中呂宮的聯套中，山花子（二至四支）聯大和佛（或省）、舞霓裳、紅綉鞋、尾聲，是中呂聯套的組類和例式之一（註二九）。然而我們也可以推測孫仁孺用這些曲牌也是有奇巧、詼諧的用意，「山花子」用「花子」點明齊人在墦間乞食，而曲文中說「如今撇下墦和壟」，而在第二支「山花子」的曲文說「士夫每妾婦餘風」之後，就用「舞霓裳」和「紅綉鞋」二個曲牌，調名都和婦女穿着有關，應該不是巧合，而是有意安排來製造喜感的。

(2)曲文中「也知徧國皆公。皆公。高巾仲子難逢。難逢。而今不貴首陽風」和「則索把齊人尊捧」都和開場的「西江月」詞相同，一方面是首尾相應，同時也是「運用重復、對比的手法，暴露事件或人物的某些可笑本質」的喜劇技巧（註三〇）。

(3)在首齣開場中的四句韻文點出：齊人、妻妾、陳仲子和王驩五人；而末齣下場詩中點出：陳仲子妻、淳于髡二人。末二句「吾家孟老呵呵笑，壟上　間那止齊」，一則配合副末收場把劇中最主要人物一一點出（按，陳仲子妻未出場，只在劇中交待其賢），最後引伸孟子嘲諷之意來說作此劇的緣由，再則用「那止齊」三字千鈞之力來諷世，最後在場諸人「共鼓吹大笑下」，更是有意的指出這是一本笑鬧喜劇，是存心諷世的喜劇。

(4)由於傳奇的末齣大多爲大團圓結局的俗套，東郭記也不例外。東郭記首齣已標明「走東郭的齊人英雄本色」，因而在末齣曲文中寫「而今不貴首陽風，因此上譜齊東。與孟老，意思同。」和「音曲傳東郭非嘲諷。則索把齊人尊捧。君不見盡處熙攘名利中。」既然是「與孟老，意思同」，又如何能「非嘲諷」，無非皮裏陽秋，用「欲蓋彌彰」的方式，告訴觀衆「此地無銀三百兩」了。同時在第十七齣「與之偕而不自失焉」、第二十四齣「頑夫廉」二齣中，齊人與陳仲子相遇，仲子規勸齊人，齊人自辯先爲妻子之榮，然後才接踵仲子之跡；在二十三齣「與其妾訕其良人而相泣於中庭」中，當其妻妾發現他乞食之後，他自辯說：「這是俺玩世之意，汝輩婦人女子耳，焉知丈夫行事乎？」雖然有人覺得齊人厚顏無恥（註三二），但這也是劇中的伏筆，因此在第四十三齣「殆不可復」中，齊人想到齊國朝廷上的大臣，大多數是「則爲名和利一番中熱，做了妾與婦一般容悅」，其妻笑他「竟是道學先生了。」齊人說：「好輕薄，難道齊人就談不得道學，想那道學先生正是我輩耳。」因而在尾聲中他還說：「則笑滿人間做官的對著咱還更劣」。而末齣安排齊人功成名就之後，要偕妻妾追隨陳仲子，其結構伏應非常謹嚴。雖然從喜劇上看，齊人性格是矛盾的，但孫仁孺安排齊人這一角色和如此結局，故意用矛盾技巧來突出這一反面人物，而此一反面人物和王驩、景丑、陳賈等反面角色來比，顯然又是一個正面人物，因而，與其說劇中的齊人玩世，倒不如說孫仁孺有意作此劇來玩世了。齊人已是不堪，而齊人居然還說「俺則笑滿人間做官的對着咱還更劣」，齊人還知功成身退，那些「徧國皆公」自然更是一群「花面」了。如此，也就符合了「走東郭的齊人英雄本色」的主題，其強烈辛辣的諷刺正在於此，我們不可不知。

乙、齣目

傳奇自明中葉後，開始分齣，有齣目，多用四字或二字，其例外者如荷花蕩用三字，醉鄉記用五字，玉鏡記齣目字數不一，或二字、或三字、或四字。若其例外情形特甚的，莫過於東郭記。東郭記齣目不僅字數不一，最少一字，如三十三齣「譏」和三十八齣「諂」，字數最多者爲二十齣「與其妾訕其良人而相泣於中庭」，計十三字；次如三十一齣「而獨於富貴之中有私壟斷焉」，計十二字，其次如二齣「人之所以求富貴利達者」十字，二十三齣「卒之東郭墦間之祭者」九字，全明傳奇無有如東郭記齣目之奇，可見孫仁孺有意運用巧思來玩世，也是喜感的運用方式之一。

再者，東郭記中所有的齣目，除首齣開場外，都用孟子中的經文來充齣目，這是跡近開玩笑的方式，用最嚴肅正經的孟子經文作爲嘲諷，甚至有的是斷章取義，如孟子原意古人之出仕合禮，不由其道就如男女不待父母之命，媒妁之言而鑽穴隙相窺。東郭記第十一齣「鑽穴隙」就讓齊人和小姨子兩心相悅，齊人趁小姨子新浴時，在門上鑽洞偷窺，可說是謔而近虐了。又如三十齣「鬱陶思君爾」，出於萬章篇，爲象往舜宮時看見舜在彈琴，不好意思的藉口。而此齣則齊人遠仕齊國，其妻妾抱子思之，完全是張冠李戴的運用。又如第十齣「日攘其鄰之雞者」則安排王驩偷雞，第二十六齣「妾婦之道」則安排陳賈、景丑假扮婦人取悅王驩，三十一齣「而獨於富貴之中有私壟斷焉」安排齊人和王驩率衆爭「壟斷」這塊土地，熟讀孟子的人，把情節和齣目對照，莫不失笑，這也是孫仁孺一項詼諧玩世的喜劇手法。

而且孫仁孺用的齣目還有一項類似玩笑之處，即是齣目本身不是沒有意義，就是不像齣目，如二齣「人之所以求富貴利達者」、三齣「少艾」、五齣「則將摟之乎」、八齣「綿駒」、十二齣「以利言也」、十四齣「先名實者」、十七齣「與之偕而不自失焉」、十九齣「吾將瞯良人之所也」、二十七齣「丈夫生」、二十八齣「爲人也」、三十九齣「妻妾之奉」、四十齣「百工之事」、四十一齣「其妻妾不羞也」、四十二齣「所識窮乏者得我與」、四十三齣「殆不可復」、四十四齣「由君子觀之」，這些齣目排列起來，實在不像齣目，成爲一個滑稽的組合，就這些齣目本身就有十足的喜感和玩世的風味。姚華菉猗室曲話卷二云：

本傳四十四齣，題目特創，又在四字二字格外。雨村曲話云：「東郭記以一部孟子演成，其意不出求富貴利達一語，蓋罵世詞也。劇目俱用孟子成語，不出措大習氣，曲中之別調也。」

（註三二）

姚華已注意到齣目特創，而李調元雨村曲話却認爲齣目用孟子成語，是措大習氣，這是一個誤解。雖然孫仁孺生平事跡不詳，但從他的劇作中可以看出他詼諧與憤世的一面，因而劇中齣目是一種玩世的巧妙安排。我們可從孫仁孺醉鄉記的齣目來做一比較，醉鄉記也是諷世劇，全本四十四齣，齣目爲五字，自開場至末齣的齣目相連，則成四十四句的一首五言排律，套用李調元的話又是一個「措大習氣」，但從另一個角度來看，則能證明此兩劇的齣目都是孫仁孺特意安排的，是他用來增加喜感的一種技巧，絕不能輕易的放過。

丙、劇本結構與排場

爲了了解東郭記一劇的結構與排場，茲將全部關目、套式與組場附錄於下：

第一齣：離婁章句下——西江月。十言四句下場。（開場）

第二齣：人之所以求富貴利達者——破齊陣引、太師引二支、一翦梅、三學士二支、香柳娘三支。七言四句下場。（文細正場）

第三齣：少艾——憶秦娥、金落索二支、劉潑帽二支。五言四句下場。（文靜短場）

第四齣：井上有李——北脫布衫、小梁州、么、上小樓、么、耍孩兒、五煞、四煞、三煞、二煞、煞尾。（北口正場）

第五齣：則將摟之乎——遶地游、金井水紅花、遶地游、金井水紅花、王胞肚四支、尾聲。七言四句下場。（文細正場）

第六齣：齊東野人之語——西地錦、番卜算、惜奴嬌二支、鬪寶蟾二支、錦衣香、漿水令、尾聲。七言四句下場。（群戲正場）

第七齣：媒妁之言——字字雙、意遲遲、集賢賓三支、琥珀貓兒墜三支、皂鶯兒。七言四句下場。（文靜正場）

第八齣：綿駒——掛枝兒二支、北寄生草（一、二、三、四。七言四句下場。（文靜諧場）

第九齣：則得妻——謁金門、女冠子、錦堂月四支、醉翁子二支、僥僥令二支、尾聲。七言四句下場。（中細正場）

第一〇齣：日攘其鄰之雞者——普賢歌二支、玉山頹二支。五言四句下場。（諧靜短場）

第一一齣：鑽穴隙——夜游宮、月兒高二支、懶畫眉二支、不是路四支、園林好、嘉慶子、伊令、品令、荳葉黃、玉交枝、么令、江兒水、川撥棹、尾聲。七言四句下場。（文靜大場）

第一二齣：以利言也——霜天曉角二支、皂羅袍二支、尾聲。七言四句下場。（諧過場）

第一三齣：一妾——掛眞兒、三換頭二支、滿江紅、賀新郎三支、節節高二支、尾聲。七言四句下場。（文靜正場）

第一四齣：先名實者——番卜算、九迴腸、生查子、黃鶯兒二支。五言四句下場。（中細短場）

第一五齣：其良人出——二犯江兒水二支、北對玉環帶清江引。（諧鬧過場）

第一六齣：他日歸——杏花天、山坡羊二支。五言四句下場。（小過場）

第一七齣：與之偕而不自失焉——搗練子、步步嬌二支、孝順歌二支。七言四句下場。（文靜短場）

第一八齣：出而哇之——北醉花陰、畫眉序、北喜遷鶯、畫眉序、北出隊子、滴溜子、北刮地風、雙

聲子、北四門子、鮑老催、北水仙子、雙鬥雞、北尾。（南北正場）

第一九齣：吾將瞯良人之所也——駐雲飛八支。五言四句下場。（半過場）

第二〇齣：蚤起——七娘子、漁家傲、剔銀燈、攤破地錦花、麻婆子。七言四句下場。（文靜短場）

第二一齣：徧國中——出隊子六支。五言二句下場。（中細短場）

第二二齣：卒之東郭墦間之祭者——北新水令、步步嬌、北折桂令、江兒水、北雁兒落帶得勝令、僥僥犯、北收江南、園林好、北沽美酒帶太平令、清江引、尾聲。（南北群戲大場）

第二三齣：與其妾訕其良人而相泣於中庭——菊花新、二犯傍妝臺二支、紫蘇丸、紅衲襖四支、江頭金桂二支、不是路、憶多嬌二支、鬥黑麻二支。五言四句下場。（文細大場）

第二四齣：頑夫廉——黃鶯兒、夜游湖、黃鶯兒三支。啄木兒三支、三段子三支、歸朝歡。七言四句下場。（文細正場）

第二五齣：將有遠行——遶地游、卜算子、朱奴兒二支、雁來紅二支、尾聲。七言四句下場。（文靜短場）

第二六齣：妾婦之道——小蓬萊、紫蘇丸、排歌四支。六言四句下場。（群戲鬧場）

第二七齣：丈夫生——金蕉葉、羅江怨、金蕉葉、羅江怨、香遍滿二支。七言四句下場。（文靜短場）

第二八齣：爲人也——秋夜月、西地錦、八聲甘州二支。五言四句下場。（小過場）

第二九齣：與之大夫——步蟾宮二支、錦纏道四支、古輪臺、尾聲。七言四句下場。（文細正場）

第三〇齣：鬱陶思君爾——一江風二支、六犯宮詞二支、風入松二支、尾聲。七言四句下場。（文細短場）

第三一齣：而獨於富貴之中有私壟斷焉——北南呂一枝花、梁州第七、牧羊關、四塊玉、罵玉郎、玄鶴鳴、隔尾、烏夜啼、尾煞。（北口鬧場）

第三二齣：右師不悅——臨江仙、謁金門二支、奈子花二支。七言四句下場。（小過場）

第三三齣：讒——生查子二支、桂枝香、神仗兒。七言四句下場。（小過場）

第三四齣：託其妻子于其友——玩仙燈、小蓬萊、五供養二支、江兒水二支、王交枝二支、鷓鴣天。六言四句下場。（文靜正場）

第三五齣：為將軍——金錢花、滿庭芳、朝元歌四支。七言四句下場。（武短場）

第三六齣：戰必勝——六么令四支。五言四句下場。（武過場）

第三七齣：為衣服——長相思、二郎神二支、囀林鶯二支、啄木鸝二支、尾聲、香柳娘二支。七言四句下場。（文靜正場）

第三八齣：諂——似娘兒、北醉太平、么、桂枝香四支、一封書。五言四句下場。（南北諸場）

第三九齣：妻妾之奉——花心動、駐馬聽二支、不是路、溜花泣二支、急板令二支。七言四句下場。（文靜正場）

第四〇齣：百工之事——大迓鼓四支、北清江引、么。（南北鬧場）

第四一齣：其妻妾不羞也——傳言玉女、疎影、畫眉序四支、滴溜子、水底魚兒、鮑老催、雙聲子、尾聲。（文細諧場）

第四二齣：所識窮乏者得我與——北端正好、滾綉球、叨叨令、倘秀才、滾綉球、白鶴子、煞尾。（北口正場）

第四三齣：殆不可復——北粉蝶兒、醉春風、紅綉鞋、迎仙客、石榴花、鬥鵪鶉、上小樓、么、白鶴子、四煞、三煞、二煞、快活三、鮑老兒、滿庭芳、耍孩兒、尾聲。（北口大場）

第四四齣：由君子觀之——憶多嬌、鵲橋仙、金瓏璁二支、剔銀燈五支、山花子二支、舞霓裳、紅綉鞋、尾。七言四句下場。（群戲大場）

從以上全本四十四齣的組套與排場列出的情形來分析，可以看出下列幾點：

(1)雖然全本四十四齣中，標明諧場的有：八、十、十二、三十八和四十一等五齣，注明鬧場的有：十五、二十六、三十一和四十等四齣，合計共有九齣，約佔全本的五分之一，比例雖然不大，但比起其他傳奇就顯得諧鬧的場子份量很重。

(2)其實在劇中幾乎都以諧趣的賓白曲文組場，其插科打諢的誇張動作不夠，因而不宜列入鬧場；有些過場戲有諧鬧的表演，如三十六齣「戰必勝」中的齊人帶領的「花子兵」一段爲鬧場性質，但只是這場過場戲中的部份，因而我歸之於「武過場」，而實質上仍有諧鬧的性質。又如二十二齣爲南北群戲大場，但整齣戲中齊人的科諢都很誇張，也有諧場的趣味。因而將這些喜感十足的齣子也算上，全劇幾乎九成都是諧場和鬧場。

⑶北套的運用和南北合套是傳奇中常有的現象，而東郭記中則喜歡藉音樂的變化來烘托喜感，分析於下：

(a)第四齣「井上有李」全齣用北套，而出場角色只有扮演陳仲子的小生一人，雖不是用插科打諢來製造喜感，但把陳仲子的酸腐迂窮表演得淋漓盡致，在結構甚爲突出，也有相當的諧趣。

(b)第八齣「綿駒」、十五齣「其良人出」、三十八齣「諂」和四十齣「百工之事」等齣，都是先用引子或小曲開端，然後接北曲；而三十一齣「而獨於富貴之中有私壟斷焉」、四十二齣「所識窮乏者得我與」和四十三齣「殆不可復」則純用北曲組套，都是從音樂變化中突出喜感的趣味。

(c)第十八齣「出而哇之」用南北合套，陳仲子唱北曲表現酸腐，而其母其兄唱南曲表現一憐一詐；在二十二齣「卒之東郭墦間之祭者」也用南北合套，齊人唱北曲顯露乞食的無恥，而齊人之妻唱南曲，把窺破丈夫行徑的窘態和無奈唱出，都是藉音樂的不同表現不同心態，也是突出諧趣的方式。

丁、劇情的進行

一個劇本演出是否成功，劇情非常重要，而情節進行的是否合理順暢和緊湊，更是重要的關鍵。傳奇以生、旦爲主角而傳述其事之奇者，因而開場之後的第二齣爲生出場，第三齣爲旦出場，一般都是雙線（旦一線、生一線）進行，而把男女主角歷盡悲歡離合的曲折離奇表現出來，齣數不能不長。爲了要細膩，許多小過場、半過場的齣數也不能少。也因爲如此，往往造成劇情的鬆散，在演出上不能不用删節原著和精選散齣來應變了（註三三）。

東郭記雖然生扮齊人，旦和小旦分飾其妻與妾，但東郭記不是屬於生旦傳奇，而是諷刺劇。在當時生旦傳奇爲劇場主流，東郭記受到這種風氣影響，也以生旦爲主角，但在劇情的進行發展上，却是多線化的，而成功的把諷世的主題凸顯出來。現分析如下：

(1)以生爲主的戲：

二齣、十五齣、二十八齣、二十九齣、三十一齣、三十四齣、三十五齣、三十六齣、三十八齣。共九齣，佔五分之一。

(2)以旦、小旦爲主的戲：

三齣、七齣、二十齣、二十七齣、三十齣、三十七齣、三十九齣。共七齣，佔六分之一左右。

(3)以生、旦、小旦爲主的戲：

第五齣、九齣、十一齣、十三齣、十九齣、二十一齣、二十二齣、二十三齣、二十四齣、二十五齣、四十一齣、四十二齣、四十三齣、四十四齣。共十四齣，約佔三分之一左右。

以上三部份總計三十齣，佔了不少比例，如果看劇情直接牽涉生旦有關情感的戲，有三齣、五齣、七齣、九齣、十一齣、十三齣、二十五齣、三十齣、三十四齣、三十七齣、三十九齣，共十一齣，僅佔四分之一，因此，東郭記不能算做生旦愛情劇。

(4)以小生陳仲子爲主的戲有第四齣、十六齣、十七齣、十八齣、二十四齣，共五齣。其中十七齣是陳仲子和齊人相遇，二十四齣爲陳仲子勸齊人與妻妾偕隱。不但以陳仲子爲正面人物作襯托，並且使齊人最後放棄高官而隱居作一伏筆。

(5)齊人、淳于髡、王驩和田戴分別把追逐名利的四個不同典型扮演的很出色，除齊人外，在戲中各人出現和同時出現的情形有以下幾種：

a、齊人等四人同時出現的爲：三十八齣、四十四齣。

b、齊人、淳于髡、王驩三人同時出現的爲：二齣。

c、淳、王、田三人同時出現的爲：三十二齣。

d、齊人、王、田三人同時出現的爲：二十一齣、二十二齣。

e、淳、王二人同時出現的爲：六齣、十四齣、三十三齣。

f、王、田二人同時出現的爲：十二齣、二十六齣。

g、齊人、王同時出現的爲：三十一齣。

h、齊人、淳二人同時出現的爲：二十八齣、二十九齣、三十四齣。

i、王驩單獨出現的爲：八齣、十齣。

j、田戴單獨出現的爲：十八齣。

由以上總計十八齣，佔全劇的三分之一以上，其戲劇表現的詼諧性可知。

(6)此外，第四十齣「百工之事」出場的有木匠、裁縫、泥水匠、廚子，除了諷刺齊人外，也諷刺這些行業佔顧客便宜的一面。四十二齣「所識窮乏者得我與」是齊人幫助故友兩位乞者——小齊人，也是諸趣極高的戲。

因此，從以上析論中可知東郭記的情節雖以生旦爲主，實則是多線進行，爲了調劑劇情和喜感的堆砌，生與王驩、淳于髡等人的戲和旦角的戲往往是間隔的。由於受到當時生旦戲的影響，如三齣、五齣、七齣、九齣、二十五齣、二十七齣、三十齣、三十七齣等偏重男女之情，在整本以諷世爲主旨的東郭記中，顯得不太調和，難免是個缺點。

爲了增加喜劇效果，在劇情上用誇張、對比、奇巧等安排，也是不可少的。如四齣爲陳仲子一人在場上表演，第十五齣爲齊人一人上場作乞食態，劇情與表演都充滿喜感。十齣王驩攘雞、十一齣齊人鑽穴偷窺小姨洗澡、十六齣陳仲子遇盜、十七齣齊人與陳仲子相遇，十八齣陳仲子受不了田戴冷諷熱嘲而哇鵝，二十二齣齊人妻親見齊人乞食醜態，二十六齣陳賈女妝、景丑拔鬢，三十一齣齊人與王驩爭「壟斷」，三十六齣齊人率花子兵打敗子之，四十齣的嘲諷匠人，四十一齣齊人重扮花子，其子扮小花子，四十三齣齊人重扮當年墦間乞食之事，在情節舖排上，運用奇巧、極不合理、誇張、對比和嘲弄的方式，因而產生極詼諧諷刺的喜劇效果。

戊、人物個性與角色分配

東郭記中主要人物及其個性析之於下：

1.齊人：劇中主角，爲一個「浪遊街市，狂走塵埃」而熱中名利的士人，先騙嬌妻，再拐美妾，却以乞食玩世，當其行徑爲妻妾窺破之後，入京求仕，得友人淳于髠之薦而得大夫之職，又因伐燕而位居高位。就劇中來說應是無恥之人，但傳奇的「生」不是反面人物，劇中煞盡苦心刻畫齊人的玩世與滑稽，反而突出了反面的形象。

2.齊人妻妾：由於受生旦戲的影響，齊人妻妾的角色在劇中顯得極不調和，爲姜氏之女，父母雙亡，希望挑選一個孤窮而倜儻者入贅，將來可享富貴。誤擇齊人之後，才知雙雙淪爲乞丐妻。齊人雖以玩世遮恥，不免上京求取富貴。從個性上分析，不過是個庸俗市儈的女子，與齊人倒是絕配。

3.陳仲子：能保高潔而隱，不貪富貴，不恥兄嫂，在東郭記中是正面人物，然而表現出來的言行是迂腐可笑，也窮酸得可憐。

4.王驩：與齊人、淳于髠結爲兄弟，未得志之前以攘雞爲生，得志之後吹牛拍馬，貪財納賄，先以財賄田戴，居位之後，田戴、陳賈、景丑又逢迎他。富貴之後，不理齊人，後與齊人爭「壟斷」之利，進而陷害齊人。等到齊人位顯之後，又去巴結，爲一隨機應變的典型無恥之徒。

5.淳于髠：善隱語、能滑稽，以巧舌捷辯說齊王而得官，能念舊友而提拔齊人，是典型的三花臉。

6.田戴：陳仲子胞兄，貪財慕勢，對清廉的胞弟冷諷熱嘲，結合陳賈、景丑、王驩把持朝政，爲十足無恥的官僚。

7.陳賈、景丑：爲了巴結，不惜女妝拔鬚以陪侑，爲寡廉鮮恥之尤。

8.公行子、東郭士、尹士：齊國稷下講談之士，性迂闊，言無根，好作偏逞之論，劇中襯托的邊角。

9.綿駒：齊國名唱者，能編新歌，詞多諷刺，爲襯托劇中反面人物的邊角。

10.兩小齊人：齊人的跟班，也是齊人的影子，有襯托作用。

11.四匠人：作爲諷刺的襯托人物。

從以上人物個性簡析來論，劇中除陳仲子、綿駒之外，幾乎無正面人物。陳仲子的酸腐是對當時道學的嘲弄，公行子等好講談，也是對明末士風好高談闊論的諷刺，剩下的只有身份微賤的歌者「綿駒」堪算正面人物。全劇看來，生旦都是可笑之輩，因而滿臺都是牛鬼蛇神，就一個諷世的喜劇來說，確是掌握到諷刺辛辣的效果。

傳奇角色的分工至明中葉後已經很細，一般而論，「生」角要莊重或瀟灑，性格不至於過份強烈、異乎常人，而且皆爲正派男子；「旦」角或儀態端莊，或情竇初開，年紀不論，也是扮演正派女子；「小生」以年輩較輕、風流瀟灑爲其特質；「小旦」也是年輩較小，活潑靈巧的女子（註三四）

東郭記一劇出場的人物雖多，但很少標明用何等角色扮演，劇中注明角色的只有：「生」扮齊人，「小生」扮陳仲子，「旦」扮齊人妻，「小旦」扮齊人之妾，另外「淨」扮媒婆（第七齣），「丑」和「外」扮田戴的從人（十二齣）。此外，劇中人物不論重不重要，都沒有注明角色，這在明中葉以後的傳奇中是罕見的現象。這麼該是特殊安排的情形，不會是孫仁孺忽略了。因爲除注明「淨」、「丑」和「外」是邊角可以不論外，重要人物中只有「生」、「旦」、「小生」和「小旦」分飾齊人、齊人妻、陳仲子和齊人妾了。齊人妻妾爲胞姐妹，因而以旦和小旦扮演是沒錯，但從角色性質來看，都是不合的，劇中二女的庸俗不堪和角色性質不合，惟一合理的是女性罷了。齊人以「生」扮和陳仲子以「小生」扮，除了兩人戲份差別外，也和角色性質不適切，倒不如用「方巾丑」扮演更切宜。因而其他角色就更難了，除了「丑」角外，似乎很難找適合的角色扮演。因而有人以爲東郭記很少演出的原因，也在於此。

東郭記似乎很少搬演，在清中葉最佳的折子戲選集綴白裘中，一折也未選入，可見不爲觀衆所見。大約諷刺太甚，生、旦也是可笑之輩；滿臺牛鬼蛇神，找不到許多滑稽演員。（註三五）也因爲如此，既不能滿臺「丑」、「淨」，也不能讓「生」、「淨」、「小生」和「外」來扮演這些反面人物，最好的方法莫過於不標明角色了。但就演出性質看，確是齣齣丑淨，滿臺丑淨，而喜感也由此而得到最大的效果。

己、曲文賓白科介

東郭記既是諷刺喜劇，而喜劇最重要的是科諢的滑稽和言語的詼諧，尤其運用幽默、機巧、調侃、揶揄、嘲笑、諷刺等曲文賓白，是喜劇表現最重要的技巧。由於東郭記全劇的曲白科介的詼諧到處俯拾皆是，因而擇其重要的分析於下：

1. 科介

第二齣齊人改乞態，二小齊人乞態的打扮，第十齣王驩賊態攘雞，十九齣齊人禿頭披衣作醉態，第二十二齣齊人播間乞食，王驩、田戴及衆僕盛氣凌人和齊人之妻的窘態羞態，二十六齣陳賈女妝，景丑拔鬚改扮侑酒的狐媚之態，三十六齣齊人率花子兵打敗子之，四十齣匠人的插科打諢，四十一齣齊人在妻妾前改扮花子，其子扮小花子，四十三齣齊人在墦間重演當年乞食之事，一人演齊人乞食、王驩容劣和田戴驕奢，都是劇中令人發噱的科介。而四齣「井上有李」爲陳仲子一人場上演，十五齣「其良人出」也是齊人一人在場上破衣舞捧爲乞態，由於是一人登場，其科介尤爲重要，也是劇中科諢最重的所在。

2. 賓白

(1) 上場詩：

第六齣「齊東野人之語」中公行子三人上場詩：「田駢愼到舌鋒長，長在齊東闢講堂。自是竊將餘論好，共揮玉麈任荒唐。」是諷刺那些稷下講學之士。

第十四齣「先名實者」中淳于髠的上場詩：「獨我生來巧舌尖，君王有意會微覘。一言却敎龍顏喜，此種機關大是銛。」嘲弄淳于髠以滑稽干祿。同樣在二十八齣「爲人也」中淳于髠的上場詩：「滑稽多智淳于髠，仰天大笑王之門。請兵十萬驅荊楚，生平恃此舌猶存。」還是以弄巧舌爲嘲。

又如第八齣「綿駒」中王驩上場詩：「待試穿窬術，先傳乞丐歌。」無非指官場中儘多穿窬乞食之輩，諷刺極爲辛辣。

又如十七齣「與之偕而不自失焉」齊人執杖乞態上場唱過引子之後，上場詩分兩段，前段五言，後段類似數板，不但切合齊人乞丐身份，也是插科打諢的方式之一。上場詩如下：「丈夫之未際，不免類餓殍。執杖問何之，蹤跡故嬌嬌。塵埃不知我，應復為予藐。縱步天壤間，吾志原不小。齊人乞食市中，杖藜郊外。皮相者謂我乞人，肉眼者笑予無賴。惟有室人不知，終日雙雙款拜。因此愈益風騷，自覺神情豪邁。」

(2)下場詩：

第六齣「齊東野人之語」的下場詩：「（淳）先生妙論眞不刊。（公衆）還媿諸君義未安。（王）自此愈知游世術，（合）割烹五羖復何難。」藉伊尹割烹和百里奚的故事說明這一般人干祿的無恥。

第十齣「日攘其鄰之雞者」的下場詩：「小用則割鷄，小盜則攘鷄。攘鷄何足論，冠裳盜不齊。」則與小盜竊鉤，大盜竊國相類，諷刺為官者如同盜雞之徒。

第十二齣「以利言也」王驩以財賄田戴的下場詩：「（田）也知才學獨君高。（王）可識吾徒是俊豪。（田）道德文章且休矣。（王）銓衡夫子在錐刀。」罵盡貪贓枉法的官場。

第二十六齣「妾婦之行」的下場詩：「兩個大老先生。忽然妾婦其行，莫笑陳娘景姥，而今都是卿卿。」把陳賈、景丑的醜態說的極為透徹。

(3)劇中賓白：

第八齣「綿駒」，（綿駒）「客官，近來齊國的風俗一發不好，做官的便是聖人，有錢的便是賢者。這是俺稷下諸儒田駢、慎到所度新曲，專一笑罵此輩，你何不記熟了唱去。」（王驩）：「領教了，只怕學生後來被他笑着了。」（妓）：「好嘴臉，你難道會做官不成？」（王）：「你識得甚，做官的正是我輩。」短短的幾句話，便如同「官場現形記」，罵世極爲有力。

第十二齣：「俺王驩，別了齊人兄輩，既作乞人，還爲盜賊，囊中積有百金矣。聞得田大夫好財愛得，竟此自獻他家，求爲小小官兒。倘因此起家，從斯發跡，那時才見俺子敖是能人也。」行賄求官已是可恥，而行賄之款却是乞食攘鷄而來，猶且沾沾自喜，自詡能人，眞是無恥之尤。

第二十二齣「卒之東郭墦間之祭者」王驩已貴，不認齊人，因而他說：「你認得我！我却不認得汝。俺富貴的人，便親知故舊，那一個看他在眼裡。」勢利至極。

三十二齣「右師不悅」中，王驩爭「壟斷」失敗，想陷害齊人，保舉他爲將軍伐燕。有以下賓白：（田）：「這怎麼使得，那有乞人做得將軍之理？」（王）：「他做得大夫，怎做不得將軍？」（田）：「萬一致敗，恐損國威。」（王）：「你這老師又太認眞了，國威便損損何妨，門生實有一心事，要藉此斷送他，望老師成之。」（田笑介）：「使得，使得。」把奸人嘴臉形容的惟妙惟肖，也諷刺了明末一般誤國的大臣。

三十八齣「諂」齊人伐燕成功之後，（生）：「淳于兄，子敖陷我伐燕，欲假手於燕兵，以快私仇耳。誰想俺齊人伐燕，竟能勝之。」（淳）：「正是這等說。前日鄒國的老孟著孟子七篇，他也記你功，說齊人伐燕取之。」（生）：「承賢者這等好意，我齊人也流芳百世了。煩他再把俺生平事跡一發記一記何如？」（淳）：「這也不難，待我明日與他說，要他與你作傳便了。」（生）：「並俺日後墓誌銘，也勞一做更好。」（淳）：「這也使得。」不但是彼此諧趣近乎嘲弄的賓白，也是有意逗弄觀衆，歪批孟子了。

四十齣「百工之事」中藉匠人之口來嘲弄，（衆笑介）：「活作怪，這樣花子會做官，我每木匠、泥水、裁縫、廚子做吏部天官也做不住哩。如今且去領他銀子桌面來，慢慢也圖個紗帽戴戴便了。」可不是作怪，官場的角色如此不堪，難怪要惹匠人笑話。

四十一齣「其妻妾不羞也」中，齊人與妻妾歡飲微醉之時，齊人要扮乞丐給妾看，其賓白片段如下：（小旦）：「如今做了官了，還好做這花臉勾當。」（生）：「你婦人家自不省得，當今仕途中，那一個不做這花臉勾當乎？」把當時的官場人物挖苦至極。

3. 曲文

第六齣「齊東野人之語」中的「漿水令」云：

覷臨淄犬雞爭應。儘莊嶽蛙蚓齊鳴。嘈嘈橫議耳偏盈。楊朱墨翟，愼到田駢。借唾沫。邀餘剩。就中暗把吾徒醒。談和論。談和論。不妨偏逞。名和利，名和利，要得旁行。

點明不走偏逞旁行的言行，就沒有立足之地，而以犬雞蛙蚓形容講學之士，稍嫌刻薄。

第七齣「媒妁之言」中，媒婆唱的引曲「字字雙」云：

媒婆却把兩肩擔，重擔。世間惟我巧言談。善探。個中事體人未諳。黑暗。却教幼女早逢男。硬嵌。

全是諢語以製造喜感。

第八齣「綿駒」的「北寄生草」四支云：

（北寄生草）第一笑，書生輩，那行藏難掛牙。賤王良慣出奚奴胯。惡蒙逢會反師門下。老馮生喜就趨迎駕。不由其道一穿窬，非吾徒也眞堪罵。

（二）第二笑，官人輩，但爲官只爲家。牛羊兒芻牧誰曾話。老羸每溝壑由他罷。城野間屍骨何須詫。知其罪者復何人，今之民賊眞堪罵。

（三）第三笑，朝臣輩，又何曾一個佳。諫垣每數月開談怕。相臣每禮幣空酬答。諸曹每供御慚無暇。不才早已棄君王，立朝可恥眞堪罵。

（四）第四笑，鄉閭輩，更誰將古道誇。盼東牆處子摟來嫁。儘鄰家雞鶩偷將臘。便親兄股臂拳堪壓。豺狼禽獸欲相當，由今之俗眞堪罵。

把書生、官人、朝臣、鄉閭都罵盡了，把一干奸詐小人的眞面目，揭露得毫不留情，是針對明末社會的弊病的一大諷刺。

第十齣「日攘其鄰之雞者」中，王驩攘鄰雞被鄰人知道以後，由日取一隻改爲月取一隻的曲文如下：

（玉山頹）不須相誘。論攘雞比竊國田常。祇緣咱盜小無名。還則是贓多受賞。俺權依卿講。但一月一雞充臟。可也廉堪獎。慢寬商。把這餘雞壁上任鳴桑。

這一段曲文不僅表現了王驩的無恥和科諢的趣味，而把攘雞比竊國，更是饒有深意的諷刺。

第十四齣「先名實者」中，王驩唱的「黃鶯兒」云：

幸得列朝紳。舊知交豈別人。雙雙幫襯能升進。休題士民。須爲子孫。從教老却贓官鬢。慢閒論。從來好缺，羨的是多銀。

寡廉鮮恥，呼朋引類，正是圖佔肥缺，收括好銀的一群贓官，完全是明末的寫照。

二十六齣「妾婦之道」更把「官場群丑」刻劃得入木三分，如陳賈、景丑、田戴三人上場合唱的引子：

（紫蘇丸）同朝臭味偏無妒。結就了一番黨與。而今顯者是誰與。索與高攀去。

又如陳賈女妝，景丑拔鬚的曲文有「無陽氣，不丈夫。朝中仕宦盡如奴。」和「名節掃，廉恥無。」一班兒妾婦笑誰乎」。難怪四十四齣中「山花子」曲文云：

吾儕不免還相哄。鎮終朝狀塵容。仕宦裡穿窬舊跡，士夫每妾婦餘風。

而四十三齣「殆不可復」中也指人「富貴，衆人巴結，齊人所唱的「醉春風」云：

也不勞你貧賤日把人輕，也不勞你豪華時將俺懾。見了他這鞠躬欣敬，沒來由有甚麼說。說。

這的是舐痔吮癰，後恭前倨，奴顏婢頰。

無怪齊人在比較下還自詡著說「俺則笑滿人間做官的對著咱還更劣」了。（四十三齣「尾聲」曲文）

而在三十四齣「託其妻子于其友」中，齊人想到王驩刻薄，淳于髡說：「此兄蓋天資殘忍人也。然今世交情，大都如此矣。」齊人唱「五供養」云：

窮時知舊。歷徧風霜老幾春秋。平居相慕悅，握手話綢繆。泣天盟誓，道生死不相背疚。一臨小利害，頓變大仇讎。下石何難，反脣煞驟。

把交情淡薄的世態和官場的傾軋描寫的很詳盡。

最有趣的是四十齣「百工之事」，劇中突然插入此段，一則是齊人起新居，辦新衣，備筵席，把暴發的新貴的奢侈嘴臉刻劃出，再者是把社會上一些「匠人」佔顧客便宜的事也大加嘲諷，因而曲文盡是諢語，先是各人自道行業的引子，代替上場詩。最後二支曲文全是寫佔便宜的事。曲文如下：

（大迓鼓）（木匠）學生善劈鑽。公輸作下。枏梓常摶。憑咱造彼輪和奐。豐屋翔天人壯觀。（合）今日完工，領他花銀小攢。

（前腔）（泥水）學生善砌搬。傅巖徒弟，石塊常摶。泥牆粉壁眞無算。運土輪漿心喜歡。（合前）

（前腔）（裁縫）學生善翦納。軒轅流派，衣服常摶。些須偷得綾和緞。孝順家中老媽官。（合前）

（前腔）（廚子）學生善做饅。易牙親族，魚肉常摶。鼻頭時嗅葱和蒜。口嘴多沾鹹與酸。（合前）

（北清江引）（木泥）咱每兩個難相判。彼此功居半。他將瓦礫搬。你把木頭斷。（合）喜今朝共將他老酒灌。

（么）（裁廚）咱每兩個雖相判。一樣心多算。他偷魚四五盤。你落絹兩三段。（合前）

三、結論

明代中葉以後，文網漸寬，思想受王陽明心學影響而趨向自由；然而政治在權奸和宦官雙重黑暗的籠罩下，正是所謂「君子道消，小人道長」的情形，文人賢士把心中的憤慨寄託在散曲、笑話和戲曲之中。戲曲的情形已見「概說」，於此不贅，散曲反映的時代弊病，前人已論之甚詳，也不贅說。筆者古代笑話研究中，注意到明代中葉以後文人重視笑話的功能，把笑話當成諷刺的利器和勸善的良方，其中諷刺的對象上自朝臣，下至販夫走卒，社會各層次都涵蓋在內，而在笑話的分類中，諷刺的是：官吏、道學、窮酸的文人、迂腐等，其他一類中收錄了中人、媒婆、木匠、裁縫等各行各業的人。因而東郭記所諷刺的人物中，如陳仲子的道學迂腐，齊人等朝臣官員和一群好佔便宜的匠人，在明代笑話中常常出現，這和時代的契合是很密切的。

有人把中國古典戲劇中的喜劇以諷刺爲主，因此很少以下層百姓爲諷刺現象，「總是用高貴者的愚蠢、卑劣作爲下層人民聰明、高尚的陪襯。」又認爲我國古代喜劇作家製造喜感有下列幾個方式：一、用離奇的誇張手法，突出反面人物的性格特徵，是諷刺性喜劇的有效方法。二、奇巧的情節安排。三、運用重複、對比的手法，暴露事件或人物的某些可笑本質。四、情趣盎然的關目。五、幽默、機巧的語言（註三六）。大體上是很能說出我國古代喜劇的一些特質。

不過要了解古代喜劇，如同概說所言，我們不能忽略古代優人的表演，其插科打諢無一不是喜感，即如今日相聲和雙簧表演也往往引起哄堂大笑，因而其表現喜感的方法，往往不是以上五個方法所能包容。再者我們從優人表演、踏搖娘、宋金雜劇的艷段和散段、笑話來跟古代喜劇一併同看，就可了解到中國古代喜劇有其娛樂性、教育性、諷諫性和嘲弄諷刺，所包含的是時代的、社會的醜惡，各階層人物的諷刺及男女風情，並不自限於對大人物的諷刺，這在東郭記中也十足的反映了這個事實。

然而東郭記一劇所諷刺的層面既廣，劇中反面人物太多，幾乎滿臺丑淨，更把朝廷士紳諷刺至頂點，因而有人以爲「找不到許多滑稽演員」而無法上演（註三七），但更可能的情況如同吳翟安所說：「此等詞曲，若當場奏演，恐竹石俱碎矣。」（註三八）因而東郭記就成爲「案頭之曲」了。雖然東郭記成爲「案頭之曲」，影響後世戲曲也不大，然而就其諷刺的辛辣和全劇諧趣之多，在劇曲史上也是少見的。不過後世對東郭記的愛好，雖然不能在舞臺上搬演，但改編爲講唱以醒世人的情形，則有賈鳧西的齊人章鼓詞，蒲留仙的東郭傳鼓詞和傅青主的驕其妻妾短劇（註三九），其題旨精神是和孫仁孺東郭記前後輝映的。

【附　註】

註　一　如高奕新傳奇品等，見歷代詩史長編二輯（以下簡稱「二輯」）第六冊，頁二七九，鼎文。

註　二　花朝生筆記有兩條記東郭記作者，前條以爲汪道昆作，後條改定爲徐陽初作。兩條分別見蔣瑞藻小說考證上頁七九

一八一及小說考證下頁五三七—五三八。（萬年青書店）

註　三　如無名氏傳奇彙考標目，見「二輯」第七冊，頁二二〇；無名氏重訂曲海總目，見「二輯」第七冊，頁三四八。

註　四　姚華菉猗室曲話卷二，見任中敏新曲苑第三冊，頁五三〇A—五三三B。吳梅霜厓曲跋卷二，見新曲苑第三冊，頁六七二A—六七三A。

註　五　見「二輯」第六冊，頁一一—一二。

註　六　見羅錦堂明代劇作家考略，頁八三。（香港，龍門書店）

註　七　同註四，頁五三〇A—五三三B。

註　八　同註四，頁六七二A—六七三A。

註　九　同註七。

註一〇　同註八。

註一一　見元明清三代禁燬小說戲曲史料，頁一〇。（河洛）

註一二　同註一一，頁三一。

註一三　參見張庚、郭漢城著中國戲曲通史第二冊，頁五五—七三（丹青）。吳國欽著中國戲曲史漫話，頁一五三—一七四（木鐸）。

註一四　文末有方印二，一爲白文「孫氏仁孺」四字，一爲朱文「白雪樓」三字。見新曲苑三冊，頁五三〇B—五三一A。

註一五　同註五。

註一六　此處就西方對喜戲的看法取其大要以概括之。參見王夢鷗文藝技巧論中的「喜劇的笑」，頁一三二—一三八（重光文藝社）。鄭嬰戲劇概說中的「悲劇與喜劇」，頁三一—四五（華國出版社）。C. R. Reaske 著，林國源譯戲劇的分析，頁四九—一二二（成文出版社）。亞里士多德著，姚一葦譯，詩學箋註，頁六二—六六。姚一葦的戲劇論集（開明）。Moelwyn Mekehant 著，高天安譯論喜劇（黎明文化事業公司）。

註一七　布羅凱特著，胡耀恒譯世界戲劇藝術的欣賞，頁七〇—七三（志文出版社）。

註一八　元錢唐王曅日華，嘗撰優諫錄，楊維楨爲之序，而其書不傳。王國維撰優語錄收集不少此類記載，見王國維宋元戲曲考等八種，頁二四七—二六六（僶勉出版社）。任半塘唐戲弄附載也錄有唐優語和五代優語和關於黃幡綽之傳說等，見唐戲弄下册，頁一一五三—一一九九（漢京）。

註一九　楊維楨元宮詞有云：「開國遺音樂府傳，白翎飛上十三絃。大金優諫關卿在，伊尹扶湯進劇編。」見傅惜華元代雜劇作家傳略，頁四（文史哲）。

註二〇　鄭振鐸有「淨與丑」一文，見文基原著中國文學研究新編，頁五五九—五七七（明倫出版社）。王安祁明代傳奇之劇場及其藝術第四章「脚色與人物造型」中論之亦甚詳盡，頁二三一—二四〇（學生）。張敬「論淨丑角色在我國古典戲曲中的重要」也肯定此一目的。見音樂影劇論集，頁五九八—六〇三。

註二一　見劉嗣國劇角色和人物，頁三七九—三八〇（中華學術院）。

註二二　唐文標著中國古代戲劇史初稿，全書特別注意到中國戲曲的起源與發展和民間的關係很大，在其自序中再三強調中國古代戲劇「基本上全是娛樂性的，現實生活一種重複和修正，專用作尋求耍樂和消閒觀衆而設」，「戲劇——中國人的鴉片」，「永遠超越不出觀衆哈哈一笑，然後離後散場，在短暫時間作一場南柯蟻夢」。雖嫌誇張，但大體上是看出了古代戲曲的特性（聯經）。王安祁明代傳奇之劇場及其藝術，第三章第一節「戲劇題材」中即標出：通俗、熱鬧、風月淫戲等目，說明中國戲曲的娛樂性。頁一七七—一九五（學生）。汪志勇「略論中國戲曲的題材」一文中，也列舉了：民衆所熟悉的故事，民衆所關心的事，一般社會現象和娛樂小戲，都足以說明中國戲曲的娛樂性。見國學新探創刊號，頁一〇五—一一四。

註二三　見唐戲弄上册，頁七。

註二四　見李嘯倉宋元伎藝雜考（學藝出版社）。胡忌宋金雜劇考（中華書局、上海）。洪讚金雜劇院本考（文史哲）。

註二五　姚一葦「元雜劇中之悲劇觀初探」，見中華學術與現代文化叢書六音樂、影劇論集。頁四九四—五〇七。

註二六　見戲曲美學論文集，頁四〇（丹青）。

註二七　同註二六，頁八五—一〇七。

註二八　見錢南揚戲文概論，頁一七四（木鐸）。

註二九　見汪志勇明傳奇聯套研究，頁八五—八六（嘉新水泥文化基金會）。

註三〇　見戲曲美學論文集中「中國十大古典喜劇集前言」中所標示中國古代作家製造喜感的方法（頁一〇二）。

註三一　新編中國文學史第三册，頁三九五（復文書局）。

註三二　同註四，頁五三三B。

註三三　王安祁明代傳奇之劇場及其藝術第三章第二節「戲劇體製」述之甚詳，頁二〇三—二一五（聯經）。

註三四　同註三三，第四章第一節「明傳奇的脚色分化」，頁二二四—二四五。

註三五　見朱承樸、曾慶全合著明清傳奇概說，頁五九（龍泉書屋）。

註三六　同註三〇，頁八五—一〇七。

註三七　同註三六。

註三八　同註四，頁六七二B。

註三九　見劉階平編清初鼓詞俚曲選，冊一，頁二三—一〇四（正中，線裝本）。